# Lernen

Franz Petermann
Ulrike Petermann

# Lernen

Grundlagen und Anwendungen

2., überarbeitete Auflage

**Prof. Dr. Franz Petermann,** geb. 1953. 1972–1975 Studium der Mathematik und Psychologie in Heidelberg. Wissenschaftlicher Assistent an den Universitäten Heidelberg und Bonn. 1977 Promotion. 1980 Habilitation. 1983–1991 Leitung des Psychosozialen Dienstes der Universitäts-Kinderklinik Bonn, gleichzeitig Professor am Psychologischen Institut. Seit 1991 Lehrstuhl für Klinische Psychologie an der Universität Bremen und seit 1996 Direktor des Zentrums für Klinische Psychologie und Rehabilitation.

**Prof. Dr. Ulrike Petermann,** geb. 1954. 1974–1980 Studium der Psychologie und Pädagogik in Mannheim und Bonn. 1982 Promotion. 1986 Habilitation. 1987–1991 Professorin für Psychologie in München, 1991–1994 Professorin in Bremen. 1995–2006 Inhaberin des Lehrstuhls für Rehabilitation und Pädagogik bei psychischen und Verhaltensstörungen an der Universität Dortmund. Seit 2007 Inhaberin des Lehrstuhls für Klinische Kinderpsychologie an der Universität Bremen.



**Bibliografische Information der Deutschen Nationalbibliothek**
Die Deutsche Nationalbibliothek verzeichnet diese Publikation in der Deutschen Nationalbibliografie; detaillierte bibliografische Daten sind im Internet über http://dnb.dnb.de abrufbar.



Hogrefe Verlag GmbH & Co. KG
Merkelstraße 3
37085 Göttingen
Deutschland
Tel. +49 551 999 50 0
Fax +49 551 999 50 111
verlag@hogrefe.de
www.hogrefe.de

Umschlagabbildung: © iStock.com / kali9
Satz: Matthias Lenke, Weimar
Druck: Media-Print Informationstechnologie, Paderborn
Printed in Germany
Auf säurefreiem Papier gedruckt

Die erste Auflage des Bandes von Sandra Winkel, Franz Petermann und Ulrike Petermann erschien 2006 unter dem Titel „Lernpsychologie“ im Schöningh-Verlag.

2., überarbeitete Auflage 2018

(E-Book-ISBN [PDF] 978-3-8409-2910-6; E-Book-ISBN [EPUB] 978-3-8444-2910-7)
ISBN 978-3-8017-2910-3
http://doi.org/10.1026/02910-000

# Inhaltsverzeichnis

# Vorwort

Dieses Buch führt in die vielfältigen Bereiche und Theorien der Lernpsychologie ein. Es werden die klassischen Lerntheorien vom Behaviorismus bis zum Beobachtungslernen vorgestellt und neuere Entwicklungen, beispielsweise im Zusammenhang mit der Forschung zu impliziten Lern- und Gedächtnisprozessen behandelt. Mit dem Ziel einer systematischen Gegenüberstellung werden fünf Lernformen unterschieden und vorgestellt: nicht assoziatives Lernen, assoziatives Lernen, kognitives Lernen, soziales Lernen und implizites Lernen. Anwendungsmöglichkeiten der lernpsychologischen Erkenntnisse in verschiedenen pädagogischen und therapeutischen Kontexten werden berichtet.

Das Buch richtet sich vorwiegend an Studierende der Psychologie und Pädagogik, die sich einen Überblick über die verschiedenen Bereiche der Lernpsychologie verschaffen wollen. Es wendet sich jedoch auch an Psychologen, Pädagogen, Erzieher, Lehrkräfte, Sozialpädagogen und alle anderen Personengruppen, die sich für die Grundlagen menschlichen Lernens und deren Anwendungsmöglichkeiten interessieren.

Die vielfältigen Erkenntnisse der Lernpsychologie konnten wir nur ausgewählt darstellen und gegenüber der ersten Auflage dieses Buches wurden umfangreiche Kürzungen und Aktualisierungen vorgenommen. Wichtig war uns auch in dieser Auflage, dass wir unserer Leserschaft Wissen kompakt in Tabellen, Schemata und Abbildungen vermitteln. Manche Kapitel wurden völlig neu geschrieben oder erstmals in dieser Auflage aufgenommen (z. B. neurowissenschaftliche Grundlagen, Erlernen motorischer Fertigkeiten).

Einige Bemerkungen zur Geschichte dieses Buches: Die erste Auflage wurde vor zwölf Jahren im Schöningh Verlag veröffentlicht. Diese Auflage wurde von unserer damaligen Mitarbeiterin Frau Dr. Sandra Achtergarde (geb. Winkel) bearbeitet und als Autorin mitverantwortet. Frau Achtergarde (heute in Münster) konnte aus beruflichen und familiären Gründen nicht mehr bei der neuen Auflage mitwirken. Freundlicherweise durften wir alle Vorarbeiten und Teile des damaligen Manuskriptes in aktualisierter Form übernehmen. Herzlichen Dank dafür.

Die jetzige Auflage gestalteten Frau Dr. Franziska Ulrich und Frau Dr. Julia Jaščenoka (beide Mitarbeiterinnen des Zentrums für Klinische Psychologie und Rehabilitation der Universität Bremen). Frau Dr. Ulrich widmete sich der Bearbeitung der Kapitel 1 bis 6 und Frau Dr. Jaščenoka dem Kapitel 7. Dem Hogrefe Verlag danken wir für die Aufnahme des Buches in das Verlagsprogramm.

Bremen, im Juli 2018

*Franz Petermann*
*Ulrike Petermann*

# 1 Einführung

**Beispiel 1**

Die 75-jährige Jutta hat sich vor wenigen Tagen ihr erstes Mobiltelefon gekauft. Um den Umgang mit dem Smartphone zu lernen, lässt sie sich von ihrem Enkel Tristan die verschiedenen Einstellungen und Anwendungen erklären.

**Beispiel 2**

Die 18-jährige Pauline kommt von ihrer ersten Fahrstunde nach Hause. Das Umsetzen der einzelnen Handlungsabläufe – Motor starten, in den Innenspiegel und dann in den Außenspiegel schauen, Anblinken, Gas geben und gleichzeitig die Kupplung lassen – haben sie völlig erschöpft. Mit jeder weiteren Fahrstunde wird sie jedoch zunehmend sicherer.

**Beispiel 3**

Der 4-jährige Jonathan singt seiner Mutter ein Lied vor, welches er im Kindergarten gelernt hat.

**Beispiel 4**

Da Sabine vorhat, für einige Tage mit ihrer Freundin nach Kopenhagen zu fahren, erklärt sie ihrem Mann Jochen, wie oft und in welcher Wassermenge die Balkonpflanzen gegossen werden müssen.

Lernen stellt ein allgegenwärtiges Phänomen dar: Nicht nur das gezielte Lernen für die Schule oder den Beruf, sondern auch beiläufige, alltägliche Lernvorgänge – im Gespräch mit anderen Menschen, auf einem Spaziergang in der Natur oder beim abendlichen Fernsehen – beeinflussen unser Leben wesentlich. In diesem Kapitel soll daher zunächst geklärt werden, was unter dem Begriff des Lernens zu verstehen ist. Anschließend sollen aktuelle Forschungsrichtungen aufgezeigt werden.

## 1.1 Zum Begriff des Lernens

Lernen bedeutet mehr als die Beschäftigung mit Büchern und Texten. Es kann zahlreiche Formen annehmen und auf vielen unterschiedlichen Wegen geschehen. Der Facettenreichtum des Lernens, aber auch die gemeinsamen Grundlagen aller Lernprozesse sollen im Folgenden dargestellt werden.

### 1.1.1 Definition

Im Alltag versteht man unter dem Begriff „Lernen" zumeist die gezielte Aneignung von Wissen an vorgegebenen Lernorten, zum Beispiel in der Schule und am Ausbildungsplatz oder beim Erlernen einer Fremdsprache in der Volkshochschule. Lernen umfasst jedoch mehr als diese Form des gezielten Erwerbs von Wissen und Kenntnissen. Lernen beinhaltet Veränderungen im Verhalten, in Einstellungen, Fertigkeiten, Gewohnheiten und Gefühlen, die durch die Interaktion eines Organismus mit der Umwelt entstehen (Hillner, 1978). Nur ein Teil der Lernvorgänge und Lernergebnisse ist dem Lernenden bewusst. Auch Tiere – vom höheren Säugetier bis hin zu Meeresschnecke – und selbst künstliche Modelle von Nervensystemen (elektronische Netzwerke) können erstaunliche Lernleistungen vollbringen, ohne dass man dabei von bewusstem „Wissen" sprechen würde. Durch ein relativ weitgefasstes Verständnis von Lernen als Verhaltensänderung ist es möglich, auch die Aneignung von sozialem, kulturellem und intellektuellem Wissen als Erwerb von Verhalten aufzufassen (Bodenmann, Perrez & Schär, 2016). Trotz der Breite der Aspekte, die das Konzept „Lernen" charakterisieren, können seine zahlreichen Merkmale in einer allgemeinen Definition des Begriffs integriert werden.

**Lernen hat viele Formen**

**Lernen bedeutet Veränderung**

**Definition**

*Lernen* bezieht sich auf relativ dauerhafte Veränderungen im Verhalten oder den Verhaltenspotenzialen eines Lebewesens in Bezug auf eine bestimmte Situation. Es beruht auf wiederholten Erfahrungen mit dieser Situation und kann nicht auf angeborene bzw. genetisch festgelegte Reaktionstendenzen, Reifung oder vorübergehende Zustände (z. B. Müdigkeit, Krankheit, Alterung, Triebzustände) zurückgeführt werden (Bower & Hilgard, 1983; Klein, 2014).

Diese Definition enthält zentrale Bestimmungsstücke des Begriffs „Lernen": Veränderungen im Verhalten und den Verhaltenspotenzialen, Erfahrungen als Grundlage und relative Dauerhaftigkeit der Veränderungen. Diese Aspekte sollen im Folgenden näher erläutert werden.

Verhaltensänderungen

*Veränderungen im Verhalten.* Die verhaltensbezogene Definition von Lernen geht davon aus, dass sich Lernen in irgendeiner beobachtbaren Form äußern muss, denn Veränderungen, die nicht objektiv überprüft werden können, entziehen sich den Erkenntnismöglichkeiten der wissenschaftlichen Psychologie. Dagegen ist ein Lernzuwachs in Form einer Verhaltensänderung ebenso quantifizierbar und messbar wie Veränderungen in der physikalischen Umwelt. Da geistige Prozesse selbst nur eingeschränkt beobachtet werden können, werden Verhaltensänderungen gleichsam stellvertretend für Vorgänge im Nervensystem beobachtet. Der Begriff „Verhalten" ist dabei in einem weiteren Sinn zu verstehen, denn neben motorischen Verhaltensäußerungen werden auch Veränderungen in den physiologischen (z. B. Herzrate, Hautleitfähigkeit), kognitiven (z. B. verbale Äußerungen) und emotionalen Reaktionen (z. B. Gesichtsausdruck) als Indizien für Lernvorgänge verwendet. Entscheidendes Kriterium ist die Messbarkeit der ausgewählten Prozesse.

Bei einigen einfacheren Lernformen (vgl. Kap. 3) konnten die neurophysiologischen Grundlagen bereits im Detail dargestellt werden. Auch auf diese Weise kann die erforderliche Objektivierung und Quantifizierung eines Lernvorgangs erfolgen.

Veränderungen in Verhaltenspotenzialen

*Veränderungen in Verhaltenspotenzialen.* Lernen liegt auch dann vor, wenn ein neu gelerntes Verhalten nicht unmittelbar gezeigt wird, der Lernende nach dem Lernvorgang jedoch über das *Potenzial* verfügt, in einer passenden Situation das neue Verhalten zu zeigen. Speziell im Rahmen des sozial-kognitiven Lernens (vgl. Kap. 6.3) wurde untersucht, unter welchen Bedingungen Menschen gelernte Verhaltensweisen tatsächlich in Handeln umsetzen. Lernvorgänge können auch in einer Einschränkung des Verhaltensrepertoires resultieren, etwa wenn man erfährt, dass auf ein Verhalten regelmäßig unangenehme Konsequenzen folgen *(Bestrafung)* oder wenn sich die Umwelt mit dem eigenen Verhalten nicht beeinflussen lässt (*erlernte Hilflosigkeit*, vgl. Kap. 6.2).

Veränderung durch Erfahrungen

*Veränderung durch Erfahrungen.* Alle Lernprozesse beruhen entweder auf unmittelbaren oder sozial vermittelten Erfahrungen. Der Erwerb vielfältiger Fertigkeiten in der sensumotorischen, emotionalen, kognitiven und sprachlichen Entwicklung während der ersten Lebensjahre basiert überwiegend auf *universellen Lernerfahrungen*, das bedeutet diese entwicklungsbedingten Veränderungen werden von allen Kindern gleichermaßen durchlaufen. Universelle Lernerfahrungen finden zumeist während *sensibler Phasen* statt (vgl. Kap. 2). Werden einem Kind während der sensiblen Lebensphasen wichtige Erfahrungen vorenthalten (Deprivation; z. B. aufgrund von Vernachlässigung), kann dies unter Umständen zu lebenslangen Beeinträchtigungen führen.

Deprivation

Häufig interagieren Reifungs- und Lernprozesse sehr stark miteinander und ihre Einflüsse lassen sich kaum voneinander trennen (Terry, 2018). Ein Beispiel bildet der Erwerb verschiedener motorischer Fertigkeiten, wie etwa Krabbeln, Greifen und Laufen, die auf der Reifung des Skeletts und des Nervensystems beruhen und durch Lernprozesse lediglich verfeinert werden. Von diesen *universellen* Lernerfahrungen sind *individuelle* Lernerfahrungen abzugrenzen. Individuelle Lernerfahrungen treten über die gesamte Lebensspanne auf und formen die Persönlichkeit.

Menschen verändern ihr Verhalten im Laufe ihres Lebens teilweise in dramatischer Weise. Wie das Beispiel zur motorischen Entwicklung gezeigt hat, lassen sich nicht alle diese Veränderungen durch Lernprozesse erklären. Viele Verhaltensweisen sind angeboren, und der biologische Reifestatus entscheidet über den Zeitpunkt, an dem sie erstmals gezeigt werden. Neben der biologischen Reifung kann eine Reihe weiterer Faktoren dazu führen, dass Verhaltensänderungen auftreten. Vorübergehende Zustände wie Müdigkeit, Einwirkungen von Medikamenten oder Alkohol, Krankheiten und Verletzungen können das Verhalten stark beeinflussen. Auch dauerhaftere Veränderungen des Organismus durch Wachstums- und Alterungsprozesse wirken sich auf das Verhalten aus. Diese alternativen Erklärungen müssen ausgeschlossen werden, wenn Verhaltensänderungen auf Lernprozesse zurückgeführt werden sollen.

**Stabilität der Veränderungen**

*Relative Stabilität der Veränderungen.* Um von einem Lernvorgang zu sprechen, muss eine Änderung im Verhalten oder im Verhaltensrepertoire über eine bestimmte Zeit hinweg stabil bleiben. Aufgrund dieses Kriteriums kann man Veränderungen im Verhalten abgrenzen, die durch andere Faktoren als Lernerfahrungen verursacht werden (z. B. Krankheit, Müdigkeit, hormoneller Status). Derartige Veränderungen sind zumeist nur vorübergehend. Die Einschränkung der „relativen" Dauerhaftigkeit wird gemacht, da Gelerntes nach längeren Zeiträumen vergessen oder durch neue Erfahrungen modifiziert werden kann.

**Merke**

Beim Lernbegriff handelt es sich um ein sehr komplexes und facettenreiches Konzept. Dennoch existieren einige charakteristische Merkmale, anhand derer sich Lernvorgänge grundsätzlich von anderen Veränderungen wie Krankheit, Wachstum oder Alterung unterscheiden lassen. Erst die Einigung über diese Kriterien ermöglicht es, Lernprozesse systematisch zu beschreiben und zu erforschen.

### 1.1.2 Verschiedene Formen des Lernens

Lerntheoretiker versuchen, mit den von ihnen entwickelten Modellen und den von ihnen entdeckten Gesetzmäßigkeiten unterschiedliche Arten von Lernvorgängen zu erklären. Lernen ist jedoch nicht gleich Lernen. Umwelteinflüsse auf der einen Seite und die spezifischen Fähigkeiten und Beschränkungen des Lernenden auf der anderen Seite bestimmen, was und auf welche Weise gelernt werden kann. In den folgenden Abschnitten werden ausgewählte Formen des Lernens mit ihren Besonderheiten kurz vorgestellt, auf die in den nachfolgenden Kapiteln ausführlich eingegangen wird.

**Nicht assoziatives Lernen**

*Nicht assoziatives Lernen.* Der Begriff „nicht assoziatives Lernens" bedeutet, dass bei diesen Lernvorgängen keine Verknüpfungen zwischen verschiedenen Reizen oder Reizen und Verhaltensweisen gebildet werden, sondern Lernen überwiegend auf sensorischer Ebene stattfindet. Es handelt sich um einfache und ursprüngliche Formen des Lernens, die kein komplex aufgebautes Nervensystem voraussetzen. Dennoch beeinflusst nicht assoziatives Lernen menschliches Verhalten nachhaltig. Zum nicht assoziativen Lernen gehören unter anderem Habituation und Sensitivierung (vgl. Kap. 3).

**Habituation und Sensitivierung**

**Assoziatives Lernen**

*Assoziatives Lernen.* Unter „assoziativem Lernen" versteht man alle Formen des Lernens, bei denen Zusammenhänge *(Assoziationen)* erworben werden. Dabei kann es sich um Zusammenhänge zwischen verschiedenen Reizen handeln *(klassisches Konditionieren)* oder um Verbindungen zwischen Verhaltensweisen und Konsequenzen *(operantes Konditionieren)*. Die Konzepte des klassischen und operanten Konditionierens sind in der Lernpsychologie sehr einflussreich und besitzen für eine Vielzahl von Anwendungsfeldern große Bedeutung (vgl. Kap. 4).

**Kognitives Lernen**

*Kognitives Lernen.* Kognitives Lernen bezieht sich weniger auf den Erwerb von neuen Verhaltensweisen, sondern auf die Aneignung von Begriffen und verbalem Wissen. Informationsverarbeitende Prozesse, Denken und Problemlösen spielen eine wesentliche Rolle (vgl. Kap. 5). Im Gegensatz zu behavioristischen Ansätzen beziehen Theorien zum kognitiven Lernen Variablen wie Motivation oder Erwartungen mit ein, die zwischen Reizen und Verhalten vermitteln.

**Soziales Lernen**

*Soziales Lernen.* Soziales Lernen bezieht sich auf Lernvorgänge unterschiedlicher Art, die im Kontext der sozialen Umwelt stattfinden. Dabei spielen kognitive Variablen wie Wahrnehmung und Erwartungen eine zentrale Rolle. Auch behaviorale Konzepte wie die Konditionierung werden als wichtige Lernmechanismen integriert (vgl. Kap. 6).

**Implizites Lernen**

**Prozedurales Lernen**

*Implizites Lernen.* Der Begriff des impliziten Lernens umfasst einfache und komplexere Prozesse des Lernens, die auf einer unbewussten Ebene ablaufen (vgl. Kap. 7). Beim prozeduralen Lernen, einer wichtigen Form des impliziten Lernens, geht es um den Erwerb motorischer und kognitiver Fertigkeiten, wobei bewusste und unbewusste Prozesse in komplexer Weise interagieren. Implizites Wissen wird auf andere Weise erworben als verbales (explizites) Wissen, und es sind andere Gehirnareale beteiligt. Dies zeigt sich beispielsweise daran, dass auch Menschen, die nach einem Unfall oder einer Erkrankung unter verbalen Merkfähigkeitsstörungen leiden, dennoch neue motorische Fertigkeiten erlernen können (z. B. Schreiben mit dem PC).

### 1.1.3 Lernen in unterschiedlichen Lebensphasen

**Inzidentelle und intentionale Lernprozesse**

Da Menschen von der Geburt bis zum Lebensende ständig neue Erfahrungen machen, finden in jedem Alter und zu jeder Zeit Lernprozesse statt. Lernen im pädagogischen Kontext (z. B. Kindergarten, Schule, Berufs- und Hochschule) und im Rahmen der Psychotherapie stellen dabei nur zwei Beispiele von vielfältigen Bereichen dar, in denen sich Lernprozesse vollziehen (vgl. Tab. 1). Über die Lebensspanne hinweg ändern sich dabei die Lerninhalte, die vorherrschenden Lernkontexte und Lernformen sowie die Steuerung des Lernens. Während in der frühen Kindheit sogenannte *inzidentelle* Lernprozesse in der häuslichen Umgebung überwiegen, dominieren in der späteren Kindheit und Jugend *intentionale* Lernprozesse im Rahmen von Schule und Ausbildung.

**Definition**

Lernvorgänge können danach unterschieden werden, ob sie mit einer entsprechenden Absicht des Lernenden verfolgt werden oder nicht. Unter dem Begriff des *inzidentellen Lernens* werden beiläufige Lernvorgänge verstanden, während *intentionales Lernen* sich auf geplante bzw. gezielte Lernvorgänge bezieht (vgl. Kap. 7).

**Alterstypische Lernprozesse**

Im Erwachsenenalter herrschen zudem *selbstgesteuerte* Lernprozesse vor (eine entsprechende Definition hierzu findet sich in Kap. 2.3), die sich überwiegend auf den beruflichen Kontext beziehen. Im höheren Alter verlagert sich das Lernen wieder mehr in den privaten bzw. häuslichen Bereich (vgl. Tab. 1).

**Tabelle 1:** Lernen in verschiedenen Lebensphasen und Kontexten

| | **Frühe Kindheit** | **Kindheit und Jugend** | **Erwachsenenalter** | **Höheres Lebensalter** |
|---|---|---|---|---|
| Lerninhalte | Grundlegende Kompetenzen (z.B. Sprechen, soziale Fertigkeiten); lebenspraktische Fertigkeiten (z.B. Essen, Körperpflege) | Kulturelle Grundfertigkeiten (z.B. Schreiben, Lesen); Wissen; Lernstrategien; Metakognition | Berufsbezogenes Wissen und Fertigkeiten; Inhalte bezogen auf persönliche Interessen | Inhalte bezogen auf persönliche Interessen; Entwicklung umfassender Lebenseinsicht („Weisheit") |
| Lernkontexte | Familie; Kindergarten | Schule; Familie; Freizeit | Arbeitsplatz; Bildungseinrichtungen | Freizeit; Bildungseinrichtungen |
| Lernformen | Überwiegend inzidentelles Lernen | Intentionales und inzidentelles Lernen | Intentionales und inzidentelles Lernen | Inzidentelles und intentionales Lernen |
| Steuerung des Lernens | Biologische Reifungsvorgänge; Steuerung von außen (Eltern) | Überwiegend Steuerung von außen (Lehrkräfte, Eltern) | Überwiegend Selbststeuerung | Überwiegend Selbststeuerung |

*Frühe Kindheit.* Bereits Säuglinge sind von Geburt an mit Fähigkeiten ausgestattet, die verschiedene Formen des Lernens erlauben. Diese frühen Lernprozesse können mit verhaltensbezogenen Verfahren erfasst werden, zum Beispiel durch Habituations-Dishabituations- und Präferenzmethoden (z.B. zur Messung der Unterscheidung zwischen bekannten und neuartigen Reizen), durch Konditionierungsverfahren (z.B. Methode des gezielten Strampelns zur Erfassung des Lernens von Zusammenhängen) oder durch Verhaltensbeobachtung (z.B. zur Messung der Nachahmungsfähigkeit).

In den ersten Lebensjahren ist die Plastizität des kindlichen Gehirns am größten, und ein Kind strebt aktiv und hochmotiviert nach neuen Erfah-

**Kinder wollen lernen**

rungen. Um diese Phase hoher Lernfähigkeit und -bereitschaft optimal für die Entwicklung nutzen zu können, benötigen Kinder eine Umwelt, die ihnen genügend Lernmöglichkeiten bietet. Entsprechend haben sich in den letzten Jahren die Bedeutung außerfamiliärer Betreuungsangebote (z.B. Kindertageseinrichtungen) und die Auffassung von den Aufgaben frühpädagogischer Fachkräfte in Deutschland gewandelt: So wurde das Augenmerk zunehmend auf die Möglichkeiten vorschulischer Bildungs- und Lernprozesse gelenkt, mit dem Ziel, über früh einsetzende Fördermaßnahmen *(Frühförderung)* Kindern unterschiedlicher sozialer und kultureller Herkunft eine gute Ausgangslage für den späteren Schulbesuch zu verschaffen (Ennemoser & Krajewski, 2015). In Kindertageseinrichtungen (Krippe oder Kindergarten) sollen nach diesem Verständnis vielfältige Lerngelegenheiten geschaffen werden, um Kindern neue Erfahrungen und den Erwerb neuer Fertigkeiten zu ermöglichen. So wurden im Rahmen der Bildungspläne der Länder, die ab 2004 eingeführt wurden, Handlungsempfehlungen formuliert, die als Orientierung für die pädagogische Arbeit in Kindertageseinrichtungen dienen sollen.

Um Lerngelegenheiten gezielt und altersgemäß einzurichten, muss bekannt sein, was Kinder im Kindergartenalter lernen können und sollen. Partecke (2004) hat in diesem Zusammenhang für die Kindergartenzeit eine Reihe von Lernzielen zusammengestellt, die auf menschlichen Grundbedürfnissen beruhen (vgl. Tab. 2). Nach Partecke (2004) können menschliche Grundbedürfnisse (z.B. Zugehörigkeit) durch die Aneignung bestimmter Fertigkeiten und Wissensbereiche erfüllt werden. Fertigkeiten und Wissen, die auf ein Grundbedürfnis bezogen sind (z.B. Fähigkeit zur Zusammenarbeit mit anderen; Wissen über die eigene Kultur), lassen sich zu einem gemeinsamen, übergeordneten Lernziel oder Bildungsgut zusammenfassen (z.B. Integration). Um diese Lernziele auf spielerische Weise im Kindergarten erreichen zu können, stellt die Autorin ein spielpädagogisches Konzept vor. Zentral sind dabei drei Prinzipien, die direkt auf den Erkenntnissen der Lernforschung beruhen (vgl. Kap. 2):

- Kinder lernen im *Spiel* und durch *Freude* am eigenen Tun (motivationaler bzw. emotionaler Aspekt),
- Kinder benötigen zum Lernen vielfältige, immer neue *Anregungen* (Umweltaspekt) und
- Kinder brauchen Möglichkeiten zur selbstständigen *Wiederholung* von Erfahrungen oder Tätigkeiten, um Gelerntes einzuüben (Aspekt des Gedächtnisses).

Unter Berücksichtigung der genannten Lernziele und der drei spielpädagogischen Prinzipien kann die Umwelt der Kinder in Form von „Spielprojekten" so gestaltet werden, dass sie ihnen optimale Lernmöglichkeiten bietet. Allerdings hat sich gezeigt, dass solche Projekte nur dann zu Lern-

**Tabelle 2:** Lernziele für das Kindergartenalter (verändert nach Partecke, 2004, S. 34)

| Grund-bedürfnis | Lernziele: Fertigkeiten | Lernziele: Wissensbereiche | Bildungs-gut |
|---|---|---|---|
| Zugehörig-keit | • gemeinsam mit anderen Kindern arbeiten/spielen<br>• sich in andere hineinversetzen | • unterschiedliche Kulturen und Lebensweisen<br>• Bücher und Geschichten<br>• eigene Familie | *Integration* |
| Freiheit | • reflektieren und planen<br>• Verantwortung übernehmen<br>• Probleme lösen | • eigene Wünsche<br>• Wahlmöglichkeiten<br>• alternative Lösungsmöglich-keiten | *Selbstver-antwortung* |
| Freude | • Material fantasie-voll gestalten<br>• experimentieren<br>• erfinderisch sein | • bildende und dar-stellende Kunst, Museum, Theater<br>• Forschung<br>• Werte und Regeln | *Fantasie* |
| Erfolg | • Gelenkigkeit, Kraft, Schnellig-keit, Ausdauer<br>• aufmerksam und ausdauernd spie-len und arbeiten | • Funktionen des Körpers<br>• Gesundheit<br>• Unterschiede zwischen den Geschlechtern<br>• Berufe | *Leistungs-fähigkeit* |
| Kommuni-kation | • in der Mutterspra-che differenziert und flüssig spre-chen und erzählen<br>• Fremdsprachen unterscheiden | • Funktionen der Sprache im Alltag<br>• Existenz verschie-dener Sprachen und der Schrift-sprache | *Sprache* |
| Gesell-schaftliche Teilhabe | • Symbole deuten und unterscheiden<br>• Bilder und Karten lesen<br>• Mengen bis 10 vergleichen | • Kulturtechniken wie Lesen, Schrei-ben, Rechnen, PC-Anwendungen<br>• Bedeutung von Kulturtechniken im Alltag | *Kultur-techniken* |
| Neugier | • Pflanzen und Tiere beobachten<br>• Antworten suchen, sich informieren | • unterschiedliche geografische Orte<br>• Jahreszeiten und Umwelt<br>• Wissensgebiete | *Interesse* |

erfolgen führen, wenn während der Aktivitäten eine gezielte sprachliche Vermittlung und Erklärung des Geschehens stattfindet (Hajszan, Hartel, Hartmann & Stoll, 2013).

*Kindheit und Jugend.* Lernen in der Schule stellt während der Kindheit und Jugend neben der Familie den wichtigsten Lernkontext dar. Junge Menschen erwerben in der Schule ein breites Repertoire an Wissen und Fertigkeiten, die benötigt werden, um sich in einer modernen, komplexen Gesellschaft orientieren und erfolgreich existieren zu können. Diese umfassende Wissensgrundlage kann nicht allein durch inzidentelle Lernprozesse erworben werden, wie sie in der frühen Kindheit vorherrschen. Vielmehr ist das Lernen in diesem Entwicklungsabschnitt überwiegend intentionaler Natur: In der Schule (darunter sind auch jegliche Bildungseinrichtungen wie Berufs-, Hoch- und Volkshochschulen zu zählen) werden ausgewählte Lerninhalte gezielt vermittelt. Dabei erfolgt die Steuerung des Lernens nicht durch die Lernenden selbst, sondern überwiegend von außen – in direkter Form durch die Lehrkräfte und auf indirekte Weise durch die Lehrpläne, die wiederum auf einem gesellschaftlichen Konsens darüber beruhen, was in der Schule gelernt werden soll. Die Vermittlung der Lerninhalte erfolgt im Unterricht, der durch unterschiedliche methodische Ansätze geprägt wird.

*Erwachsenenalter.* Menschen lernen jedoch nicht nur in ihrer Kindheit dazu, sondern in jeder Phase des Lebens bis ins hohe Alter, sodass man von *lebenslangem Lernen* spricht. Die Aneignung von Wissen und Fertigkeiten dient im Erwachsenenalter zumeist der Aufrechterhaltung oder Erweiterung berufsrelevanter Kompetenzen. Im Erwachsenenalter herrschen selbstgesteuerte Lernprozesse vor, die sich überwiegend auf den beruflichen Kontext (z.B. Fortbildungen, betriebliche Trainingsmaßnahmen) beziehen. Es handelt sich dabei überwiegend um intentionales Lernen.

**Lernen erfolgt von der Geburt bis ins hohe Alter**

*Höheres Lebensalter.* Selbst im hohen Lebensalter können Menschen sich erfolgreich Wissen und neue Fertigkeiten aneignen. Jedoch steht in diesem Lebensabschnitt insbesondere der Erhalt bereits vorhandener Fähigkeiten im Vordergrund (Mienert & Pitscher, 2011). Bestimmte alterstypische Einschränkungen, etwa bei der Geschwindigkeit der Informationsverarbeitung, können ältere Menschen durch ihr Erfahrungswissen und durch die effektive Nutzung von Strategien weitgehend kompensieren (Kessler, Lindenberger & Staudinger, 2009).

**Lebenslanges Lernen**

Es gibt folglich keine Phase des Lebens, die nicht von Lernvorgängen begleitet wird. Der Begriff des lebenslangen Lernens bezieht sich überwiegend auf Lern- bzw. berufliche Qualifikationsprozesse bei Erwachsenen, die bereits die schulische und berufliche Ausbildung abgeschlossen haben.

Die noch zu lernenden Inhalte oder Fertigkeiten dienen nicht mehr der Vorbereitung auf das berufliche Leben (wie das Lernen in Schule und Ausbildung), sondern finden gleichzeitig mit beruflichen und sonstigen Aktivitäten statt und unterstützen diese. Die grundlegenden Kompetenzen zum lebenslangen Lernen werden jedoch bereits in der Kindheit und Jugend erworben, sodass auch diese Altersstufen berücksichtigt werden müssen (Baumert, 2000). Auch Lernvorgänge im höheren Lebensalter – nach der Phase beruflicher Aktivität – zählen zum Bereich des lebenslangen Lernens und beziehen sich u. a. auf Prozesse der Persönlichkeitsentwicklung und des ehrenamtlichen Engagements (Lang & Rohr, 2012). Lernvorgänge im höheren Erwachsenenalter werden mit der steigenden Lebenserwartung immer wichtiger, was sich an der zunehmenden Technisierung, aber auch am wachsenden Interesse älterer Menschen an Bildungsangeboten deutlich zeigt (z. B. Studium im Alter). Aufgrund der Schwerpunktsetzung bei beruflichen Kontexten ist mit lebenslangem Lernen dennoch vor allem der Erwerb von berufsrelevantem Wissen und berufsbezogenen Fertigkeiten gemeint. Diese Art des Lernens ist durch einige Besonderheiten charakterisiert, durch die es sich von Lernvorgängen in anderen Lebensphasen unterscheidet (vgl. Tab. 1).

## 1.2 Aktuelle Richtungen

Die moderne Lernpsychologie beruht in vieler Hinsicht immer noch auf den Hauptrichtungen des behavioristischen und kognitiven Ansatzes. Im Laufe der Zeit haben sich die Ansätze der Lernpsychologie verändert, und durch den zunehmenden Einfluss der Neuropsychologie und der Biologie auf die Lernpsychologie sind als dritter wesentlicher Ansatz die Neurowissenschaften hinzugekommen. Die Besonderheiten der aktuellen Ansätze und die Perspektiven, unter denen Lernforschung heute stattfindet, sollen in diesem Abschnitt vorgestellt werden.

### 1.2.1 Forschungsansätze

**Behavioraler, kognitiver und neurowissenschaftlicher Ansatz**

Auch heute noch lässt sich die Lernforschung in zwei Hauptströmungen untergliedern: den behavioralen oder auch behavioristischen Ansatz mit dem Schwerpunkt auf der *Beobachtung von Verhalten* und den kognitiven Ansatz mit der Berücksichtigung *internaler Prozesse*. Parallel dazu ist der neurowissenschaftliche Ansatz entstanden, der sich mit den dem Lernen zugrunde liegenden neurophysiologischen Prozessen befasst.

**Behavioraler Ansatz**

*Behavioraler Ansatz.* Der behaviorale Ansatz der heutigen Lernpsychologie befasst sich mit den Zusammenhängen zwischen drei zentralen Variablen: beobachtbarem Verhalten, vorausgehenden Reizen und nachfolgenden Konsequenzen. Dieser Ansatz fragt danach, welche Eigenschaften oder Veränderungen der Umwelt Verhalten auslösen und auf welche Weise unterschiedliche Konsequenzen das Verhalten beeinflussen. Er zielt dabei auf die Vorhersage und Kontrolle von Verhalten ab. Der behaviorale Ansatz fokussiert sowohl tierisches als auch menschliches Verhalten. Durch die Konzentration auf Möglichkeiten der Verhaltenskontrolle und -modifikation findet der behaviorale Ansatz in verschiedensten Bereichen Anwendung (z. B. im Unterricht, in der Psychotherapie, im Straßenverkehr oder im Umweltschutz).

**Verhalten im Zentrum**

Im Gegensatz zum früheren radikalen Behaviorismus beschränken sich moderne Lernforscher jedoch nicht ausschließlich auf die Untersuchung messbarer Reize und beobachtbarer Verhaltensweisen. Vermittelnde Prozesse werden nicht länger von der Betrachtung ausgeschlossen und der Einbezug solcher hypothetischen Konstrukte nicht mehr als unwissenschaftlich verworfen. Stattdessen wird Verhalten als Indikator für die Art und Ausprägung innerer Zustände und Prozesse angesehen (z. B. Herumlaufen und Suchen nach Nahrung als Indikator für den Zustand „Hunger"; Drücken auf eine Taste als Ausdruck der Erwartung, eine Belohnung zu erhalten). Diese gemäßigte Form wird als „methodologischer Behaviorismus" bezeichnet (Terry, 2018). In dieser veränderten Auffassung kommt der zunehmende Einfluss der kognitiven Psychologie zum Ausdruck, deren weitreichende Erkenntnisse auch von eher behavioristisch orientierten Forschern nicht länger ignoriert werden.

**Berücksichtigung internaler Prozesse**

**Kognitiver Ansatz**

*Kognitiver Ansatz.* Die heutige kognitive Lernpsychologie befasst sich überwiegend mit Prozessen der Informationsverarbeitung und wurde stark von den Fortschritten der Computertechnologie beeinflusst. Statt mit dem Erlernen von Verhaltensweisen befasst sich der kognitive Ansatz mit dem Erwerb von Wissen, seiner Enkodierung, Umwandlung, Speicherung und seinem Abruf. Die Grundannahme dieses Ansatzes besteht darin, dass Organismen kognitive Repräsentationen ausbilden, die letztlich auch das Verhalten steuern. Da solche Repräsentationen und kognitive Prozesse nicht direkt beobachtbar sind, müssen sie aus Verhaltensweisen (z. B. verbalen Äußerungen, Bewegungen) erschlossen werden. In diesem Aspekt überschneiden sich der behaviorale und der kognitive Ansatz. Die Orientierung am Verhalten erlaubt kognitive Lernforschung sowohl beim Menschen als auch bei Tieren.

**Kognitive Repräsentationen**

Die Entwicklung von computergestützten Modellen neuronaler Netzwerke führte zu entscheidenden Fortschritten auf dem Gebiet der kognitiven

Psychologie. Mithilfe dieser künstlichen Netzwerke können Lernvorgänge simuliert und Rückschlüsse über Vorgänge im neuronalen System von Lebewesen gezogen werden. Dass diese Simulationen den Vorgängen im lebenden Organismus tatsächlich gut entsprechen, bewiesen Studien aus dem Bereich der Neuropsychologie.

**Künstliche neuronale Netzwerke**

*Neurowissenschaftlicher Ansatz.* In den Neurowissenschaften wird untersucht, welche neurophysiologischen und neuropsychologischen Vorgänge dem Lernen zugrunde liegen. Erste Versuche in dieser Richtung wurden schon in den 20er Jahren durchgeführt (Terry, 2018). Forscher untersuchten beispielsweise die Auswirkungen von Läsionen (Verletzungen) des Gehirns auf das Lernen, die Effekte elektrischer Stimulation in bestimmten Gehirnregionen und biochemische Veränderungen im Gehirn als Resultat von Lernprozessen. Diese Techniken werden prinzipiell, wenn auch in verfeinerter Form, auch heute noch in der neuropsychologischen Forschung angewendet.

**Neurowissenschaftlicher Ansatz**

**Forschungsmethoden**

Statt Läsionen des Gehirns bei Versuchstieren herzustellen oder auf Versuchspersonen mit Schädelverletzungen zu warten, werden die Funktionen von Gehirnbereichen heute mithilfe bildgebender Verfahren (z. B. Positronen-Emissions-Tomografie, PET) untersucht. Diese geben Aufschluss über die Aktivität einzelner Hirnbereiche, zum Beispiel während der Durchführung unterschiedlicher Lernaufgaben. Andere biologische Prozeduren ermöglichen es, die Mechanismen des Lernens auf zellulärer Ebene zu untersuchen. So konnten beispielsweise die molekularen Änderungen an den Synapsen von Nervenzellen, die bei der Meeresschnecke Aplysia durch Habituation (vgl. Kap. 3.1) entstehen, detailliert aufgezeigt werden.

## 1.2.2 Perspektiven

Innerhalb jeder der drei Hauptrichtungen der Forschung – behavioraler, kognitiver und neurowissenschaftlicher Ansatz – können unterschiedliche Perspektiven eingenommen werden. Diese unterscheiden sich darin,
- ob mehr nach universellen Prinzipien oder mehr nach individuellen Unterschieden gesucht wird,
- ob mehr die Grundlagenforschung oder die Anwendungsorientierung im Zentrum steht und
- in welchem Ausmaß die jeweils anderen Ansätze berücksichtigt werden.

*Differentielle Perspektive.* Ein wichtiger Aspekt der aktuellen Lernforschung besteht darin, dass die Rolle des Lernenden nicht mehr als die eines passiven Rezipienten aufgefasst wird (wie in den Lernexperimenten des klas-

**Differentielle Perspektive**

sischen und operanten Konditionierens). Der Lernende wird vielmehr als aktiver Gestalter des Lernprozesses gesehen, der die Lerninhalte selbst strukturiert und rekonstruiert. Statt nach allgemein gültigen Lerngesetzen wird nach spezifischen Faktoren gesucht, die den Lernerfolg im Einzelfall erleichtern und fördern. Die Bedeutung sozialer, motivationaler und emotionaler Variablen wird ebenfalls stärker berücksichtigt. Lernen wird folglich nicht mehr nur aus universeller, sondern auch aus differentieller Perspektive betrachtet.

Spezifische Einflüsse auf das Lernen

Anwendungsorientierung

*Anwendungsorientierung.* Die heutige Lernpsychologie ist in hohem Maße anwendungsorientiert. Es wird versucht, lernpsychologische Erkenntnisse in pädagogischen und therapeutischen Anwendungsfeldern umzusetzen und Lernumwelten zu erschaffen, die allgemeinen und spezifischen Lernvoraussetzungen in optimalerweise entsprechen.

Integrative Perspektive

*Integrative Perspektive.* Die aktuelle Lernforschung berücksichtigt die Komplexität und Vielgestaltigkeit menschlichen Lernens und bemüht sich daher um eine Integration der verschiedenen Richtungen. Insbesondere der behaviorale und der kognitive Ansatz stellen nicht länger unvereinbare Positionen dar, sondern ergänzen einander sinnvoll. Die Neurowissenschaften haben zur Vereinbarkeit des behaviorialen und kognitiven Ansatzes beigetragen, indem gezeigt wurde, dass im Gehirn Systeme für das Erlernen von Verhaltensgewohnheiten (behavioral) und von internen Repräsentationen (kognitiv) nebeneinander existieren. Es hängt von den jeweiligen Umständen ab, ob Lernen eher behavioristischen Regeln folgt oder sich durch kognitive Begriffe besser beschreiben lässt (Terry, 2018).

Lernen als komplexer Vorgang

Lernen wird heute als Vorgang angesehen, bei dem zahlreiche Prozesse des klassischen und operanten Konditionierens ebenso wie sozial-kognitive Einflüsse in komplexer Form interagieren. Das Vorhandensein angeborener Lernbereitschaften und individueller Unterschiede beim Lernen wird allgemein anerkannt. Erkenntnisse über die Möglichkeiten und Grenzen menschlichen Lernens, die sich aus der neurophysiologischen und neuropsychologischen Forschung ergeben, werden berücksichtigt und liefern wichtige Impulse für die Anwendung in pädagogischen und therapeutischen Kontexten. Insofern sind heutige Lernmodelle vielschichtiger als ihre Vorgänger, sie schließen mehr Variablen mit ein und berücksichtigen die Wechselwirkungen zwischen einzelnen Komponenten stärker. Dadurch nähern sich die Modelle der Realität in größerem Maße an, aber es wird zugleich schwieriger, aus ihnen Vorhersagen abzuleiten.

**Zusammenfassung**

Lernprozesse stellen während der gesamten Lebensdauer und in nahezu allen Lebensbereichen eine Grundvoraussetzung für angepasstes und erfolgreiches Handeln dar. Lernen ist grundsätzlich bei Menschen und Tieren zu beobachten, wobei Menschen zu komplexeren und abstrakteren Lernleistungen in der Lage sind. Unter Lernen versteht man relativ dauerhafte Veränderungen im Verhalten oder in den Verhaltenspotenzialen eines Lebewesens, die auf Erfahrungen beruhen und nicht durch angeborene bzw. genetisch festgelegte Dispositionen, Reifung oder vorübergehende Zustände erklärt werden können. Die mit Lernen verbundenen Veränderungen müssen beobachtbar oder anderweitig nachweisbar sein, wobei sich Verhaltensweisen und Bewegungen, aber auch Veränderungen in den physiologischen, kognitiven und emotionalen Reaktionen als Hinweise auf Lernvorgänge eignen. Umwelteinflüsse und die individuellen Voraussetzungen des Lernenden bestimmen, was und auf welche Weise gelernt werden kann.

Lernen kann dabei viele unterschiedliche Formen annehmen. Im vorliegenden Buch werden das nicht assoziative Lernen, das assoziative Lernen, das kognitive Lernen, das soziale Lernen und das implizite Lernen vorgestellt.

In der heutigen Lernpsychologie dominieren im Wesentlichen drei Ansätze: ein gemäßigt-behavioristischer Ansatz mit dem Schwerpunkt der Verhaltenskontrolle und -modifikation, ein kognitiver Ansatz, der sich überwiegend mit Fragen der Informationsverarbeitung beschäftigt und ein neurowissenschaftlicher Ansatz, der die biologischen und physiologischen Korrelate von Lernprozessen untersucht. Im Gegensatz zu früher ist die Lernpsychologie heute stärker an differentiellen Effekten interessiert und versucht, verschiedene theoretische Positionen zu verbinden, und bemüht sich um einen starken Anwendungsbezug.

# 2 Grundlagen des Lernens

**Beispiel**

Der 3-jährige Max sitzt im Kinderzimmer und reiht seine Spielzeugautos aneinander. Seine Mutter setzt sich dazu und fängt spontan an, die Autos zu zählen. Max hört interessiert zu. Nachdem die Mutter alle Autos gezählt hat, bittet Max sie, die Autos erneut zu zählen. Auch er steigt nun in dieses Abzählspiel ein. Von da an nutzt er im Alltag – ob beim Einkaufen, Warten auf den Bus oder Besuch im Zoo – jede Gelegenheit, um Dinge zu zählen. Recht schnell gelingt es ihm, die Zahlen in der korrekten Reihenfolge zu benennen.

Dieses Beispiel verdeutlicht, dass wir nur dann etwas Neues lernen, wenn wir uns das Gelernte durch Wiederholung einprägen. Nur dann gelingt es, zu einem späteren Zeitpunkt das Gelernte auch wieder erinnern zu können. Beim Lernen kommt es also auf das Gedächtnis an. Wie funktioniert jedoch unser Gedächtnis und wie ist es organisiert? Und was passiert in unseren Köpfen, wenn wir etwas Neues lernen oder Gelerntes erinnern? Welche Bedingungen fördern oder hemmen Lern- und Gedächtnisvorgänge? Mit der Klärung dieser Fragen beschäftigen sich die nachfolgenden Abschnitte.

## 2.1 Lernen und Gedächtnis

Lernen und Gedächtnis sind eng miteinander verbunden. Erfahrungen und Lernen verändern das Verhalten (z. B. in Form eines Wissenszuwachses oder dem Erwerb neuer Fertigkeiten). Für den *Erhalt* und den *Abruf* des Gelernten bedarf es einer entsprechenden Speicherstruktur: dem Gedächtnis. Das Gedächtnis lässt sich hinsichtlich Gedächtnisprozesse, der Verweildauer von Informationen im Gedächtnis und nach Inhalten einteilen.

**Gedächtnis als Speicherstruktur**

**Merke**

Während Lernen dem Erwerb von Fakten (Wissen) oder Fertigkeiten (Können) dient, stellt das Gedächtnis eine Struktur dar, die gewährleistet, dass Informationen (Gelerntes) gespeichert und abgerufen werden können. Wissen und Fertigkeiten bilden die *Ergebnisse* des Lernens und damit die *Inhalte* des Gedächtnisses.

## 2.1.1 Gedächtnisprozesse

Das Gedächtnis stellt jene kognitive Struktur dar, mit der Informationen aufgenommen, eingespeichert (enkodiert), langfristig gespeichert (konsolidiert) und bei Bedarf wieder abgerufen werden können. Diese Gedächtnisprozesse stellen grundlegende Voraussetzungen für das Lernvermögen dar. Dabei sind verschiedene Gehirnregionen beteiligt (vgl. Güntürkün, 2019). Das limbische System mit Hippocampus und Amygdala spielt beispielsweise eine wesentliche Rolle bei der Enkodierung und beim Abruf von Informationen, aber auch bei der Verarbeitung emotionaler Reize. In der Hirnrinde *(Cortex)* können Informationen über sehr lange Zeiträume gespeichert werden. Das Kleinhirn *(Cerebellum)* ist zentral für das Erlernen motorischer Reaktionen.

**Gedächtnisprozesse**

**Neuronale Grundlagen**

**Merke**

Das Gedächtnis dient der Aufnahme, Einspeicherung, Speicherung, Modifikation und dem Abruf von Informationen. Seine vielfältigen Funktionen erfordern die Beteiligung verschiedener Regionen des Gehirns.

**Informationsaufnahme**

*Informationsaufnahme.* Die Aufnahme und Registrierung von Informationen hängt unter anderem von der Aufmerksamkeit, die man aufwendet, und auch von der emotionalen Bedeutung einer Information ab (Arndt & Sambanis, 2017). An emotional bedeutsamere Informationen kann sich der Lernende später besser und detailgenauer erinnern als an neutrale Informationen (Brand & Markowitsch, 2006). Viele kürzere Lerneinheiten *(verteiltes Lernen)* sind darüber hinaus effektiver als wenige lange Lerneinheiten *(massiertes Lernen)*. Dies ist damit zu erklären, dass die beteiligten neuronalen Strukturen während der Lernpausen weiterhin aktiv sind und die Informationen weiterverarbeiten. Auf diese Weise können sich Erinnerungen festigen *(Konsolidierung)*. Außerdem stehen beim verteilten Lernen mit größerer Wahrscheinlichkeit viele unterschiedliche Kontexte zur

Verfügung, die später beim Abruf der gelernten Inhalte helfen (Buchner, 2012).

Einspeicherung

*Einspeicherung.* Dieser Prozess (auch Enkodierung genannt) erfolgt mehrstufig. Informationen werden, nachdem sie von einem Sinnesorgan registriert wurden, im Gedächtnis in eine entsprechende Form (z.B. in Form von Sprache, Bildern oder Szenen) umgewandelt. Es wird also eine Art inneres Abbild dieser Informationen (mentale oder auch kognitive Repräsentation) für die weiterführende Verarbeitung erstellt (Schandry, 2016).

Der spätere Abruf von Gedächtnisinhalten wird erleichtert, wenn das Lernen und der Abruf von Inhalten in einer ähnlichen Umgebung stattfinden. Dies ist der Fall, weil die Merkmale des Kontextes als Hinweise für den Abruf der Gedächtnisinhalte dienen können (Buchner, 2012). Dieser Effekt wird als *Enkodierspezifität* bezeichnet.

Lern- und Gedächtnisstrategien

Der Prozess des Einspeicherns kann darüber hinaus durch den gezielten Einsatz von *Lern- und Gedächtnisstrategien* gefördert werden. Dazu gehören Strategien des Wiederholens, des Kategorisierens und des Elaborierens (Schneider & Berger, 2014). Unter *Kategorisieren* (auch als Organisieren bezeichnet) versteht man das Ordnen von Lerninhalten nach Oberbegriffen. Beim späteren Abruf dient das Kategorisieren als Orientierungshilfe. *Elaborieren* bedeutet, dass neue Begriffe durch inhaltliche, sprachliche oder bildliche Verknüpfungen mit bereits bekannten Begriffen in Zusammenhang gebracht werden (Bildung von „Eselsbrücken"). Weitere elaborative Techniken bestehen darin, sich selbst Fragen zum Lernstoff zu stellen oder Lerninhalte durch das Anfertigen von Schaubildern oder Tabellen zu strukturieren und zu visualisieren.

**Beispiel**

Lernstrategien lassen sich gut am Beispiel des Vokabellernens verdeutlichen. Vokabeln müssen meistens durch mehrfaches Lesen und Aufsagen gelernt werden, damit sie sich einprägen *(Wiederholung)*. Vokabeln wie *cat*, *bread*, *cloud*, *cheese*, *mouse*, *sun* und *dog* können leichter gelernt werden, wenn sie nach Kategorien (z.B. „Tiere", „Essen", „Wetter") geordnet werden *(Organisieren)*. Bei ähnlichen Wörtern kann man Eselsbrücken bilden *(Elaborieren)*. Das englische Wort *dog* für Hund zum Beispiel klingt so ähnlich wie das deutsche Wort „Dogge", sodass sich ein Schüler/eine Schülerin das Wort mithilfe des Satzes: „Die Dogge ist ein Hund *(dog)*." merken könnte. Als weitere Merkhilfe könnte der Schüler/die Schülerin zum Beispiel die genannten Objekte zeichnen und mit den englischen Wörtern beschriften.

Um Kindern – sei es im Kindergarten- oder Schulalter – beim Einprägen und Erinnern von Wissen zu unterstützen, müssen der Entwicklungsstand und die Lernvoraussetzungen berücksichtigt werden. Gedächtnisstrategien von Kindern entwickeln sich dabei schrittweise (vgl. Tab. 3). So beginnen Kinder erst im Schulalter, Strategien selbstständig einzusetzen, die ihnen beim Einprägen und Erinnern neuer Inhalte helfen. Imhof (2016) gibt einen Überblick zu Lernstrategien in bestimmten Entwicklungsphasen, die Lehrkräfte im Unterricht vermitteln können.

**Tabelle 3:** Wie Kinder die Gedächtnisleistung durch den Gebrauch von Strategien verbessern (nach Schneider & Berger, 2014)

| Defizit | Erklärung |
|---|---|
| Mediationsdefizit | Jüngere Kindergartenkinder nutzen selten Gedächtnisstrategien spontan und auch bei gezielter Anleitung verbessert sich die Gedächtnisleistung nicht. |
| Produktionsdefizit | Auch Vorschulkinder und Schulanfänger setzen Gedächtnisstrategien eher selten spontan ein. Werden sie jedoch angeleitet, Merkhilfen anzuwenden, verbessert sich die Gedächtnisleistung. |
| Nutzungsdefizit | Bei Kindern im frühen Schulalter verbessert sich die Gedächtnisleistung beim *ersten spontanen* Strategiegebrauch kaum. Dies wird dadurch erklärt, dass erst nach wiederholten Erfahrungen mit einer Strategie und der zunehmenden Automatisierung dieser sich die Gedächtnisleistung verbessert. |

Im frühen Kindesalter spielen vor allem die Eltern eine wichtige Rolle für die Gedächtnisbildung (Schneider & Berger, 2014): So belegen neuere Studien, dass Vorschulkinder Erlebnisse längerfristig speichern und frei abrufen können, wenn Eltern im Gespräch mit ihren Kindern über vergangene (emotionale) Erlebnisse anregende Fragen stellen und weiterführende Hinweise geben. Die Erinnerungsleistung verbessert sich vor allem dann, wenn es sich um regelmäßig wiederkehrende Ereignisse handelt. Ein solcher Kommunikationsstil in der Familie über vergangene Ereignisse fördert auch den Erwerb von Wissen über Gefühle und das Verständnis von Kindern, dass andere Personen auch Gefühle, Bedürfnisse, Absichten, Erwartungen und Meinungen haben (*Theory of Mind*; Salmon & Reese, 2016).

*Speicherung.* Das Speichern von Informationen (auch Konsolidieren genannt) bezeichnet jenen Prozess, bei dem das Gelernte dauerhaft im Ge- **Speicherung** dächtnis verfestigt wird (Schandry, 2016). Die Gedächtnisleistung (z. B. wie lange Informationen gespeichert werden) wird durch verschiedene Faktoren beeinflusst wie etwa die Häufigkeit, mit der das Gelernte wiederholt wird, die emotionale Bewertung einer Information oder die Einbindung neuer Informationen in bereits bestehende Gedächtnisinhalte. Nach dem *Modell der Verarbeitungstiefe* (Craik & Lockhart, 1972) wird die Erinnerungsleistung über einen gewissen Zeitraum maßgeblich davon beeinflusst, wie intensiv die eingehenden Informationen verarbeitet wurden: Informationen werden schneller vergessen werden, wenn sie nur oberflächlich verarbeitet werden. Je intensiver eine Information verarbeitet wird, das heißt bis hin zur Analyse der Bedeutung dessen, was man wahrgenommen hat, desto länger wird die Information behalten und umso leichter kann sie später wieder abgerufen werden.

**Abruf**

*Abruf.* Der Abruf umfasst die Suche nach und das Aktivieren von im Gedächtnis gespeicherten Inhalten, wobei die Inhalte entweder nur für kurze Augenblicke oder ein Leben lang abrufbar sein können. Gedächtnisleistungen umfassen dabei mehr als das „passive Aufbewahren" von Informationen. Beim Abruf werden Erinnerungen nicht passiv abgelesen wie etwa ein fertiger Text, sondern aktiv erstellt, wobei sich die konkreten Erinnerungen zum Beispiel mit nachträglich gegebenen Informationen vermischen können. Es ist gut belegt, dass nachträgliche Informationen die Erinnerungen stark verzerren können. Dies ist in vielen Bereichen von großer Bedeutung, zum Beispiel für die Bewertung von Zeugenaussagen vor Gericht.

**Erinnern ist ein aktiver Prozess**

**Vergessen**

*Vergessen.* Das Vergessen gelernter Inhalte ist meist nicht auf ein Versagen des Speichers, sondern auf Schwierigkeiten beim Abruf der gespeicherten Informationen zurückzuführen. Dies zeigt sich daran, dass es viel einfacher ist, bereits bekannte Objekte oder Wörter wiederzuerkennen, als diese Objekte oder Wörter in freiem Abruf zu erinnern. Beim Vergessen werden *proaktive* und *retroaktive Interferenz* (Hemmung) unterschieden. Bei der proaktiven Interferenz behindert das Lernen bestimmter Inhalte den nachfolgenden Erwerb ähnlicher Inhalte. Retroaktive Interferenz bedeutet, dass neu gelernte Inhalte den Zugriff auf früher gelernte Informationen stören.

### Beispiel

Wenn ein Schüler/eine Schülerin eine Liste mit 20 italienischen Vokabeln gelernt hat und direkt im Anschluss eine Liste mit 20 spanischen Vokabeln lernen soll, so wird ihm/ihr das Erlernen der spanischen Vokabeln schwerer fallen, weil die bereits gelernten italienischen Wörter den spanischen sehr ähnlich sind und sich mit dem neuen Lernstoff vermischen *(proaktive Interferenz)*. Wenn man nach dem mühsamen Erwerb der spanischen Vokabeln bei diesem Schüler/dieser Schülerin nun die italienischen Vokabeln abfragt, wird man feststellen, dass ein großer Teil der Wörter wieder vergessen wurde *(retroaktive Interferenz)*.

Aus diesen Erfahrungen lässt sich schließen, dass sehr ähnliche Inhalte nicht kurz nacheinander gelernt werden sollten, sondern Pausen oder das zeitweilige Beschäftigen mit ganz anderen Inhalten sinnvoll ist. Dies ist zum Beispiel für die Gestaltung von Stundenplänen in der Schule von großer Bedeutung.

## 2.1.2 Zur Speicherdauer von Gedächtnisinhalten

Mitunter beklagen wir uns darüber, dass wir uns nicht erinnern können, an welchem Ort wir unsere Schlüssel oder andere Gegenstände, die wir vor wenigen Minuten noch in der Hand hatten, abgelegt haben. Auf der anderen Seite sind wir jederzeit in der Lage, erlernte Fakten (z. B. verschiedene Tierarten oder Hauptstädte von Ländern) abzurufen. Diese Alltagsbeobachtungen weisen darauf hin, dass Informationen unterschiedlich lang im Gedächtnis abgespeichert werden können und es nicht „ein Gedächtnis für alles" zu geben scheint. Je nach Speicherdauer wird vielmehr zwischen sensorischem Gedächtnis oder Ultrakurzzeitgedächtnis, Kurzzeit- und Langzeitgedächtnis unterschieden (vgl. Abb. 1). Diese Gedächtnissysteme unterscheiden sich hinsichtlich der Speicherkapazität.

**Sensorisches Gedächtnis, Kurzzeitgedächtnis und Langzeitgedächtnis**

Das *sensorische Gedächtnis* ist die Schnittstelle zwischen Wahrnehmung und Gedächtnis und bildet verschiedene Sinneseindrücke im jeweiligen reizspezifischen Format (visuell, auditiv, haptisch, olfaktorisch oder gustatorisch) ab (Buchner, 2012). Es hat eine geringe Speicherkapazität und eine sehr kurze Speicherdauer im Bereich von wenigen hundert Millisekunden. Informationen im Bereich des sensorischen Gedächtnisses sind dem Bewusstsein nur begrenzt zugänglich.

Das *Kurzzeitgedächtnis* (KZG) beinhaltet die aktuellen Bewusstseinsinhalte. Die Speicherdauer des Kurzzeitgedächtnisses ist mit einigen Sekunden ebenfalls vergleichsweise kurz. Im Kurzzeitgedächtnis kann nur eine begrenzte Anzahl von ungefähr sieben Informationseinheiten gespeichert werden.

Baddeley (1986) konzipierte eine komplexere Modellvorstellung zur Funktionsweise des Kurzzeitgedächtnisses, das er analog zum Arbeitsspeicher eines Computers als Arbeitsgedächtnis bezeichnete. Das Arbeitsgedächtnis besteht nach Baddeley (1986) aus mehreren Teilen (Modulen), die unterschiedliche Aufgaben übernehmen:

- die phonologische Schleife,
- der visuell-räumliche Notizblock und
- die zentrale Exekutive.

**Phonologische Schleife**

**Visuell-räumlicher Notizblock**

In der *phonologischen Schleife* werden akustische und verbale Informationen verarbeitet. Durch *subvokales Wiederholen* (eine Art stilles Nachsprechen) werden die Inhalte im Bewusstsein gehalten. Der *visuell-räumliche Notizblock* dient dem Verarbeiten und Erinnern räumlicher und bildlicher Informationen.

**Zentrale Exekutive**

Die Funktionen dieser Speicher werden durch den Mechanismus der *zentralen Exekutive* koordiniert, die Prioritäten bei der Verarbeitung von Informationen setzt, Routineprozesse überwacht und Handlungsergebnisse überprüft. Die Kapazität der zentralen Exekutive ist beschränkt. Darum kann zu einem bestimmten Zeitpunkt nur einem Reiz die bewusste Aufmerksamkeit zugewendet werden.

**Chunking**

Die Kombination einzelner Informationen zu größeren Informationseinheiten *(Chunking)* stellt eine Möglichkeit dar, die Speicherkapazität des Kurzzeit- bzw. Arbeitsgedächtnisses zu erweitern. Zum Beispiel kann man sich die Zahlenreihe 27011756 (acht Einheiten) in Form eines Datums leichter merken („27.01.1756", drei Einheiten) oder noch kürzer als „Geburtsdatum Mozarts" (eine Einheit). Das Beispiel veranschaulicht, dass Chunking Vorkenntnisse über das zu lernende Material voraussetzt.

Durch Wiederholen *(rehearsal)* können gerade aufgenommene Informationseinheiten im Kurzzeitgedächtnis gehalten werden (etwa wenn man flüsternd eine Telefonnummer wiederholt, die man nachgeschlagen hat, um sie gleich darauf zu wählen). Eine häufig wiederholte Aktivität festigt die Gedächtnisinhalte *(Konsolidieren)* und führt auf neurophysiologischer Ebene zu dauerhaften strukturellen Veränderungen. Diese stellen das neurologische Korrelat des *Langzeitgedächtnis*ses (LZG) dar. Das Langzeitgedächtnis besitzt eine praktisch unbegrenzte Speicherkapazität und eine sehr lange Speicherdauer (über mehrere Jahrzehnte). Das Langzeitgedächtnis besteht aus bewussten (deklarativen) und unbewussten (nicht deklarativen) Anteilen, die noch detaillierter erklärt werden.

Die zuvor dargestellten Prozesse des Einspeicherns und des Abrufs von Informationen finden sowohl im Kurz- als auch im Langzeitgedächtnis statt. Die Konsolidierung von Informationen bezieht sich auf die Leistung des Langzeitgedächtnisses, und im Kurzzeitgedächtnis spielen Aufmerksamkeitsprozesse eine wichtige Rolle.

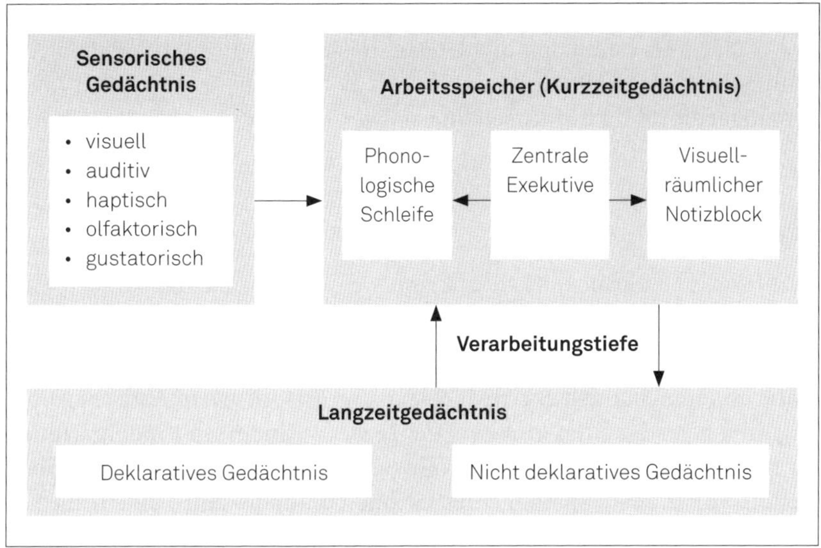


**Abbildung 1:** Schematische Darstellung zur zeitlichen Dimension des Gedächtnisses

## 2.1.3 Gedächtnisinhalte

Eine letzte Unterteilung des Gedächtnisses bezieht sich auf die inhaltsspezifische Organisation der im Langzeitgedächtnis gespeicherten Informationen. Man unterscheidet beim Langzeitgedächtnis zwischen einem System, das dem Bewusstsein zugänglich ist (*explizites* Gedächtnis) und einem dem Bewusstsein schwer oder nicht zugänglichem System (*implizites* Gedächtnis; Schacter, 1987). Squire (1987) verwendet die etwas weiter gefassten Begriffe des *deklarativen* und *nicht deklarativen* Gedächtnisses.

*Explizites (deklaratives) Gedächtnis.* Das explizite oder deklarative Gedächtnis umfasst alle Inhalte, die dem Bewusstsein direkt zugänglich sind und sprachlich berichtet werden können (Terry, 2018). Es handelt sich um Wissen über Fakten, Namen, Daten, Gesichter und Orte, über Begriffe und Symbole sowie über persönliche Erinnerungen aus der eigenen Lebensgeschichte. Das explizite Gedächtnis kann in einen *semantischen* und einen *episodischen* Teil untergliedert werden (Tulving, 1972). Das semantische Gedächtnis enthält allgemeines, geteiltes Wissen über die Welt. Im episodischen Gedächtnis sind spezifische Erinnerungen aus dem eigenen Leben gespeichert. Die Inhalte des expliziten Gedächtnisses können durch *direkte Gedächtnistests* überprüft werden, die ein bewusstes Erinnern an die gelernten Inhalte verlangen (z. B. Befragung).

**Semantisches und episodisches Gedächtnis**

*Implizites (nicht deklaratives) Gedächtnis.* Das implizite oder nicht deklarative Gedächtnis beinhaltet alle Gedächtnisinhalte, die nicht deklarativer Natur sind (Squire, 1987). Dazu gehören die Ergebnisse zahlreicher Lernvorgänge, die dem Bewusstsein nur schwer oder gar nicht zugänglich sind (*implizites Lernen*, vgl. Kap. 7).

**Definition**

Vom *impliziten Gedächtnis* spricht man, wenn Lernen und das Abrufen von Gelerntem ohne willentliche Anstrengung und nicht bewusst erfolgt.

**Priming, Konditionierung, implizites Regelwissen und Fertigkeiten sind Inhalte des impliziten Gedächtnisses**

Unter anderem handelt es sich dabei um den Erwerb von motorischen oder kognitiven Fertigkeiten *(prozedurales Lernen)*. Kinder im Kindergartenalter haben beispielsweise noch große Schwierigkeiten damit, sich selbstständig anzuziehen. Später gelingt es ihnen mühelos, eine Schleife zu binden, aber es fällt sehr schwer, die zugehörigen Bewegungen verbal zu beschreiben. Andere Beispiele für motorische Fertigkeiten sind das Maschinenschreiben, Rad- oder Autofahren. Zu den kognitiven Fertigkeiten zählt zum Beispiel das Kopfrechnen. Neben dem prozeduralen Lernen gehören das Phänomen des *Priming* (eine Art Bahnung, die das Wiedererkennen von Reizen erleichtert), die *Konditionierung* (assoziative Verknüpfungen zwischen Reizen und Reaktionen; vgl. Kap. 4) und das *implizite Erlernen von Regeln* zum Bereich des nicht deklarativen bzw. impliziten Gedächtnisses (vgl. Kap. 7). Das implizite Gedächtnis entwickelt sich bereits zu einem sehr frühen Zeitpunkt in der kindlichen Entwicklung und bleibt über die gesamte Lebensspanne hinweg nahezu stabil (Schneider & Berger, 2014). Abbildung 2 veranschaulicht schematisch die Unterteilung des Langzeitgedächtnisses anhand der Gedächtnisinhalte.

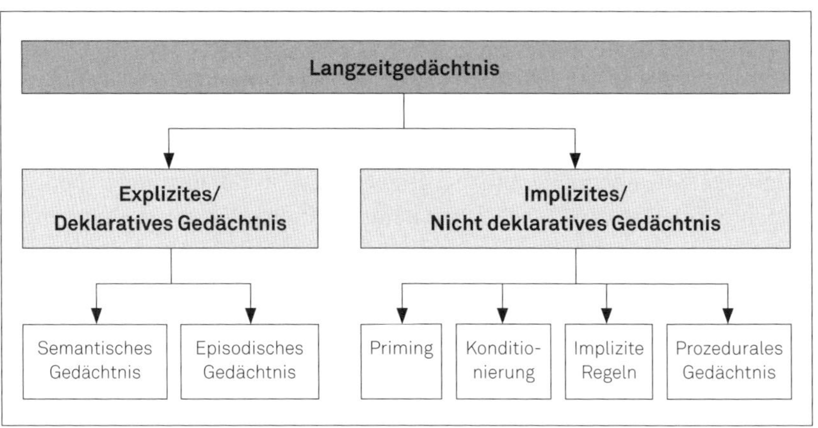


**Abbildung 2:** Unterteilung des Langzeitgedächtnisses nach Inhalten

Die Inhalte des impliziten Gedächtnisses können durch *indirekte Gedächtnistests* erschlossen werden, die erfahrungsbedingte Veränderungen im Verhalten erfassen, ohne dass ein bewusstes Erinnern dieser Erfahrungen verlangt wird (vgl. Kap. 7).

**Beispiele**

- In manchen Fällen sind Personen nicht in der Lage, aufgabenbezogenes Wissen zu verbalisieren, obwohl sie die Aufgaben erfolgreich bewältigen. So erzielt jemand zum Beispiel hervorragende Leistungen in einem Computerspiel, kann jedoch nicht erklären, wie er dabei vorgeht.
- Das verbalisierbare Wissen kann deutlich größer sein als die Alltagsleistungen. Beispielsweise kann eine Person immer wieder vom Pferd fallen, obwohl sie ein Buch über das Reiten auswendig gelernt hat.
- Maße für explizites Wissen und Leistungsmaße korrelieren häufig nicht, nur schwach oder negativ. Ein Fahrschüler kann zum Beispiel eine hohe Punktzahl in der theoretischen Führerscheinprüfung erzielen, dann aber in der Fahrprüfung durchfallen.
- Ein Zuwachs im verbalisierbaren Wissen steigert nicht unbedingt die Leistung und umgekehrt. So verbessert das häufige Lesen von Notenheften nicht zwingend das Klavierspiel.

## 2.2 Neurowissenschaftliche Grundlagen

Die Neurowissenschaften beschäftigen sich mit den im Gehirn ablaufenden Prozessen und beteiligten Strukturen, die dem Lernen und Gedächtnis zugrunde liegen. Neurowissenschaftliche Erkenntnisse helfen uns zu verstehen, was in unserem Gehirn passiert, wenn wir neue Informationen aufnehmen, speichern und abrufen. Begriffe wie Speicherung lassen in diesem Zusammenhang vermuten, dass es sich beim Gedächtnis um eine Art Speicherraum handle, in dem Lerninhalte abgelegt werden (Carlson, 2004). Tatsächlich verändern Erfahrungen jedoch die Art und Weise, wie wir auf sich wechselnde Anforderungen unserer Umwelt reagieren. Dies geschieht, indem Lernresultate langfristige und nachhaltige Veränderungen im Gehirn herbeiführen. Diese erfahrungs- bzw. nutzungsabhängige, flexible Anpassung unseres Gehirns wird als *neuronale Plastizität* bezeichnet. Die neuronale Plastizität stellt die Grundlage aller Lernprozesse dar. Sie ist also nicht auf die Phase der Gehirnentwicklung beschränkt, vielmehr ist auch das Gehirn eines Erwachsenen noch erstaunlich formbar.

Plastizität ist darüber hinaus nicht nur für normale Entwicklungs- und Anpassungsprozesse bedeutsam, sondern sie ermöglicht bis zu einem gewissen Grad eine Kompensation gestörter Hirnfunktionen, zum Beispiel infolge von Verletzungen oder Schlaganfällen.

Um die im Gehirn ablaufenden Prozesse während des Lernens besser verstehen und einordnen zu können, werden zunächst die Grundlagen der Funktionsweise von Nervenzellen vorgestellt. Darauf aufbauend werden wichtige Prinzipien und Mechanismen der Plastizität, auf denen Lern- und Gedächtnisprozesse basieren, erläutert. Schließlich werden die grundlegenden Etappen der Hirnentwicklung betrachtet und auf Kompensationsmöglichkeiten geschädigter Gehirnfunktionen näher eingegangen, um die vorgestellten Mechanismen der neuronalen Plastizität zu vertiefen.

### 2.2.1 Zum Aufbau und zur Funktionsweise von Nervenzellen

Unser Gehirn setzt sich im Wesentlichen aus Nervenzellen (Neuronen), Nervenzellverbindungen und Gliazellen zusammen. Gliazellen oder *Neuroglia* haben eine wichtige Stütz-, Schutz- und Ernährungsfunktion für Nervenzellen, gleichzeitig üben sie eine nicht unerhebliche Hilfsfunktion bei der Kommunikation zwischen den Nervenzellen aus (Carlson, 2004). Nervenzellen haben demgegenüber die Aufgabe, Informationen aktiv aufzunehmen und zu übertragen. Trotz ihrer unterschiedlichen Größe und Form sind Nervenzellen ähnlich aufgebaut:

**Aufbau einer Nervenzelle**

Nervenzellen besitzen:
- einen Zellkörper (Soma),
- Zellfortsätze (*Axone*, auch als Nervenfasern oder Neuriten bezeichnet),
- zumeist mehrere *Dendriten*, mit denen eintreffende Informationen aufgenommen werden und
- *Synapsen* (auch als Axonendknöpfchen bezeichnet; Güntürkün, 2019; vgl. Abb. 3).

**Dendriten und Axon**

Die Oberfläche von Nervenzellen ist durch astartige Erweiterungen *(Dendriten)* stark vergrößert, sodass eintreffende Informationen von vielen Seiten her aufgenommen werden können. Dendriten kann man sich als eine Art Antennen vorstellen. Über lange, dünne Zellfortsätze *(Axone)* können Informationen innerhalb des Zentralnervensystems über weite Strecken schnell und zielgenau übermittelt werden. Die Weitergabe der Informationen entlang des Axons erfolgt in Form *elektrischer Impulse*. Das Axon einer Nervenzelle endet in mehreren Verdickungen und stellt einen Kontakt mit Dendriten einer nachgeschalteten Nervenzelle her. Die Verbindungsstelle zwischen Nervenzellen – aber auch zwischen Nerven- und Muskel- oder Drüsenzellen – wird als *Synapse* bezeichnet, an der schließlich Informationen (= der elektrische Impuls) an benachbarte Nervenzellen weitergegeben werden. Die Nervenzellen sind allerdings nicht direkt miteinander verbunden, vielmehr liegt zwischen beiden ein kleiner Spalt (= *synaptischer Spalt*).

**Synapse**

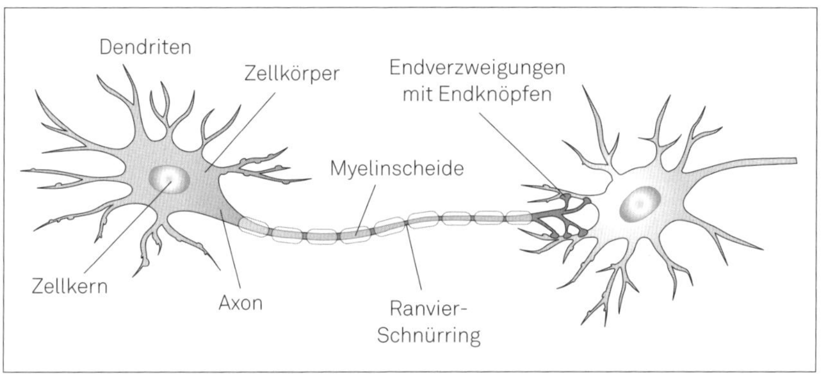


**Abbildung 3:** Aufbau der Nervenzelle

*Kommunikation zwischen Nervenzellen.* Nervenzellen sind auf hochkomplexe Weise miteinander in neuronalen Netzwerken verbunden (Güntürkün, 2019). Jede Nervenzelle erhält Informationen von ca. 10.000 anderen Nervenzellen und gibt selbst Informationen an Tausende andere Zellen weiter. Wie funktioniert diese komplexe Übermittlung von Informationen? Vergegenwärtigen wir uns dafür die Prozesse der Aufnahme und des Einspeicherns von Informationen: Informationen werden von unserem Gehirn als Sinneseindrücke registriert und damit entsprechende Sinnes- und Nervenzellen aktiviert. Konkret bedeutet dies, dass eintreffende Informationen in neuronale Aktivität umgewandelt werden (Güntürkün, 2019). Es entsteht ein elektrisches Signal, das durch das Axon bis zu den Synapsen läuft. An der Synapse findet die Weitergabe von Informationen an der nachgeschalteten Nervenzelle, also die Kommunikation zwischen den Nervenzellen, wie folgt statt: Der synaptische Spalt verhindert, dass ein elektrischer Impuls von einer Nervenzelle zur anderen überspringt. Vielmehr bewirkt der elektrische Impuls an der Synapse eine Ausschüttung chemischer Botenstoffe. Im Folgenden soll auf die chemische Übertragung näher eingegangen werden (vgl. Abb. 4).

**Umwandlung des elektrischen Signals in ein chemisches Signal**

**Erläuterung**

Am Ende des Axons wird durch die elektrische Erregung ein komplexer Prozess in Gang gesetzt. Als Resultat werden chemische Botenstoffe (*Neurotransmitter* oder *Transmitter*) in den synaptischen Spalt freigesetzt. Diese chemischen Botenstoffe gelangen zur Hülle der nachgeschalteten Nervenzelle und werden von den Dendriten der nachgeschalteten Nervenzelle aufgenommen. Dadurch wird hier – wiederum über mehrere Zwischenschritte – ein elektrischer Impuls ausgelöst. Wenn dieser elektrische Impuls groß genug ist oder durch weitere Impulse verstärkt wird, kann es zu einer Weiterleitung der Erregung kommen. Durch aktive Stoffwechselprozesse werden Neurotransmitter aus dem synaptischen Spalt zurückgewonnen und wieder ins Zellinnere transportiert.

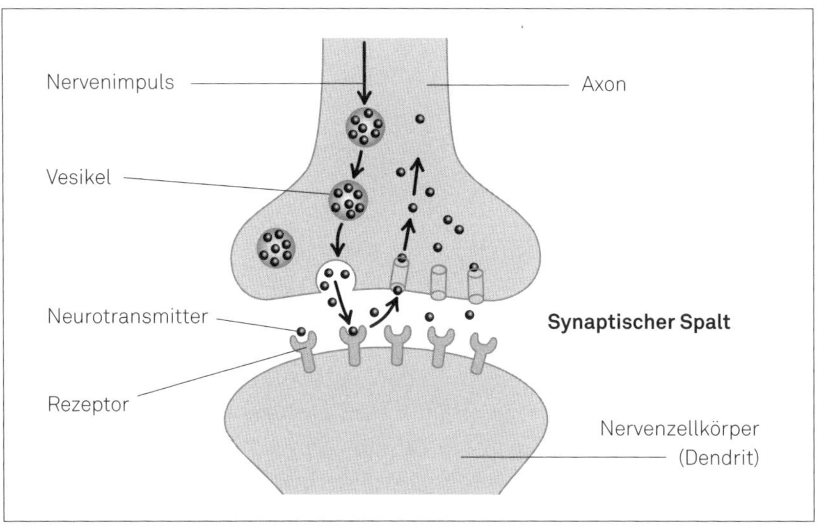


**Abbildung 4:** Synaptischer Spalt

**Hemmende Synapsen**

Neben aktivierenden synaptischen Verbindungen existieren im Nervensystem auch *hemmende Synapsen*. Sie dämpfen überstarke Impulse oder hemmen Verhalten (z. B. bei Gefahr). Ob eine Synapse aktivierende oder hemmende Funktionen besitzt, hängt im Wesentlichen von den beteiligten Neurotransmittern ab.

Die Erregungsleitung im gesamten Nervensystem beruht auf synaptischen Verbindungen. Die Rezeptorzellen der Sinnesorgane stehen durch synaptische Verbindungen in Kontakt zu Zwischenneuronen, die die Information über mehrere Zwischenstationen (Ausnahme: Reflexe) zum jeweiligen Verarbeitungszentrum im Zentralnervensystem leiten *(afferente Bahn)*.

Vom Zentralnervensystem aus werden Impulse an *Effektororgane* (z. B. Muskeln oder Drüsenzellen) geschickt *(efferente Bahn)*. Meistens werden Impulse in einem ganzen Bündel von Nervenbahnen *(Nerv)* weitergeleitet.

**Afferente und efferente Bahn**

### 2.2.2 Prinzipien und Mechanismen der Plastizität als Basis für Lernen und Gedächtnis

Lernen und Gedächtnis stellen äußerst komplexe Vorgänge dar, die beim Menschen zumeist nicht auf der Aktivität einer einzelnen Nervenzelle beruhen. Lernen basiert vielmehr auf der zeitgleichen Aktivierung vieler Nervenzellen, die in einem Zellverband miteinander kommunizieren und über das gesamte Gehirn verteilt sind (Brand & Markowitsch, 2006).

Nach den heutigen Vorstellungen der Neurowissenschaften sind für Lern- und Gedächtnisvorgänge adaptive Prozesse bedeutsam, die die Kommunikation innerhalb eines neuronalen Netzwerkes (also die synaptischen Verbindungen) verändern (Pape, 2018):

- neue synaptische Verbindungen zwischen Nervenzellen werden gebildet,
- bereits bestehende verstärkt und
- ungenutzte wieder abgebaut.

Man spricht in diesem Zusammenhang auch von *synaptischer Plastizität*.

**Merke**

Adaptive Vorgänge an den Synapsen, bei denen die Zahl der Synapsen und die Stärke der synaptischen Verbindungen des neuronalen Netzwerks verändert – entweder verstärkt oder abgeschwächt – werden, werden als synaptische Plastizität bezeichnet (Pape, 2018). Zu unterscheiden ist dabei zwischen kurzzeitigen Effekten, die auf Veränderungen in der Freisetzung und Modulation von Transmittern beruhen, und langfristigen Effekten, die das Ergebnis von Umbauprozessen an den Synapsen sind.

**Erläuterung: Wie Informationen im Gehirn gespeichert werden**

Zumeist bewirken Sinneseindrücke, dass eine Vielzahl an Nervenzellen zeitgleich aktiv sind und ihre elektrischen Impulse in einem ähnlichen Rhythmus weitergeben. Wenn Max, aus unserem Beispiel zu Beginn des Kapitels, beispielsweise seine Autos betrachtet, werden verschiedene Nervenzellen aktiv, weil sie durch die Farbe und Form der Autos angeregt werden. Gleichzeitig werden Nervenzellen aktiv, die bei der Berührung glatter und fester Oberflächen reagieren, sobald Max seine Autos anfasst. Schließlich werden auch jene Nervenzellen im Sprachzentrum aktiviert, die das Wort „Auto“ abbilden. Durch diese *synchrone Aktivierung* mehrerer Nervenzellen werden jene zu einem Zellverband zusammengeschaltet (Arndt & Sambanis, 2017). Wenn miteinander verbundene Nervenzellen gleichzeitig aktiv sind, verstärken sich die synaptischen Verbindungen zwischen ihnen nach dem Prinzip „Cells that fire together, wire together“ (Hebb, 1949). Starke Verbindungen zwischen den Nervenzellen ermöglichen eine schnelle Übertragung der Informationen von einer Nervenzelle zur nächsten und damit eine effizientere Kommunikation der Nervenzellen untereinander (Veränderung in der Übertragungsstärke bzw. Übertragungseffizienz). Wiederholt sich dieser Vorgang häufiger, entsteht ein spezifisches Erregungsmuster für diesen Gedächtnisinhalt. Umbauprozesse an den Synapsen bewirken, dass beim späteren Abruf von Gedächtnisinhalten dasselbe Erregungsmuster rekonstruiert wird.

Während wiederholt auftretende Erfahrungen mit einem bestimmten Sinneseindruck bereits bestehende synaptische Verbindungen der Nervenzellen untereinander verfestigen, werden bei längerem Nichtgebrauch synaptische Verbindungen geschwächt (Brand & Markowitsch, 2006). Beim Erinnern von bereits gelernten Inhalten werden dieselben synaptischen Verbindungen des entsprechenden Zellverbandes aktiviert, die zuvor an der Verarbeitung der eintreffenden Sinneseindrücke beteiligt waren.

**Beispiel**

Bildlich lässt sich dieser Prozess anhand eines Trampelpfads veranschaulichen: Je häufiger und intensiver ein und derselbe Pfad genutzt wird, desto besser wird er wahrgenommen und desto besser ist er auch begehbar. Wird er dagegen selten benutzt, verblassen die Spuren und desto weniger ist er auffindbar. Auch auf neuronaler Ebene zeigt sich, dass ein optimales Einprägen und Erinnern von Inhalten nur durch Wiederholen und Üben erreicht werden kann.

Die Veränderungen der Übertragungsstärke und Anzahl synaptischer Verbindungen können über verschiedene Mechanismen (z. B. vermehrte Transmitterausschüttung, Bildung neuer Rezeptoren an den nachgeschalteten Neuronen oder Bildung neuer Synapsen) erfolgen.

Als zentrale Mechanismen für nutzungsabhängige und dauerhafte Veränderungen in der synaptischen Übertragungsstärke zwischen Nervenzellen werden die *Langzeitpotenzierung* und die *Langzeitdepression* betrachtet (Brand & Markowitsch, 2006). Als Langzeitpotenzierung wird ein schneller, hochfrequenter und langanhaltender Anstieg der Übertragungsstärke von Nervenzellen verstanden, die durch die synchrone Aktivierung mehrerer Nervenzellen entsteht. Dadurch reagieren die zuvor aktivierten Synapsen der nachgeschalteten Neuronen empfindlicher und schneller auf ein und dieselben eintreffenden Reize. Die veränderte Erregungsbereitschaft der Nervenzellen wird dabei sowohl auf eine vermehrte Transmitterausschüttung als auch auf eine veränderte Sensibilität der Rezeptoren der nachgeschalteten Nervenzelle zurückgeführt (Schandry, 2016). Zumeist wird in diesem Zusammenhang hinsichtlich der Dauer zwischen einer frühen und späten Langzeitpotenzierung unterschieden, wobei die erste Form nur bis zu wenigen Stunden und die zweite über Tage und Wochen erhalten bleibt (Pape, 2018). Während der späten Phase der Langzeitpotenzierung wird eine spezifische und dauerhafte Veränderung der Übertragungsstärke zwischen Neuronen schließlich über Umbauprozesse an den Synapsen, wie Vergrößerung der synaptischen Kontaktfläche oder Bildung neuer Synapsen, erreicht (Pape, 2018). Diese dauerhaften Veränderungen in der Funktion und in der Struktur der Synapsen können als neurologische Substrate von Gedächtnisinhalten (als *Gedächtnisspuren* oder auch als *Engramme* bezeichnet) interpretiert werden. Mit zunehmender Stabilisierung *(Konsolidierung)* wird der zugehörige Gedächtnisinhalt immer leichter abrufbar.

**Langzeitpotenzierung und Übertragungsstärke**

Langzeitpotenzierung spiegelt die zelluläre Grundlage für das von Hebb (1949) formulierte Prinzip „Cells that fire togehter, wire together" wider. Langzeitpotenzierung wird als eine Grundlage für die langfristige Speicherung von Gedächtnisinhalten (Konsolidierung) verstanden und wurde insbesondere im Bereich des Hippocampus beobachtet (Schandry, 2016). Bei der Langzeitdepression handelt es sich um einen komplementären Vorgang, bei dem die Stärke der synaptischen Übertragung gezielt abgeschwächt wird (Brand & Markowitsch, 2006). Dieser Vorgang ist vermutlich für das Vergessen und die Löschung von Verhalten von Bedeutung.

**Langzeitdepression = Übertragungsabschwächung**

Neben den zuvor beschriebenen Veränderungen an den Synapsen können umweltbedingte Anpassungen des Nervensystems über eine Zunahme der Dendriten- und Axonlänge, Aktivität der Gliazellen und über Veränderungen im Stoffwechsel erfolgen. Entgegen früherer Annahmen liefern neuere Studien zudem Hinweise, dass im Erwachsenenalter nicht nur synaptische Verbindungen, sondern auch Nervenzellen noch neu gebildet werden können (z. B. Hippocampus).

*Lern- und gedächtnisrelevante Mechanismen und Strukturen des Gehirns.* Wie und wo werden nun Gedächtnisinhalte dauerhaft als Erinnerung verfügbar gehalten? Es ist anzunehmen, dass den einzelnen Gedächtnissystemen (Kurzzeit- und Langzeitgedächtnis, deklaratives und nicht deklaratives Gedächtnis usw.) unterschiedliche Mechanismen und neuroanatomische Strukturen zugrunde liegen. Nach den Vorstellungen von Hebb (1949) werden neue Informationen aus dem Kurzzeit- ins Langzeitgedächtnis überführt, indem ein spezifisches Erregungsmuster gemeinsam aktivierter Nervenzellen in ein und demselben geschlossenen neuronalen Netzwerk zunächst zirkuliert. Dies entspricht dem Vorgang des Lernens und Übens. Diese zirkulierende Aktivierung trägt zur Verfestigung synaptischer Verbindungen dieses Zellverbandes bei, indem intrazelluläre Vorgänge verschiedene Umbauprozesse an den Synapsen anregen. Dadurch wird bei ähnlicher Reizkonstellationen eine erneute Aktivierung erleichtert, zum Beispiel beim Erinnern des Gelernten (Brand & Markowitsch, 2006).

Das Gedächtnis lässt sich dementsprechend auch nicht eindeutig verorten. Stattdessen werden Erinnerungen in neuronalen Netzwerken festgehalten, die über die gesamte Großhirnrinde (Cortex) und über subkortikale Strukturen verteilt sind.

**Merke**

Das Gedächtnis hat keinen festen Platz im Gehirn, sondern ist Ergebnis der Zusammenarbeit verschiedener neuronaler Strukturen.

Jedoch gibt es Bereiche innerhalb des Gehirns, die für bestimmte Formen des Lernens sowie für bestimmte Gedächtnisprozesse und -inhalte eine besondere Rolle spielen. Prozesse des motorischen Lernens und des prozeduralen Gedächtnisses spielen sich zu großen Teilen im Kleinhirn ab. Für das Einspeichern und Konsolidieren (zum Teil auch für das Abrufen) von deklarativen Informationen sind Strukturen des inneren Schläfenlappens (medialer Temporallappen), insbesondere der Hippocampus, von besonderer Bedeutung (Brand & Markowitsch, 2006). Menschen, denen aus medizinischen Gründen der Hippocampus entfernt werden musste, weisen in der Folge schwere Gedächtnisstörungen auf. Sie sind nach der Operation nicht mehr fähig, neue Informationen über längere Zeit im Gedächtnis zu behalten. Sie können sich jedoch an lange zurückliegende Fakten und Ereignisse erinnern und sind in der Lage, einfache motorische Fertigkeiten zu erwerben.

**Hippocampus**

**Beispiel**

Milner (1965) belegte dies am Beispiel des Patienten Henry M., dem aufgrund einer nicht anders behandelbaren Epilepsie im Alter von 27 Jahren der Hippocampus beidseitig entfernt werden musste. Der Patient zeigte nach der Operation massive Gedächtnisstörungen. Er hatte Schwierigkeiten bei der räumlichen Orientierung und war trotz intensiver Übung nicht in der Lage, den Weg durch ein einfaches Labyrinth zu lernen (Milner, Corkin & Teuber, 1968). Es gelang ihm jedoch, bestimmte motorische Fertigkeiten zu erwerben (z. B. Schreiben in Spiegelschrift).

Der Hippocampus ist an der Überführung neuer Lerninhalte vom Kurzzeit- ins Langzeitgedächtnis beteiligt. Er gleicht eintreffende elektrische Impulse mit bereits vertrauten Gedächtnisspuren ab und leitet diese an die Großhirnrinde weiter. Der Hippocampus spielt teilweise auch eine wichtige Rolle beim Abruf neuerer gespeicherter autobiografischer Erinnerungen und Fakten, ohne selbst der Ort des Langzeitgedächtnisses zu sein (Güntürkün, 2019).

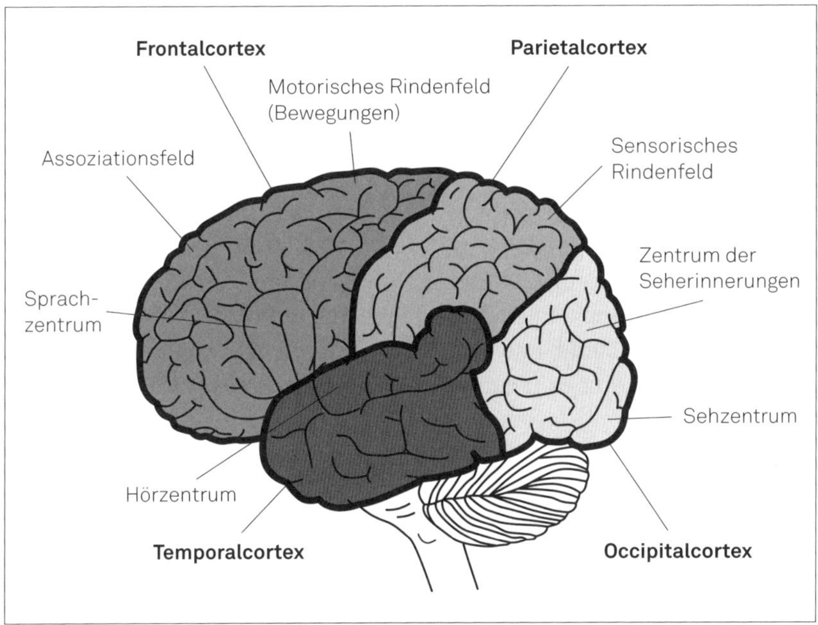


**Abbildung 5:** Einteilung der Großhirnrinde

Bei Aufgaben, die unser Kurzzeitgedächtnis beanspruchen, sind der Präfrontalcortex und je nach Art der Aufgabe (sprachlich oder bildlich) die entsprechenden Gehirnareale beteiligt, die der Verarbeitung des jeweiligen Reizmaterials zugeordnet sind (Schandry, 2016; vgl. Abb. 5 zur Einteilung der Großhirnrinde).

### 2.2.3 Plastizität im Entwicklungsverlauf

Erfahrungen, die wir in der Auseinandersetzung und im Austausch mit unserer physikalischen und sozialen Umwelt sammeln, regen vielfältige Lernprozesse an. In dem vorherigen Abschnitt haben wir Vorgänge im Gehirn kennengelernt, die die Grundlage für lebenslanges Lernen und Gedächtnis bilden. Die Fähigkeit unseres Gehirns, sich flexibel auf sich ändernde Anforderungen unserer Umwelt einzustellen, ist in der frühen Kindheit besonders ausgeprägt und nimmt mit zunehmendem Alter ab. Doch auch im erwachsenen Gehirn erfolgen – wenn auch im geringeren Ausmaß – noch Anpassungen und Veränderungen, deren Mechanismen den adaptiven Prozessen in der Phase der neuronalen Entwicklung ähneln und die dem Lernen und dem Gedächtnis zugrunde liegen. Plastizität lässt sich dabei nicht nur auf der Ebene der synaptischen Verbindungen, sondern auch auf der Ebene ganzer Gehirnregionen *(kortikale Plastizität)* beobachten. Im vorliegenden Abschnitt wollen wir uns mit adaptiven Prozessen des Gehirns über die Lebensspanne beschäftigen.

**Entwicklung der Plastizität im Verlauf des Lebens**

Die Entwicklung des Zentralnervensystems vollzieht sich in einer Wechselwirkung zwischen genetischen Vorgaben und Umwelteinflüssen. Vor der Geburt werden entscheidende Schritte in der Hirnentwicklung hauptsächlich durch die genetische Ausstattung bestimmt (für eine Übersicht zu wichtigen Etappen der vorgeburtlichen Gehirnentwicklung vgl. Tab. 4). Dennoch haben Studien gezeigt, dass vielfältige Bedingungen im Mutterleib (z.B. Mangel-, Unter- und Überernährung, erhöhte Stresshormonkonzentrationen oder Erkrankungen der werdenden Mutter sowie der Konsum von Alkohol, Nikotin, Medikamenten und Drogen) die Entwicklung eines Kindes beeinflussen können (Petermann, Petermann & Damm, 2008). So führen Anpassungsprozesse bereits im Mutterleib zu einer dauerhaften Veränderung der Struktur und Funktionsweise verschiedener Organe und Organsysteme (z.B. Verdauungssystem, kardiovaskuläres und zentrales Nervensystem; Huizink, 2015; Schleußner, 2016).

**Tabelle 4:** Etappen der vorgeburtlichen Hirnentwicklung (vgl. Linderkamp et al., 2009)

| Entwicklungs-schritte | Beschreibung |
|---|---|
| Bildung des Neuralrohrs | In der dritten Schwangerschaftswoche entsteht die *Neuralplatte*, die sich zum *Neuralrohr* umformt. An der Innenwand des Neuralrohrs entstehen durch Zellteilung die Neurone. Am vorderen Abschnitt des Neuralrohrs bildet sich in mehreren Schritten das Gehirn aus, während im hinteren Abschnitt das spätere Rückenmark entsteht. |
| Neuronale Proliferation | Nachdem sich das Neuralrohr geschlossen hat, bilden sich durch Zellteilung Milliarden von Nervenzellen. Dabei werden zu Beginn der Hirnentwicklung weitaus mehr Neurone gebildet, als in späteren Phasen der Entwicklung tatsächlich gebraucht werden. Die noch unreifen Nervenzellen werden als Neuroblasten bezeichnet. |

**Tabelle 4:** Fortsetzung

| Entwicklungs-schritte | Beschreibung |
|---|---|
| Migration und Aggregation | Diese Zellen wandern entlang eines Netzwerks von Gliazellen an ihren Bestimmungsort, wobei sie durch chemische Signale gesteuert werden. Während dieser Zeit differenzieren sich die Neurone in verschiedene Subtypen, die später unterschiedliche Aufgaben erfüllen *(Differenzierung)*. Die Nervenzellen ordnen sich am Zielort in Schichten übereinander an, vernetzen sich und bilden so die typische Struktur des Gehirns *(Aggregation)*.<br>Die Migration der meisten Nervenzellen ist nach dem zweiten Schwangerschaftsdrittel abgeschlossen. |
| Wachstum von Axonen, Dendriten und Synapsen | Der nächste Entwicklungsschritt besteht in der Entwicklung von Zellfortsätzen (Dendriten, Axone) und der Bildung von Synapsen für die spätere Signalübertragung *(Synaptogenese)*. Die Nervenzellen verknüpfen sich zu einem riesigen Netzwerk aus Nervenfasern und Synapsen, welches die Grundlage aller Hirnfunktionen bildet. Umbauprozesse an den Synapsen vollziehen sich über die gesamte Lebensspanne. |
| Neuronentod *(Apoptose)* und Synapsen-neuanordnung | Ein bedeutender Anteil der Neuronen geht bereits in einem frühen Stadium, noch vor der Geburt, wieder zugrunde *(Apoptose)*. Schon während des Einsetzens der Neurogenese werden nicht funktionstüchtige und überschüssige Nervenzellen eliminiert. Eine zweite Phase der neuronalen Apoptose vollzieht sich parallel zur Bildung von Nervenfasern und Synapsen und schließlich findet eine dritte Phase mit Beginn der Pubertät (im Alter zwischen 11 und 12 Jahren) statt. Durch diese Selektion wird gewährleistet, dass nur funktionsfähige Zellen erhalten bleiben. |
| Myelinisierung | Der letzte Schritt der Entwicklung des Nervensystems, der Prozess der Myelinisierung (d.h. die Bildung der isolierenden Myelinschicht um die Axone), erstreckt sich noch über viele Jahre bis ins frühe Erwachsenenalter. |

**Merke**

Das heranwachsende Gehirn erweist sich aufgrund seiner hohen Plastizität, die unter günstigen Bedingungen eine optimale Entwicklung des Kindes ermöglicht, bereits im Mutterleib gegenüber schädlichen Einwirkungen als äußerst anfällig (Petermann et al., 2008).

Jeder Schritt der Gehirnentwicklung stellt demnach eine vulnerable Phase dar, in der ungünstige Umweltbedingungen nachhaltige Fehlbildungen und Fehlentwicklungen zur Folge haben können (Linderkamp et al., 2009).

Zum Zeitpunkt der Geburt sind nahezu alle Nervenzellen des Gehirns entwickelt, nur vereinzelt werden noch neue Nervenzellen in bestimmten Regionen des Gehirns gebildet. Auch sind die verschiedenen Hirnstrukturen bereits angelegt und funktionsfähig (Arndt & Sambanis, 2017). Es bedarf jedoch noch einer weitergehenden Vernetzung der verschiedenen Nervenzellen und einer Feinabstimmung dieser synaptischen Verbindungen, um die Leistungsfähigkeit des Gehirns zu optimieren. Nach der Geburt steigt die Anzahl neugebildeter Synapsen rasant an, wobei der Höhepunkt der Synaptogenese in verschiedenen Hirnregionen zu unterschiedlichen Zeitpunkten im weiteren Entwicklungsverlauf erfolgt. Beispielsweise wird die maximale Anzahl synaptischer Verbindungen in jenen Hirnregionen erreicht, die visuelle und auditive Sinneseindrücke verarbeiten, wenn ein Kind ungefähr sechs Monate alt ist (Huttenlocher & Dabholkar, 1997). Im präfrontalen Cortex, der unter anderem für die bewusste Aufmerksamkeit, Planung, Handlungssteuerung und Impulskontrolle verantwortlich ist, nimmt ab dem sechsten Lebensjahr bis zur Pubertät die Anzahl von Synapsen deutlich zu (Linderkamp et al., 2009). An die Phase der Synapsenentstehung schließt sich die Phase der Eliminierung von Synapsen *(Pruning)* an, bei der aus dem Überangebot synaptischer Verbindungen nur diejenigen gestärkt werden, die häufig genutzt werden (vgl. Kap. 2.2.4). Diejenigen Synapsen, über die Nervenzellen nur wenig miteinander kommunizieren, werden geschwächt und sterben schließlich ab. Eine solche Reorganisation synaptischer Verbindungen infolge der Erfahrungen ermöglicht so eine optimale Anpassung des Kindes an seine Lebensbedingungen.

**Erläuterung: Welchen Nutzen haben die anfängliche Überproduktion und anschließende Eliminierung synaptischer Verbindungen?**

Der Überschuss synaptischer Verbindungen der Nervenzellen bildet die Basis für die enorme Plastizität im frühen Kindesalter und ermöglicht, dass Kinder sehr schnell Wissen und neue Fertigkeiten erwerben können. Ein weiterer Vorteil besteht zum Beispiel darin, dass das sich entwickelnde Gehirn möglicherweise flexibler in Form von Reorganisationsprozessen auf angeborene Verluste oder frühe Verluste einer Sinnesmodalität in Form von Reorganisationsprozessen reagieren kann. Im Falle einer angeborenen Blindheit kann dies zum Beispiel dadurch geschehen, dass jene Hirnregion, die eigentlich visuelle Reize verarbeitet, die Verarbeitung taktiler Reize übernimmt.

Allerdings trägt ein Überschuss an synaptischen Verbindungen auch dazu bei, dass Informationen im Gehirn noch ungenau abgebildet werden und bestimmte Funktionen bei Kindern im Vergleich zu Erwachsenen entweder noch nicht oder noch nicht in ihrer endgültigen Form ausgebildet sind (z. B. Einschränkungen in den Wahrnehmungs- und Aufmerksamkeitsprozessen). Es wird vermutet, dass grundlegende neuronale Verbindungen genetisch bestimmt sind, und Umwelteinflüsse, also Erfahrungen, eine Feinabstimmung von Synapsen und neuronalen Grundverbindungen bewirken. Eine solche Feinabstimmung kann bis weit ins Erwachsenenalter andauern (Arndt & Sambanis, 2017).

Parallel zum Aufbau eines neuronalen Netzwerkes findet eine zunehmende Myelinisierung statt, die in unterschiedlichen Hirnregionen zu verschiedenen Zeitpunkten verläuft. Dabei werden die Nervenfasern mit einer Art Isolierungsschicht (Myelin = weiße Substanz des Gehirns) umhüllt, die die Leitfähigkeit des Axons und damit die Geschwindigkeit der elektrischen Impulse verbessert (Linderkamp et al., 2009).

Wesentliche Veränderungen in der Architektur und Funktionsweise unseres Gehirns beschränken sich jedoch nicht auf die ersten sechs Lebensjahre, stattdessen haben Neurowissenschaftler herausgefunden, dass auch während der Pubertät noch eine grundlegende Reorganisation des Gehirns, insbesondere im präfrontalen Cortex, stattfindet, die bis weit in das dritte Lebensjahrzehnt andauert (Konrad, Firk & Uhlhaas, 2013):

- Abbau synaptischer Verbindungen infolge erfahrungsabhängiger Prozesse,
- Zunahme der weißen Substanz infolge fortschreitender Myelinisierung sowie
- Veränderungen in den Neurotransmitter-Systemen.

Die Reifungsprozesse während der Pubertät gehen einher mit grundlegenden kognitiven und emotionalen Veränderungen und werden als Grundlage für die Erklärung typischer Verhaltensweisen Jugendlicher (z. B. erhöhte Risikobereitschaft) herangezogen. Demnach führt die unterschiedliche zeitliche Abfolge, in der sich Hirnareale verändern, während der Pubertät zu einem Ungleichgewicht zwischen früher reifenden Affekt beeinflussenden Hirnarealen wie dem limbischen System sowie dem Belohnungssystem und den später reifenden kontrollierenden Regionen wie dem präfrontalen Cortex. Dies hat zur Folge, dass das Verhalten von Jugendlichen, insbesondere in emotionalen Situationen (z. B. in Anwesenheit von Gleichaltrigen), stärker dem Einfluss des weiter gereiften limbischen Systems und des Belohnungssystems unterliegt. Dieses Ungleichgewicht führt also dazu, dass Entscheidungen und Verhaltensweisen von Jugendlichen stärker durch Gefühle als durch Argumente beeinflusst werden.

Die langanhaltenden Reorganisationsprozesse im Gehirn während des Jugendalters sind mit einer hohen Flexibilität verbunden. Jedoch können die neurobiologischen Umbauprozesse auch das Risiko für psychische Störungen beinhalten. Vor allem soziale Risikofaktoren, wie zum Beispiel feindseliges Verhalten der Eltern, mangelnder Kontakt zu oder Ablehnung durch Gleichaltrige, stellen ein großes Risikopotenzial dar (Arndt & Sambanis, 2017; Konrad et al., 2013). Schriber und Guyer (2016) haben auf der Basis aktueller neurowissenschaftlicher Erkenntnisse ein Modell zur Interaktion zwischen sozialen Umwelteinflüssen (z.B. Eltern, Gleichaltrige) und der Hirnreifung während der Pubertät entwickelt, welches zugleich interindividuelle Unterschiede in der Sensitivität des Heranwachsenden gegenüber Umweltbedingungen betont *(Konzept der differentiellen Suszeptibilität)*. Jene Jugendliche, die gegenüber sozialen Umwelteinflüssen besonders empfindlich sind, haben beispielsweise unter widrigen Lebensbedingungen ein erhöhtes Risiko, psychische Störungen zu entwickeln oder in der Schule zu versagen, während sie von positiven Einflüssen in besonderem Maße profitieren.

*Kortikale Reorganisation*. Erfahrungen bewirken über die gesamte Lebensspanne nicht nur Veränderungen an den Synapsen, sondern können auch Veränderungen der Strukturierung, Form oder Lage ganzer Hirnregionen betreffen. Solche Vorgänge werden als kortikale Plastizität bzw. *kortikale Reorganisation* bezeichnet und folgen dabei bestimmten Prinzipien (Elbert & Rockstroh, 2012):

**Konsequenzen erhöhter und verringerter Nutzung kortikaler Bereiche**

- Das Nichtnutzen kortikaler Bereiche – entweder bedingt durch Nichtgebrauch oder infolge angeborener oder erworbener Funktionsverluste – führt zum Beispiel dazu, dass Neurone benachbarter Gehirnregionen diese Bereiche übernehmen. Bei Blinden werden beispielsweise die kortikalen Felder, die bei Gesunden für das Sehen zuständig sind, von Neuronen übernommen, die andere Sinnesreize verarbeiten (z.B. Tastsinn).
- Erhöhte Nutzung führt dagegen zur Ausdehnung kortikaler Bereiche. Bei Taxifahrern ist beispielsweise der Bereich des Hippocampus vergrößert, der für die Verarbeitung räumlicher Repräsentationen der Umgebung verantwortlich ist (Maguire et al., 2000).

Diese Befunde der Neurowissenschaften haben zur Entwicklung neuer Therapiemaßnahmen für Patienten mit überdauernden neurologischen Ausfällen und Schädigungen des Gehirns durch Verletzungen, Entzündungen oder Schlaganfälle *(Läsionen)* beigetragen. Plastizität bedeutet in diesem Zusammenhang, dass andere Gehirnregionen die Funktionen der geschädigten Region übernehmen. Diese funktionellen Veränderungen gehen mit der Bildung und Stärkung neuer synaptischer Verbindungen einher. So wird im Rahmen der neuropsychologischen Rehabilitation versucht, diese Form der Wiederherstellung psychischer Funktionen durch gezielte Trainings anzuregen und zu fördern.

**Nutzung der neuronalen Plastizität in der Rehabilitation**

## 2.2.4 Die Bedeutung sensibler Phasen

Die zuvor dargestellten Schritte der Gehirnentwicklung legen nahe, dass bestimmte Phasen existieren, in denen sich soziale Einflüsse in besonderem Maße prägend auswirken können.

**Definition**

Unter *sensiblen Phasen* versteht man umgrenzte Zeiträume in der Entwicklung, in denen ein Lebewesen bereit dafür ist, bestimmte Reize wahrzunehmen, zu verarbeiten und mit Änderungen seines Verhaltens zu beantworten (also: zu lernen).

**Sensible Phasen**

*Sensible Phasen.* Es handelt sich um biologisch bedingte Voreinstellungen, die universell vorhandene, meist überlebenswichtige Lernerfahrungen ermöglichen. Während der ersten Lebensjahre basieren vielfältige Prozesse in der Entwicklung eines Kindes auf solchen universellen Lernerfahrungen und es existieren in vielen Bereichen sensible Phasen (z. B. für den Aufbau einer Eltern-Kind-Bindung oder für das Erlernen der Muttersprache; vgl. Perry et al., 2017; Twardosz, 2012).

**Blooming und Pruning**

Während sensibler Phasen bereitet sich das Gehirn durch besonders starkes Synapsenwachstum *(Blooming)* auf Sinneseindrücke und Erfahrungen, die mit großer Wahrscheinlichkeit bei allen Menschen im Entwicklungsverlauf auftreten, optimal vor. Während des Lernens werden dabei aus dem Überangebot synaptischer Verbindungen nur diejenigen gestärkt, die häufig genutzt werden, und nicht gebrauchte Synapsen eliminiert *(Pruning)*. Nach dem Abschluss der sensiblen Phase existiert die biologische Bereitschaft für die entsprechenden Lernerfahrungen nicht im gleichen Maße weiter, sodass versäumte Lernprozesse nicht vollständig nachgeholt werden können. Aufgrund der zeitlichen Begrenztheit der Lernbereitschaft in sensiblen Phasen spricht man daher auch von *Zeitfenstern*, die nur für eine kurze Zeit geöffnet sind.

*Erfahrungserwartende und erfahrungsabhängige Prozesse.* Aus den Befunden zur Bedeutung der sensiblen Phasen wurde geschlussfolgert, dass bei der neuronalen Plastizität sogenannte erfahrungserwartende und erfahrungsabhängige Prozesse unterschieden werden müssen (Greenough & Black, 1992). *Erfahrungserwartende Prozesse* finden zumeist in einem sehr frühen Lebensalter während des zeitlich begrenzten Rahmens der sensiblen Phasen statt. Erfahrungsabhängige Prozesse sind dagegen nicht an ein bestimmtes Zeitfenster gebunden und finden daher auch noch in späteren Lebensphasen statt. Synaptische Verbindungen zwischen Zellen oder andere strukturelle Veränderungen bilden sich im Rahmen erfahrungsabhängiger Prozesse nach dem aktuellen Bedarf. Dieser Bedarf wird durch spezifische Lernerfahrungen bestimmt (z. B. individuelle Erlebnisse oder Lernerfordernisse im Leben eines Menschen). Durch erfahrungsabhängige Prozesse wird die Plastizität des Nervensystems während des gesamten Lebens gewährleistet.

**Erfahrungserwartende Prozess**

**Erfahrungsabhängige Prozesse**

*Schlussfolgerungen für die Praxis.* Für die praktische Arbeit in pädagogischen oder klinischen Feldern ist aus den Befunden zu sensiblen Phasen und erfahrungsabhängigen Prozessen der wichtige Schluss zu ziehen, dass eine optimale Gehirnentwicklung vielfältige Anregungen und Erfahrungen bedarf, die sich nicht allein in der Auseinandersetzung mit der Umwelt, sondern sich auch in der Interaktion mit anderen Menschen vollziehen (Arndt & Sambanis, 2017). Je nach Alter werden dabei ganz unterschiedliche Inhalte gelernt, wobei zu berücksichtigen ist, dass nicht in jedem Alter und in jeder Entwicklungsstufe alles gleich gut gelernt werden kann.

**Merke**

Aufgrund der zeitlichen Begrenzung der sensiblen Phasen können in der frühen Kindheit versäumte Lernerfahrungen nicht in jedem Fall vollständig nachgeholt werden.

So muss je nach der Art der zu lernenden Fertigkeiten oder Wissensinhalte davon ausgegangen werden, dass nach dem Überschreiten des Zeitfensters keine optimalen Lernergebnisse mehr erzielt werden können. Defizite durch versäumte Erfahrungen können auch bei intensiver Förderung nicht mehr vollständig aufgeholt werden, weil sich die entsprechenden Gehirnstrukturen nicht mehr in ihrem optimalen Bereitschaftszustand befinden, um diese Lernleistung zu erbringen.

Darüber hinaus verdeutlichen die dargestellten Befunde, dass pädagogisch-psychologische Unterstützungs- und Förderangebote nicht allein ausschließlich auf die frühe Kindheit ausgerichtet werden sollten. Vielmehr stellt auch das Jugendalter eine kritische Entwicklungsphase dar, in der die Heranwachsenden durch entsprechende Angebote in besonderem Maße profitieren können.

## 2.3 Motivationale und emotionale Grundlagen

Vielfältige Faktoren können unsere Lernfähigkeit, Lernbereitschaft und unseren Lernerfolg beeinflussen. Wenn es um die Frage geht, wie lernförderliche Bedingungen in verschiedenen sozialen Kontexten optimalerweise gestaltet werden sollten, gilt es vor allem, sich mit den motivationalen und emotionalen Aspekten des Lernens zu beschäftigen. Ein Minimum an Motivation stellt eine Grundvoraussetzung für Lernen dar, Emotionen wiederum stoßen Lernprozesse an und begleiten diese. Max, aus unserem Beispiel zu Beginn des Kapitels 2, hörte beispielsweise seiner Mutter beim Zählen interessiert zu, seine Aufmerksamkeit wurde dadurch auf dieses spezifische Ereignis gelenkt. Möglicherweise bereitete es ihm Freude, in den Zählvorgang seiner Mutter miteinzusteigen und motivierte ihn später, das Zählen auch auf andere Situationen zu übertragen. Anders wäre diese Geschichte verlaufen, wenn ihm das Zählen keinen Spaß gemacht hätte oder er sich lieber ausschließlich dem Aneinanderreihen seiner Autos gewidmet oder gar das Interesse am Spielen mit den Autos verloren und stattdessen mit seiner Mutter etwas anderes gespielt hätte. In den folgenden Abschnitten soll nun auf die Bedeutung von Motivation und Emotionen für Lernprozesse eingegangen werden.

### 2.3.1 Motivation und Lernen

**Motivation und Motive**

Die Motivationspsychologie untersucht, welche Beweggründe menschlichem Verhalten und Handeln zugrunde liegen. Unter *Motivation* versteht man allgemein einen aktuellen Erregungszustand, der die Richtung, Ausdauer und Intensität von zielbezogenem Verhalten beeinflusst (Heckhausen & Heckhausen, 2018). Dagegen handelt es sich bei *Motiven* um stabile, überdauernde Persönlichkeitseigenschaften, die das Verhalten immer dann beeinflussen, wenn sie durch situative Gegebenheiten angeregt werden (Rheinberg & Vollmeyer, 2012).

*Bedeutung der Motivation für das Lernen.* Lernen wird vor allem durch die Lern- und Leistungsmotivation beeinflusst. *Lernmotivation* bezieht sich auf die Bereitschaft und Absicht, sich eigenständig, dauerhaft und wirkungsvoll mit bestimmten Themen zu beschäftigen, um sich neues Wissen anzueignen oder spezifische Fähigkeiten zu verbessern (vgl. Krapp & Hascher, 2014). Die Frage nach der Motivation einer Person ist also insbesondere beim absichtsvollen und zielgerichteten Lernen wichtig. Absichtsvolles Lernen kann dabei als Vorstufe des *selbstgesteuerten Lernens* verstanden werden. Vor allem im Erwachsenenalter erfolgt Lernen überwiegend intentional, aber weniger institutionalisiert als im Kindesalter. Es ist in hohem Grade selbstgesteuert und findet häufig in einem kooperativen Kontext statt.

**Definition**

*Selbstgesteuertes Lernen* erfordert, dass der Lernende
- sich selbstständig Ziele setzt,
- eigenständig Strategien auswählt, mit denen diese Ziele erreicht werden können,
- selbstständig Lernprozesse initiiert und aufrechterhält sowie
- eine kontinuierliche Bewertung seines Lernfortschritts im Sinne einer Reduzierung der Ist-Soll-Differenz vornimmt (Götz & Nett, 2017).

**Motivation beeinflusst die Auswahl von Lerninhalten und die Effektivität des Lernens**

Im Prinzip setzen jedoch die meisten Lernformen ein Minimum an Motivation voraus (sehr einfache Lernformen wie die Habituation ausgenommen; vgl. Kap. 3.1). Die Motivationslage stellt dabei einen wesentlichen Faktor dar, der die Auswahl von Lerninhalten und die Effektivität von Lernprozessen wesentlich beeinflusst.

Mithilfe verschiedener Ansätze wurde versucht zu erklären, warum einige Menschen zum Lernen generell motivierter sind als andere und warum dieselben Menschen in einigen Bereichen eine größere und in anderen Bereichen eine geringere Lernbereitschaft zeigen. Motivation stellt kein einheitliches Konstrukt dar. Wichtige Konzepte im Zusammenhang mit Lernen sind intrinsische und extrinsische Motivation, Neugier, Interessen, Leistungsmotivation und das Bedürfnis nach Sozialkontakt. Diese Konzepte werden im Folgenden vorgestellt.

**Intrinsische Motivation**

*Intrinsische und extrinsische Motivation.* Bei der Lernmotivation wird häufig zwischen intrinsischer und extrinsischer Motivation unterschieden. Intrinsische Motivation beruht auf dem Erleben positiver Erlebenszustände (z. B. Freude), die aus der Tätigkeit (z. B. Anregung, Kompetenzgefühl während des Lernens) selbst hervorgehen, aber auch auf dem positiven Gefühl der Autonomie, wenn das Ziel der eigenen Bemühungen selbst bestimmt werden kann (Deci & Ryan, 1985; Schiefele & Schaffner, 2015). Neugier und individuelle Interessen stellen Dispositionen dar, die intrinsische Lernmotivation hervorrufen können. Man lernt, weil man ein Bedürfnis nach Wissen befriedigen möchte (Neugier) oder weil die Beschäftigung mit einem bestimmten Gegenstand Freude bereitet (Interessen).

**Merke**

Selbstbestimmtes und selbstgesteuertes Lernen verlangt ein Mindestmaß an intrinsischer Motivation, die stark durch persönliche Interessen und Ziele bestimmt wird.

**Beispiel**

Eine Psychologiestudentin interessiert sich bereits während des Studiums sehr für Suchterkrankungen und deren Behandlungsmöglichkeiten. Nach dem Studium findet sie eine Stelle in einer psychiatrischen Klinik. Neben ihrer Tätigkeit lässt sie sich an einem privaten Institut auf eigene Kosten zur Psychologischen Psychotherapeutin ausbilden. Um sich über ihr Fachgebiet weiterzubilden, besucht sie darüber hinaus regelmäßig Kongresse und nimmt an speziellen Fortbildungen zum Thema Abhängigkeitserkrankungen teil.

**Extrinsische Motivation**

Extrinsische Motivation hängt dagegen von äußeren Verstärkungen ab (z.B. Belohnung oder Bestrafung durch andere Personen). Von extrinsischer Motivation spricht man auch dann, wenn ein Verhalten nicht durch Freude an der Tätigkeit selbst motiviert ist, sondern durch angenehme Nebeneffekte, die mit dem Verhalten verbunden sind (z.B. sozialer Kontakt durch das Zusammensein mit Gleichaltrigen beim Lernen in einer Gruppe, Prämien und Zertifikate).

**Beispiel**

Wenn eine berufliche Weiterbildung vom Arbeitgeber unterstützt oder sogar eingefordert wird, kann Lernmotivation zumindest teilweise durch äußere Verstärker erzeugt werden (z.B. durch Prämien oder Zertifikate).

**Neugier ist ein biologisches Grundbedürfnis**

*Neugier.* Intrinsische Lernmotivation kann durch Neugier erzeugt werden. Neugier bedeutet die Bereitschaft, neuen Reizen in der Umgebung aktiv Aufmerksamkeit zuzuwenden und durch exploratives Verhalten (z.B. Betrachten, Manipulieren) ihre Eigenschaften zu erkunden. Sie stellt ein biologisches Grundbedürfnis dar (Berlyne, 1960). Von Geburt an streben Kinder danach, eigene Erfahrungen in der Auseinandersetzung mit ihrer Umgebung zu sammeln und auf diese Weise auch ihre eigene Wirksamkeit zu erproben und auszuweiten (z.B. mit einer Rassel ein Geräusch erzeugen; Haase & Heckhausen, 2012). Neugier und Explorationsstreben stellen somit eine wichtige Antriebskraft des Lernens dar, die von der frühesten Kindheit an wirksam ist. Es wird angenommen, dass die Wahrnehmung eines unbekannten Objektes zu einer gewissen affektiven Erregung führt, die das Neugiermotiv anregt. Bei zu geringer Erregung ist die resultierende Neugiermotivation nur schwach, bei sehr hoher affektiver Erregung entsteht Angst und die Reaktion schlägt in Flucht- oder Vermeidungsverhalten um. Nur bei mittlerem Anregungsgrad entsteht das Bedürfnis, Informationen über den unbekannten Gegenstand zu erhalten.

**Bedeutung einer sicheren Bindung für die Entwicklung von Neugier**

Die Entwicklung von Neugier- und Explorationsverhalten bei Kindern wird durch die Ausbildung einer sicheren Bindung zu den Bezugspersonen gefördert (Schölmerich & Lengning, 2014). Eine zuverlässige und liebevolle Beziehung zwischen Kind und Bezugsperson schafft in den ersten Lebensmonaten und -jahren die Basis für eine sichere Bindung, sodass sich Vertrauen und das Gefühl von Sicherheit entwickeln können. Ein sicher gebundenes Kind vertraut auf die Unterstützung seiner Bezugspersonen und verfügt über die notwendige Sicherheit. Freie kognitive Ressourcen werden genutzt, um die Umgebung zu erkunden und spielerisch-entdeckend zu lernen. Unsicher gebundene Kinder dagegen investieren einen großen Teil ihrer kognitiven Kapazität in die Aufgabe, sich der Anwesenheit ihrer Eltern zu versichern, und können sich weniger mit der Erforschung ihrer Umgebung befassen. Eine positive, tragfähige und stabile Beziehung zwischen Lernenden und Lehrenden ist letztendlich für Lernprozesse und Lernkontext aller Art von großer Bedeutung.

*Interessen.* Neugier oder das Bedürfnis nach Wissen ist bei Menschen meist nicht ungerichtet, sondern auf einige Inhaltsbereiche beschränkt. Ein Schüler liest beispielsweise freiwillig zusätzliche Bücher über Biologie, während er die Hausaufgaben für den Geschichtsunterricht nur widerwillig erledigt. Sein Interesse liegt mehr im Bereich der Biologie.

**Definition**

Als *Interesse* wird eine überdauernde Vorliebe für bestimmte Aktivitäten bzw. für die Beschäftigung mit einem bestimmten Gegenstand bzw. Thema bezeichnet, welche sich in der Auseinandersetzung mit diesem Gegenstand bzw. Thema über kürzere oder längere Zeit entwickelt sowie mit dem Erleben positiver Gefühle und/oder einer hohen subjektiven Wertschätzung einhergeht (Krapp & Prenzel, 2011).

Bei Interessen handelt es sich um relativ stabile Eigenschaften, die von zentraler Bedeutung für schulische Leistungen und den schulischen und beruflichen Werdegang sind (Krapp & Prenzel, 2011).

Die Entstehung persönlicher Interessen im Verlauf der individuellen Entwicklung stellt einen langfristigen und komplexen Prozess dar, der in der frühen Kindheit beginnt und durch genetische Faktoren, spätere individuelle Erfahrungen sowie kulturelle Faktoren beeinflusst wird (Holodynski & Oerter, 2012). Im frühen Kindesalter können Eltern beispielsweise bevorzugte Aktivitäten oder Beschäftigungen ihres Kindes unterstützen, indem sie bewusst auf die Interessen ihres Kindes eingehen und interessenbezogenes Material bereitstellen (Alexander, Johnson & Kelley, 2012). Die Ausbildung von Interessen lässt sich nur indirekt steuern, zum Beispiel durch die Vermittlung positiver Kontakte mit unterschiedlichsten Gegenstandsbereichen. Es gibt dennoch verschiedene Möglichkeiten das Interesse an Lerngegenständen zu wecken. Die wichtigste und elementarste Form, Interesse am Unterricht zu wecken, besteht natürlich darin, spannende und abwechslungsreiche Lernangebote zu schaffen und als Lehrkraft selbst Begeisterung für Lerninhalte zu zeigen (Edelmann & Wittmann, 2012). Darüber hinaus sind auch die Bedürfnisse des Lernenden zu berücksichtigen. Als entscheidende Anknüpfungspunkte werden dabei die Bereiche Kompetenzwahrnehmung, Selbstbestimmung, soziale Bezogenheit und Bedeutsamkeit des Lerngegenstandes diskutiert (Schiefele, 2014; vgl. Tab. 5). Jene Bereiche orientieren sich vor allem an der Selbstbestimmungstheorie von Deci und Ryan (1985).

**Einflüsse auf die Entstehung von Interessen**

**Tabelle 5:** Maßnahmen zur Förderung von Motivation und Lernfreude (nach Schiefele, 2014 sowie Hascher & Brandenberger, 2018)

| Bereich | Ziele | Maßnahmen |
|---|---|---|
| Kompetenzwahrnehmung | • Steigerung der Lernaktivität<br>• Vertrauen in eigene Fähigkeiten stärken<br>• Förderung der Emotionsregulation | • Positive, individuelle und transparente Rückmeldungen und Bekräftigungen<br>• Individuelle Bezugsnormorientierung<br>• Aktive Beteiligung und lebenspraktische Anwendungen fördern<br>• Klare, strukturierte und anschauliche Präsentation von Lerninhalten<br>• Soziale Unterstützung bei herausfordernden Aufgaben (z. B. durch Wahl eines optimalen Anforderungsniveaus der Aufgaben, positiver Umgang mit Fehlern, Vermeiden von überreglementierendem Verhalten) |

**Tabelle 5:** Fortsetzung

| Bereich | Ziele | Maßnahmen |
|---|---|---|
| Selbst-bestimmung | • Handlungsspielräume und Wahlfreiheiten eröffnen<br>• Eigene Lernziele setzen | • Mitbestimmung (z.B. bei Auswahl des Lernstoffs)<br>• Handlungsspielräume ermöglichen (z.B. durch Projektunterricht, Freiarbeit)<br>• Verhaltensregeln gemeinsam aushandeln<br>• Eigenen Lernfortschritt selbst bewerten (z.B. durch Anlegen von Projektmappen oder Lernkurven)<br>• Ankopplung an übergeordnete Ziele |
| Soziale Bezogenheit | • Erleben sozialer Eingebundenheit (auch Akzeptanz durch andere Personen) durch intensiven Austausch untereinander und Übernahme an Verantwortung für bestimmte Teilaufgaben | • Verschiedene Formen der Teamarbeit und des kooperativen Lernens<br>• Partnerschaftliches Lehrer-Schüler-Verhältnis<br>• Partizipation des Lernenden<br>• Gegenseitige Empathie und Wertschätzung |
| Bedeutsamkeit des Lerngegenstands | • Subjektiven Wert von Lerngegenständen (Aufgaben, Themen, Unterrichtsfächer) direkt erhöhen | • Klare, transparente und persönlich bedeutungsvolle Lernziele formulieren (plausible und nachvollziehbare Begründung der Lerninhalte)<br>• Eigenes Interesse/Begeisterung des Lehrenden an einem Thema bekunden („Interessierte Modelle“)<br>• Lernstoff mit emotionalen Erlebnissen verknüpfen<br>• Nutzen und Relevanz des Lernstoffs durch Hervorhebung praktischer Anwendungsmöglichkeiten<br>• Für Abwechslung und Neuheit bei Vermittlung des Lernstoffs sorgen<br>• Lernstoff mit „natürlichen“ Interessen verbinden<br>• Kognitive Konflikte zwischen bereits Bekanntem und Neuem erzeugen |

*Leistungsmotivation.* Unter Leistungsmotivation wird im Allgemeinen die Bereitschaft oder das Bestreben verstanden, das eigene Handeln und die Resultate des eigenen Handelns an Gütemaßstäben zu messen und das eigene Verhalten so auszurichten, dass diese Gütemaßstäbe erreicht oder übertroffen werden (Rheinberg & Vollmeyer, 2012). Ein wesentlicher Aspekt ist dabei die Selbstbewertung der eigenen Tüchtigkeit und die damit verbundenen Gefühle von Stolz und Zufriedenheit. Besonders in strukturierten Lernumgebungen wie Schule und Hochschule ist das Konzept der Leistungsmotivation daher von zentraler Bedeutung, um Unterschiede im Lernverhalten und in der Lernleistung verschiedener Personen zu begründen. Eine wichtige Modellvorstellung zur Leistungsmotivation besteht in der Unterteilung des Leistungsmotivs in Erfolgs- und Misserfolgsmotiv (Heckhausen, 1963).

**Ausrichtung des eigenen Handelns an Gütemaßstäben**

*Erfolgs- und Misserfolgsmotiv.* Heckhausen (1963) unterteilte zwei Komponenten des Leistungsmotivs: Erfolgs- und Misserfolgsmotiv. Unter Erfolgsmotiv oder *Hoffnung auf Erfolg* wird eine Form des Motiviertseins verstanden, bei der Menschen zuversichtlich Aufgaben angehen und Stolz auf die eigenen Leistungen zu empfinden. Menschen hingegen, die bei Misserfolgen Scham empfinden, streben nach der Vermeidung von Misserfolgssituationen *(Furcht vor Misserfolg)*. Für die Lernpsychologie ist wichtig, dass erfolgsmotivierte Menschen sich höhere und realistischere (Lern-)Ziele setzen und sich mehr anstrengen als misserfolgsmotivierte Personen. Diese wählen in der Regel nur ganz leichte Lernaufgaben, um auf jeden Fall einen Erfolg zu erzielen, oder aber extrem schwierige Aufgaben, um mögliche Misserfolge später mit der äußeren Ursache der Aufgabenschwierigkeit erklären zu können und nicht mit der eigenen (Un-)Fähigkeit. Nur bei einem günstigen Verhältnis von Erfolgs- und Misserfolgsmotiv kann das Lernpotenzial einer Person ausgeschöpft werden. Lehrkräfte und Eltern können durch die Gestaltung des Unterrichts und ihr Verhalten gegenüber den Lernenden deren Hoffnung auf Erfolg steigern und die Furcht vor Misserfolgen verringern (Rheinberg, 1980).

**Hoffnung auf Erfolg**

**Furcht vor Misserfolg**

Neben dem Erfolgs- und Misserfolgsmotiv haben weitere kognitive Faktoren wie Zielsetzungen, Bezugsnormorientierungen, Erwartungen und Kontrollüberzeugungen einen wesentlichen Einfluss auf die Leistungsmotivation.

*Zielsetzungen und Zielorientierungen.* Persönliche Zielsetzungen und Zielorientierungen bewirken, dass Personen freiwillig Lernangebote nutzen. Der Begriff der Zielsetzung betrifft die beruflichen oder persönlichen Ziele, die eine Person anstrebt. Im Allgemeinen gelten schwierigere und spezifisch formulierte Ziele als leistungsförderlich, da sie herausfordernder sind als leichtere Ziele und der Erfolg besser überprüft werden kann als bei unspezifischen Zielen (Locke & Latham, 1990).

**Zielsetzung**

**Beispiel**

Das Ziel, Psychologische Psychotherapeutin mit dem Schwerpunkt Suchttherapie zu werden, ist hoch angesetzt und spezifisch formuliert. Der Weg dorthin ist durch die Ausbildungsregelung klar vorgegeben und der Erfolg kann ständig überprüft werden. Weniger spezifisch und daher schwerer umzusetzen ist dagegen die Vorstellung einer anderen Hochschulabsolventin, im Beruf „etwas für benachteiligte Kinder zu tun". Ein solches Ziel muss erst spezifiziert werden, damit es zu konkreten Handlungen motivieren kann.

Bei Zielorientierungen handelt es sich um Wertvorstellungen und Präferenzen für eine bestimmte Art an Zielen, die dem Lern- und Leistungsverhalten zugrunde liegen (Spinath, 2009). Werden Lernmöglichkeiten und die Erweiterung der eigenen Kompetenzen als wertvoll eingeschätzt, so spricht man von einer *Lernzielorientierung*. Wird dagegen die Möglichkeit bevorzugt, eigene Kompetenzen nach außen zu demonstrieren, spricht man von *Leistungszielorientierung* (Dweck, 2002). Es wird angenommen, dass sich vor allem eine ausgeprägte Lernzielorientierung positiv auf den Lernerfolg auswirkt.

**Zielorientierungen: Lernziel und Leistungsziel**

Zielorientierungen stehen in engem Zusammenhang mit der *Bezugsnormorientierung*, das heißt mit den Kriterien, an denen das eigene Handeln gemessen wird (Schöne, Dickhäuser, Spinath & Stiensmeier-Pelster, 2004). Es werden individuelle, soziale und sachbezogene Bezugsnormen unterschieden. Bei individuellen Bezugsnormorientierungen wird die eigene Leistung an früheren Leistungen gemessen, bei der sozialen Bezugsnormorientierung an der Leistung einer Bezugsgruppe und bei der sachbezogenen Bezugsnormorientierung an der Aufgabe selbst (z. B. gelöst oder nicht gelöst). Individuelle Bezugsnormen wirken sich auf die Lernmotivation günstig aus, da sie Hinweise auf eigene Lernfortschritte geben und damit eine Lernzielorientierung fördern (Rheinberg, 2008). Soziale Bezugsnormen fördern dagegen eher eine Leistungszielorientierung und können dazu führen, dass Leistungssituationen vermieden werden, wenn Leistungsziele nicht erreicht werden können.

**Bezugsnormorientierung**

**Merke**

Lehrende sollten nach Möglichkeit Rückmeldungen geben, die sich auf eigene Lernfortschritte (Orientierung an der individuellen Bezugsnorm) beziehen.

Neben Zielorientierungen sind für die Lern- und Leistungsmotivation subjektive Überzeugungen und Erwartungen, mit einem bestimmten Verhalten ein gewünschtes Lernergebnis zu erreichen, und Ursachenzuschreibungen für den (Miss-)Erfolg einer Handlung (= Kausalattributionen) bedeutsam. Zwei wichtige psychologische Konzepte, die Erwartungen über den Erfolg eigener Handlungen thematisieren, stellen Kontrollüberzeugungen und Selbstwirksamkeitserwartungen dar.

Kontrollüberzeugungen und Kausalattributionen beeinflussen die Lern- und Leistungsmotivation

*Kontrollüberzeugungen und Kausalattributionen.* Die Lern- und Leistungsmotivation kann durch subjektive Überzeugungen, eine bestimmte Situation durch eigenes Handeln so zu kontrollieren, dass das angestrebte Ziel erreicht wird (Kontrollüberzeugungen), ebenso beeinflusst werden wie durch Begründungen, mit denen Lernende ihren Erfolg bzw. Misserfolg versuchen zu erklären (Kausalattributionen). Diese Aspekte wurden in den *sozialen Lerntheorien* in besonderem Maße berücksichtigt (vgl. Kap. 6). Nur Lernende, die überzeugt sind, den Lernerfolg durch ihre eigene Anstrengung und/oder ihre eigenen Fähigkeiten selbst bewirken und den Lernverlauf kontrollieren zu können, können zum Lernen motiviert werden. Für die Anwendung auf den schulischen Kontext gilt auch hier wieder, dass Lehrkräfte und Eltern die Kontrollüberzeugungen und Attributionsmuster der Schüler in günstiger Weise beeinflussen können, um den Lernerfolg zu erhöhen (Rheinberg & Krug, 2017). Dies kann beispielsweise dadurch erreicht werden, dass Lernergebnisse des Lernenden verbal bzw. schriftlich im Sinne von günstigen Attributionen zurückgemeldet werden.

*Selbstwirksamkeitserwartungen.* Aus den individuellen Ursachenzuschreibungen für Erfolg und Misserfolg können wiederum unterschiedliche Erwartungen an zukünftige Erfolge bzw. Misserfolge resultieren (Stiensmeier-Pelster & Heckhausen, 2018). Selbstwirksamkeitserwartungen stellen in diesem Zusammenhang subjektive Überzeugungen dar, Aufgaben erfolgreich zu bewältigen (vgl. Kap. 6.4).

**Beispiel**

Personen, die überzeugt sind, ihre Kompetenzen durch eigene Lernanstrengungen erweitern und die mit dem Lernen verbundenen Belastungen bewältigen zu können, werden sich mit größerer Wahrscheinlichkeit für Möglichkeiten des lebenslangen Lernens entscheiden und sich auch mehr engagieren als Personen, die diesbezüglich an ihren eigenen Fähigkeiten zweifeln.

Begründungen für den eigenen Erfolg bzw. Misserfolg erzeugen nicht nur Erwartungen aufseiten des Lernenden, sondern auch bestimmte Emotionen. Wird die eigene Leistung beispielsweise auf eine hohe Fähigkeit und hohe Anstrengung (internale Ursachen) zurückgeführt, geht dies mit dem Erleben von Stolz einher. Wird der eigene Lernerfolg jedoch damit begründet, dass man Glück hatte oder die Aufgabe sehr leicht war (externale Ursachen), wird dies beim Lernenden eher keinen Stolz erzeugen (Stiensmeier-Pelster & Heckhausen, 2018; vgl. Kap. 2.3.2).

**Merke**

Eine günstige Ausprägung des Leistungsmotivs (Hoffnung auf Erfolg) kann dadurch erreicht werden, indem der Lernende

- sich selbst realistische, mittelschwere Ziele als Basis für sein eigenes Handeln setzt,
- selbstwertförderliche Ursachenerklärungen für den eigenen Erfolg bzw. Misserfolg vornimmt und
- sich auf diese Weise eine positive Selbstwertbilanz aufbaut (vgl. Rheinberg & Krug, 2017).

**Bedürfnis nach Affiliation**

*Motivation durch sozialen Kontakt.* Allen Menschen ist das Zusammensein und die Herstellung positiver Beziehungen zu anderen Menschen ein wichtiges Bedürfnis. Dieses grundlegende Bedürfnis nach Kontakt wird auch als *Affiliationsbedürfnis* bezeichnet (Karremans & Finkenauer, 2014). Dieses Motiv ist auch im Bereich des Lernens von zentraler Bedeutung: Kinder zum Beispiel spielen und arbeiten gerne in kleinen Gruppen mit Gleichaltrigen zusammen. Sie lernen während dieser gemeinsamen, aktiven Auseinandersetzung mit dem Thema nicht nur etwas über die Inhalte, die sie bearbeiten, sondern auch viel über sich selbst und die anderen Gruppenmitglieder. Der positive Kontakt und Austausch mit anderen im Rahmen einer produktiven Tätigkeit schafft Freude und Befriedigung.

**Lernen im sozialen Kontext hat viele Vorteile**

Zugleich werden wichtige soziale Kompetenzen erworben. Formen der Teamarbeit und des kooperativen Lernens stellen eine Möglichkeit dar, das Bedürfnis nach sozialen Kontakten als Motivationsquelle zu nutzen (vgl. Tab. 5).

In den vorherigen Abschnitten wurden wichtige Komponenten der Motivation im Zusammenhang mit Lernen vorgestellt. Jede Komponente kann für sich genommen einen wichtigen Anknüpfungspunkt für Fördermaßnahmen darstellen (Rheinberg & Vollmeyer, 2012; vgl. Tab. 5). Vor der eigentlichen Förderung sollte dann zunächst einmal geklärt werden, welche Komponente der Motivation sich nicht in der angemessenen Richtung bzw. Ausprägung entwickelt hat. Wichtig ist es, in diesem Zusammenhang auch entwicklungspsychologische Besonderheiten zu berücksichtigen (z.B. Haase & Heckhausen, 2012; Krapp & Hascher, 2014).

### 2.3.2 Emotionen und Lernen

Emotionen bedingen, begleiten und beeinflussen Lernprozesse auf vielfältige Weise (Hascher & Brandenberger, 2018). Emotionen können allgemein als vorübergehende psychische Zustände verstanden werden, die als Reaktion auf die Bewertung innerer (z.B. subjektive Überzeugungen) und/oder äußerer Anlässe (Lern- bzw. Leistungssituation) ausgelöst werden und sich über verschiedene Komponenten beschreiben lassen (Holodynski, 2006).

**Erläuterung: Komponenten von Emotionen (am Beispiel Angst)**

Emotionen umfassen:
- eine *physiologische Komponente* (begleitende Körperreaktionen, z.B. erhöhter Puls, Händezittern, trockener Mund),
- eine *subjektive Erlebniskomponente* (subjektiv wahrgenommener Gefühlszustand, z.B. Aufgeregtheit, Panik),
- eine *kognitive Komponente* (mit der Emotion einhergehende Gedanken und Bewertungen, z.B. Besorgtheit, Einschränkung der Aufmerksamkeit und Wahrnehmung),
- eine *expressive Komponente* (Mimik, Gestik, Stimmlage und Körperhaltung, z.B. Erstarrung und Lähmung) sowie
- eine *motivationale Komponente* (Handlungsimpuls, z.B. einer angstauslösenden Situation zu entfliehen).

Emotionen können in vergleichbarer Weise wie Vorwissen oder Interessen als individuelle Lernvoraussetzungen einer Person angesehen werden (Hascher & Brandenberger, 2018). Schüler, die beispielsweise sehr aufgeregt und angespannt sind, wenn sie vor der Klasse etwas vortragen müssen, reagieren möglicherweise in künftigen vergleichbaren Situationen ähnlich. Auf diese Weise kann sich das Angstempfinden einer Person im Sinne einer emotionalen Reaktionsbereitschaft immer mehr verfestigen. Auf diesen Aspekt wird unter dem Abschnitt Angst und Lernen noch näher eingegangen.

Des Weiteren wird Emotionen eine wichtige – entweder aktivierende oder hemmende – Funktion bei der Aufnahme, Speicherung und Aktivierung von Informationen im Gedächtnis sowie bei der Auswahl und Nutzung von Lernstrategien zugeschrieben (Pekrun, 2006; vgl. Kap. 2.1).

Emotionen können sich aber auch auf die Lern- und Leistungsmotivation bedeutsam auswirken, wobei Emotionen sowohl als Ausgangs- als auch als

Endpunkt motivationaler Prozesse verstanden werden können (Geppert & Kilian, 2018). Beispielsweise fördern angenehme Emotionen wie Überraschung, Freude oder Stolz unsere Bereitschaft fürs Lernen und unsere Offenheit gegenüber Lerninhalten. Unangenehme Emotionen wie Angst oder Scham können demgegenüber jegliche Bemühungen hemmen, neue Kenntnisse und Fertigkeiten zu erwerben. Durch überraschende Effekte – zum Beispiel bei einem spannenden Experiment im Chemieunterricht – kann die Neugier der Lernenden auf ein unbekanntes Wissensgebiet ausgelöst werden. Die selbstbestimmte Beschäftigung mit einem interessanten Gegenstandsbereich bewirkt eine positive Gefühlslage, die sich durch Freude am Lernen und das Erleben von *Flow* (Aufgehen in der Beschäftigung) auszeichnet. Mit der leistungsförderlichen Motivationslage „Hoffnung auf Erfolg" sind ebenfalls positive Gefühle wie Stolz auf die eigene Leistung verbunden, mit der eher negativ zu bewertenden „Misserfolgsmotivation" dagegen das hemmende Gefühl der Angst. Die Emotionen Flow und Angst sollen aufgrund ihrer besonders großen Bedeutung für das Lernen etwas näher betrachtet werden.

**Motivation und Emotion hängen eng zusammen**

*Flow.* Das Begriff „Flow" wurde von Csikszentmihalyi (2003, 2005) geprägt und hat inzwischen einen großen Bekanntheitsgrad erreicht.

**Definition**

Der Begriff „*Flow*" bezeichnet einen besonderen emotionalen und kognitiven Zustand des völligen Aufgehens in einer anspruchsvollen Tätigkeit.

Der Flow-Zustand wird bei der aktiven und ungestörten Beschäftigung mit Aufgaben erreicht, deren Anforderungsniveau genau mit dem Fähigkeitsniveau der Person übereinstimmt. Die Person ist dabei weder unter- noch überfordert, sie weiß genau, was sie zu tun hat und kann sich vollkommen auf ihre Tätigkeit einlassen. Im Zustand des Flow scheint die Zeit schneller zu vergehen, der Mensch ist hoch konzentriert, ablenkende innere und äußere Reize (z.B. Hungergefühl oder Kälte) werden kaum wahrgenommen. Die handelnde Person fühlt sich dabei positiv gestimmt und völlig im Einklang mit ihrem Tun. Menschen sind in diesem hochaktiven Zustand glücklicher als bei der Beschäftigung mit weniger herausfordernden Aktivitäten (z.B. Fernsehen).

**Auswirkungen von Flow**

Es wird angenommen, dass sich der Flow-Zustand generell positiv auf die Leistungsfähigkeit einer Person auswirkt (Csikszentmihalyi, 2003, 2005). Für das Lernen leitet sich daraus die Folgerung ab, Lernprozesse nach Möglichkeit so zu gestalten, dass die Lernenden möglichst häufig von Flow-Erleben profitieren können.

**Flow fördert die Leistungsfähigkeit**

*Angst und Lernen.* Angst stellt eine biologische Anpassungsreaktion dar, die ein Lebewesen in einer Gefahrensituation auf die Möglichkeiten des Kampfes, der Flucht oder des Totstellens vorbereitet. Dabei kann es sich sowohl um Situationen handeln, in denen das Leben oder die Gesundheit gefährdet sind, aber auch um Situationen, in denen der Selbstwert einer Person bedroht ist (z.B. bei Misserfolgen). Menschen unterscheiden sich dabei in ihrer Bewertung dessen, was sie als bedrohlich wahrnehmen und bewerten sowie in ihrer Intensität und Häufigkeit mit Angst zu reagieren, erheblich. Von daher wird zwischen der stabilen, individuell unterschiedlichen Disposition zum ängstlichen Reagieren (Ängstlichkeit) und dem aktuellen, vorübergehenden Zustand der Angst (Zustands-Angst) unterschieden (Spielberger, 1972). Wenngleich es sich bei dem Phänomen Angst um eine biologisch sinnvolle Reaktion handelt, wirken sich Ängste auf das Lernen überwiegend – aber nicht ausschließlich – ungünstig aus. Dies lässt sich bereits aus den motivationspsychologischen Erkenntnissen zur „Furcht vor Misserfolg" ableiten (Heckhausen, 1963, vgl. Kap. 2.3.1). Im Kontext von Lernprozessen sind vor allem Leistungs- und Prüfungsängste relevant. *Leistungsangst* entsteht angesichts von Leistungsanforderungen, die als selbstwertbedrohlich erlebt werden. *Prüfungsängste* beziehen sich auf die Angst vor dem Versagen oder auf die soziale Situation der Prüfung, wobei das Auftreten dieser nicht notwendigerweise auf den schulischen Bereich beschränkt ist, sondern auch in anderen Lebensbereichen vorkommen kann (Kossak, 2016).

**Angst kann eine Schutzreaktion bilden**

**Angst als Persönlichkeitszug und als aktueller Zustand**

Untersuchungen zum Zusammenhang zwischen Lernen bzw. Leistungen und Leistungsangst differenzieren zumeist zwischen der subjektiven Erlebnisqualität der Angst (z.B. Gefühl der Anspannung) und der kognitiven Komponente der Angst (Selbstzweifel oder Sorgen über die möglichen Konsequenzen eines Misserfolgs). Es wird dabei angenommen, dass Ängste das Lernen behindern, weil mit der Angst einhergehende Kognitionen die Aufmerksamkeit binden sowie Fehler in der Verarbeitung von Informationen und Denkblockaden begünstigen können (Hascher & Brandenberger, 2018).

Ängstliche Personen lernen vermutlich deshalb weniger effektiv, weil ihre sorgenvollen Gedanken sie ablenken und so von einer konzentrierten Bearbeitung der zu lernenden Inhalte abhalten. In Prüfungssituationen stören die sorgenvollen Gedanken den Abruf von Erinnerungen und die Lösung von Aufgaben. Durch diese Misserfolgserfahrungen und ungünstige Attributionen verstärken sich das Gefühl der Angst und die damit verbundenen Sorgen noch mehr (Kossak, 2016; Krapp & Hascher, 2014). Zahlreiche Studien bestätigen den engen Zusammenhang zwischen der kognitiven Komponente von Angst und schulischen Leistungen (Seipp & Schwarzer, 1991).

**Besorgtheit wirkt sich auf Lernprozesse nachteilig aus**

Die Wirkung der subjektiven Gefühlskomponente der Angst (Aufgeregtheit) auf das Lernen hängt dagegen von ihrem Ausprägungsgrad und von der Aufgabenschwierigkeit ab: Übermäßige Aufgeregtheit wirkt sich negativ auf das Lernen aus, weil sie häufig mit starken physiologischen Reaktionen (z. B. Bauchschmerzen, Atemnot) einhergeht und der Lernende sich nicht mehr konzentrieren kann. Eine zu geringe emotionale Erregung ist besonders bei einfachen Aufgaben ebenfalls ungünstig, weil die Motivation zur Anstrengung in diesem Fall zu gering sein kann. Ein gewisses Maß an emotionaler Erregung ist daher geeignet, um die Lernmotivation einer Person optimal anzuregen (Mienert & Pitscher, 2011).

**Maßvolle Aufgeregtheit steigert die Leistungsfähigkeit**

### Beispiel

Ein Schüler kann sich beispielsweise zum Lernen für ein Fach motiviert fühlen, weil er weiß, dass die Lehrkraft den Stoff später gründlich abfragen wird. Diese Vorstellung erzeugt ein gewisses Maß an Aufgeregtheit. Die Hausaufgaben für ein anderes Fach dagegen erledigt der Schüler nur oberflächlich, weil er davon ausgeht, dass er in der nächsten Stunde nicht „drankommen" wird.

Für die Gestaltung von förderlichen Lernumgebungen und Lernprozessen in Schule, Ausbildung und Beruf ist daher zu folgern, dass das Erleben von Angst oder Aufregung in strukturierten Lernkontexten kontrolliert, aber nicht vollkommen vermieden werden sollte. Durch Prüfungs- und Bewertungsprozeduren sollte in jedem Fall nicht so viel Angst bei den Lernenden erzeugt werden, dass der Lernerfolg dadurch beeinträchtigt wird. Lernende, die sehr zur Besorgtheit neigen, müssen in besonderem Maße unterstützt und ermutigt werden.

**Lernkontexte sollten weitgehend angstfrei gestaltet werden**

Eine nicht zu unterschätzende Bedeutung für die Wahrnehmung eigener Kompetenzen, die Lernmotivation und den schulischen Erfolg im (vor-)schulischen Kontext nehmen die Qualität der Erzieher-Kind-Beziehung und Emotionen der Kinder gegenüber pädagogischen Fachkräften ein (z. B. Stephanou, 2014).

*Schlussfolgerungen für die Praxis.* Generell sollten Lernumgebungen so gestaltet werden, dass sie das Erleben angenehmer Emotionen und eine positive Haltung des Lernenden gegenüber Lernen und Leistungen fördern und unangenehme Emotionen reduzieren (Hascher & Brandenberger, 2018). Dies kann beispielsweise im Kontext von Schule über die konkrete Gestaltung des pädagogischen Alltags bzw. Unterrichts geschehen (vgl. Tab. 5).

Die Lernbereitschaft und das Lernverhalten werden jedoch nicht ausschließlich von der vorherrschenden emotionalen Befindlichkeit des Lernenden beeinflusst. Um Emotionen nicht hilflos ausgeliefert zu sein, müssen wir auch in der Lage sein, unsere Emotionen in ihrer Qualität, Intensität, Häufigkeit und in ihrem zeitlichen Verlauf und Ausdruck gemäß unserer eigenen Ziele und Bedürfnisse zu steuern und zu kontrollieren (Thompson, 1994). Die Fähigkeit zur selbstständigen Emotionsregulation ist ein dabei essenzieller (Teil-)Bereich der *emotionalen Kompetenz* und setzt weitere emotionale Fertigkeiten wie zum Beispiel Wahrnehmung, Ausdruck und Verständnis für eigene Emotionen voraus.

**Definition**

Die Bereiche der *emotionalen Kompetenz* umfassen (Petermann & Wiedebusch, 2016):

- die Fähigkeit, eigene Emotionen wahrzunehmen und mimisch auszudrücken,
- die Fähigkeit, den Emotionsausdruck in der Mimik und Gestik anderer Personen zu erkennen,
- die Fähigkeit, das eigene emotionale Befinden sprachlich mitzuteilen und sich über Emotionen mit anderen Personen auszutauschen,
- das Verständnis für und das Wissen über Emotionen (z. B. Auslöser) sowie
- die Fähigkeit, positive und negative Emotionen zu bewältigen und zu regulieren.

Emotionale Kompetenz bezieht sich nicht nur allein auf den angemessenen Umgang mit den eigenen Emotionen, sondern schließt auch Fertigkeiten ein, die sich auf die Emotionen anderer Personen beziehen (z. B. Emotionen anderer verstehen oder sich in den emotionalen Zustand einer anderen Person hineinzuversetzen und angemessen darauf zu reagieren). Die Bedeutung emotionaler Kompetenzen für die Schulreife, Lernbereitschaft und schulischen Erfolg hat in den letzten Jahren zunehmende Beachtung erfahren.

**Emotionale Kompetenz ist eine wichtige Voraussetzung für einen erfolgreichen Bildungsverlauf**

So zeigen verschiedene Studien, dass ein umfangreiches Wissen über Emotionen und die Fähigkeit zur Emotionsregulation nicht nur beim Umgang mit eigenen unangenehmen Emotionen (z. B. Ärger, Frustration, Langeweile) und im Hinblick auf sozial verträgliche Interaktionen mit Gleichaltrigen von Bedeutung sind, sondern auch bessere Schulleistungen, eine positive Einstellung zur Schule und ein größeres schulisches Engagement begünstigen können (Djambazova-Popordanoska, 2016; Voltmer & von Salisch, 2017).

Neben der direkten Beeinflussung der emotionalen Befindlichkeit des Lernenden stellt daher die Förderung eines kompetenten Umgangs mit den eigenen Emotionen und den Emotionen anderer Personen einen weiteren wichtigen Anknüpfungspunkt für einen erfolgreichen Bildungsverlauf dar (Hascher & Brandenberger, 2018). Da sich entscheidende Schritte in der emotionalen Entwicklung in den ersten Lebensjahren vollziehen, bildet das Kindergartenalter ein wichtiges Zeitfenster für Maßnahmen im pädagogischen Kontext, mit denen der Erwerb und die Ausdifferenzierung emotionaler Kompetenzen gezielt unterstützt werden können. Zur Umsetzung dieser Entwicklungsförderung liegen für den Vorschul- und Grundschulbereich mittlerweile zahlreiche Fördermaterialien und strukturierte, curricular aufgebaute Förderprogramme vor (für eine Übersicht siehe Petermann & Wiedebusch, 2016). Auch der Bedarf an schulischen Förderangeboten zur Stärkung (sozial-)emotionaler Kompetenzen speziell für Jugendliche wurde zunehmend erkannt (z.B. Petermann, Petermann & Nitkowski, 2016; Petermann & Petermann, 2017).

Da Lernprozesse zumeist im sozialen (familiären wie auch außerfamiliären) Kontext (z.B. Eltern, Erzieher und Lehrkräfte) stattfinden, sind schließlich eine positive, tragfähige und stabile Beziehung zwischen dem Lernenden und dem Lehrenden bzw. zwischen der Lernenden untereinander sowie ein positives emotionales Klima die Grundlage jeglicher Formen des Lernens (Jennings & Greenberg, 2009).

**Zusammenfassung**

Lernen und Gedächtnis sind sehr eng miteinander verbundene Vorgänge. Das Gedächtnis dient der Speicherung und dem Abruf von Gelerntem, Lernen bezieht sich auf die Aneignung neuer Informationen und Fertigkeiten. Je nach Speicherkapazität und Speicherdauer bzw. Inhalt der zu verarbeitenden Information wird zwischen verschiedenen Gedächtnissystemen unterschieden (z.B. Kurzzeit- und Langzeitgedächtnis). Diese Gedächtnisspeicher unterscheiden sich nach ihrer Speicherkapazität und Speicherdauer.

Erkenntnisse aus den Neurowissenschaften können zu einem besseren Verständnis beitragen, wie (neue) Informationen von den Sinnesorganen aufgenommen, verarbeitet, modifiziert, gespeichert und wieder abgerufen werden und welche Hirnstrukturen an Lern- und Gedächtnisvorgängen beteiligt sind. Lernprozesse führen dabei zu nachweisbaren, funktionellen und strukturellen Veränderungen im Zentralnervensystem. Diese adaptive Fähigkeit des Zentralnervensystems, auf der alle Lern- und Gedächtnisprozesse beruhen, wird als neuronale Plastizität bezeichnet. Plastizität lässt sich auf der Zellebene, auf der Ebene der synaptischen Verbindungen und auf der Ebene ganzer Gehirnregionen beobachten. Wichtige Mechanismen der synaptischen Plastizität bestehen in der Stärkung von Verbindungen durch Wiederholungen, strukturellen Veränderungen (z.B. Bildung von Proteinen) und dauerhaften Veränderungen der Erregbarkeit (Langzeitpotenzierung und Langzeitdepression). Durch neuronale Plastizität können in einem gewissen Rahmen Funktionsstörungen durch Krankheiten oder Läsionen kompensiert werden.

Zur Gestaltung lernförderlicher Umgebungen sind Kenntnisse zu motivationalen und emotionalen Prozessen, die dem Lernen zugrunde liegen, essenziell. Menschen streben von Geburt an danach, sich mit ihrer Umwelt auseinanderzusetzen und aktiv auf sie einzuwirken. Zentrale Anknüpfungspunkte zur Förderung der Lernmotivation können aus der Selbstbestimmungstheorie von Deci und Ryan (1985) und dem Bedürfnis nach zwischenmenschlichen Kontakten abgeleitet werden. Demnach kann die Motivation zum Lernen vor allem angeregt werden, wenn die Interessen der Lernenden berücksichtigt und den Lernenden Entscheidungsmöglichkeiten über Lerninhalte eingeräumt werden, sie den Lernprozess aktiv mitgestalten können und ihnen positive soziale Kontakte untereinander ermöglicht werden. Darüber hinaus sollten sich Leistungsrückmeldungen an den Vorleistungen der Lernenden und nicht an den Leistungen anderer Personen orientieren.

Emotionale Befindlichkeiten des Lernenden können wiederum als individuelle Voraussetzungen für Lernprozesse fungieren. Zugleich begleiten und beeinflussen Emotionen einer Person Lernprozesse, indem Emotionen kognitive und motivationale Mechanismen des Lernens anregen, modulieren oder hemmen. Wichtige Anknüpfungspunkte für Fördermaßnahmen stellen in diesem Zusammenhang die direkte Beeinflussung der emotionalen Befindlichkeiten des Lernenden durch die Förderung angenehmer Emotionen, den Aufbau einer positiven Beziehung zwischen Lernenden und Lehrenden bzw. der Lernenden untereinander, und die gezielte Stärkung emotionaler Kompetenzen des Lernenden für einen angemessenen Umgang mit Emotionen und eine erfolgreiche Bewältigung stressauslösender Situationen dar.

# 3 Nicht assoziatives Lernen

**Beispiel**

Die 16-jährige Marie schreibt an ihrer Abschlussarbeit, die bis zum Ende der Woche abgegeben werden muss. Plötzlich nimmt sie laute und ungewohnte Geräusche über ihr wahr. Aufgeschreckt davon, unterbricht sie ihre Arbeit und schaut sich um. Möglicherweise wird sie auch zur Nachbarwohnung hinübergehen und sich erkundigen, was die Geräusche zu bedeuten haben. Wenn die Geräusche häufiger auftreten – zum Beispiel, weil der Nachbar ein Hobbybastler ist – und für Marie jedoch mit keiner weiteren Konsequenz verbunden sind, wird ihre Reaktion darauf nach einer Weile nachlassen. Sie wird sich wieder ihrer Abschlussarbeit widmen und sich von diesen Geräuschen nicht weiter stören lassen. Wenn allerdings aus der Nachbarwohnung ein ganz neues Geräusch ertönt (z.B. lautes Rauschen von Wasser), wird sie wieder mit einer sogenannten *Orientierungsreaktion* reagieren. Sie wird aufhorchen, vielleicht hinübergehen und sich erkundigen und dabei erfahren, dass beim Nachbarn gerade ein Wasserrohrbruch stattgefunden hat.

Dieses Beispiel veranschaulicht einen wichtigen Lernmechanismus, bei dem wir auf einen wiederholt dargebotenen Reiz nicht mehr reagieren, sofern dieser Reiz für uns als bedeutungslos bewertet wird. Es handelt sich hierbei um den Vorgang der Habituation, einen biologisch sinnvollen Lernmechanismus, der es uns ermöglicht, konstante und weniger bedeutsame Umweltbedingungen von potenziell lebenswichtigen Umweltveränderungen zu unterscheiden. Nicht in jedem Fall kommt es zur Habituation. Erleben wir angenehme oder unangenehme Erfahrungen im Zusammenhang mit einem wiederholt auftretenden Reiz, reagieren wir empfindlicher und heftiger auf diesen Reiz. Dieser Vorgang wird wiederum als Sensitivierung bezeichnet. Bei beiden Lernvorgängen handelt es sich um nicht assoziative Formen des Lernens.

**Habituation und Sensitivierung als Beispiele für nicht assoziative Formen des Lernens**

**Definition**

Das Konzept des *nicht assoziativen Lernens* umfasst verschiedene, relativ einfache und ursprüngliche Formen des Lernens. Ihnen ist gemeinsam, dass Lernprozesse überwiegend auf der Ebene der Wahrnehmung und Verarbeitung von Sinnesreizen stattfinden und lediglich durch den wiederholten Kontakt mit einem Reiz Verhaltensänderungen entstehen, ohne dass im eigentlichen Sinne Verbindungen zu anderen Reizen oder Reaktionen aufgebaut werden.

## 3.1 Habituation und Sensitivierung

In diesem Kapitel werden Habituation und Sensitivierung als Formen des nicht assoziativen Lernens und ihre Bedeutung für die pädagogische und klinische Praxis vorgestellt.

### 3.1.1 Habituation

Auf die unerwartete Präsentation eines Reizes (z. B. eines Geräusches oder eines Lichtsignals) reagieren wir zunächst mit einer *Orientierungsreaktion*. Marie aus unserem Beispiel unterbricht ihre Tätigkeit, nachdem sie ein ungewöhnliches Geräusch wahrgenommen hat und widmet sich dem Ursprung dieses Geräuschs. Die Orientierungsreaktion besteht dabei aus mehreren Komponenten. Dazu gehören:

**Orientierungsreaktion**

- die orientierende Zuwendung der Sinnesorgane, die Erniedrigung der Wahrnehmungsschwellen für auditive und visuelle Reize und die Erhöhung der Fähigkeit, zwischen Reizen zu unterscheiden (Steigerung der Sensibilität),
- Veränderungen der Muskulatur (Anstieg des Muskeltonus) oder Zusammenzucken und
- der Anstieg der physiologischen Erregung, der sich in Veränderungen der elektrischen Hirnaktivität, Veränderungen der Blutgefäße (Verengung von peripheren Blutgefäßen und Erweiterung der Gefäße in Kopf und Gehirn), Veränderungen des Hautwiderstands, Vertiefung der Atmung und Herabsetzung der Herzfrequenz ausdrückt.

Dieser Reflex dient letztendlich der Identifikation neuer Reize, die für eine Person möglicherweise bedeutsam sind, und setzt den Organismus in Bereitschaft zu handeln.

**Definition**

Das Nachlassen einer (Orientierungs-)Reaktion auf wiederholt dargebotene Reize wird als *Habituation* bezeichnet.

Habituation ist die Folge von Reizwiederholung

Wiederholt man die Darbietung eines Reizes mehrfach, ohne dass eine für das Lebewesen bedeutsame Konsequenz erfolgt, so wird die Reaktion auf den Reiz immer schwächer und unterbleibt schließlich. Auf unser Beispiel bezogen empfindet Marie mit der Zeit die anfangs ungewöhnlichen Geräusche, die aus der Nachbarwohnung kommen, nicht mehr als störend und schenkt ihnen keine weitere Aufmerksamkeit. Auf einen neuen, unbekannten Reiz hin wird sie jedoch wieder eine vollständige Orientierungsreaktion zeigen. Die erneute Aufmerksamkeitszuwendung auf einen neuen, unbekannten Reiz nach vorheriger Habituation wird als *Dishabituation* bezeichnet.

**Beispiel**

Tom zuckt bei einem lauten und *hellen* Ton zusammen. Bei wiederholter Darbietung des Tons wird seine Reaktion schwächer und verschwindet schließlich vollständig *(Habituation)*. Präsentiert man plötzlich einen lauten, *tiefen* Ton, so zuckt Tom wieder stark zusammen *(Dishabituation)*. Daraus lässt sich folgern, dass seine Muskulatur nicht ermüdet ist. Wird im Anschluss daran wieder der helle Ton präsentiert, reagiert Tom immerhin mit einem leichten Zusammenzucken. Dies belegt, dass Tom den hellen Ton weiterhin wahrnimmt.

Reaktionsfähigkeit und Reaktionsbereitschaft

Die vollständige Wiederkehr der Orientierungsreaktion bei neuen Reizen belegt, dass die allgemeine Reaktionsfähigkeit durch Habituation nicht abgeschwächt wird. Es verändert sich lediglich die Reaktionsbereitschaft auf den wiederholt präsentierten Reiz.

**Merke**

Habituation bedeutet nicht das Abschwächen der allgemeinen Reaktionsfähigkeit, sondern eine spezifische Veränderung der Reaktionsbereitschaft auf den wiederholt dargebotenen identischen Reiz.

Ermüdung und sensorische Adaptation als Erklärungsversuche

*Ermüdung und Adaptation.* Früher wurde versucht, die Wirkung von Habituation durch einfache Ermüdung der beteiligten Muskelsysteme oder durch sensorische Adaptation zu erklären. Sensorische Adaptation bedeutet, dass Sinneszellen bei dauerhafter Präsentation desselben Reizes weniger sensitiv auf diesen Reiz reagieren. Die Sinneszellen bleiben dennoch empfänglich für Reizänderungen. Wenn man beispielsweise eine Küche betritt, nimmt man die dort herrschenden Gerüche nach Speisen am Anfang intensiv wahr. Nach einer Weile werden diese Speisedünste nicht mehr bemerkt. Ein neuer Geruch – zum Beispiel nach Gas – wird dagegen sofort wahrgenommen.

Einige Besonderheiten der Habituation sind mit der Annahme einer Ermüdung oder sensorischen Adaptation jedoch unvereinbar. Präsentiert man nach einigen Wiederholungen desselben Reizes einen neuen Reiz, so stellt sich die Reaktion vollständig wieder ein. Die Muskulatur kann also nicht ermüdet sein. Die Erklärung der sensorischen Adaptation wird durch diese Beobachtung dagegen noch nicht ausgeschlossen. Präsentiert man nun wieder den ersten Reiz, so zeigt sich hierauf eine Reaktion, die stärker ist als die letzte Reaktion in der Reihe der Habituationsdurchgänge. Der habituierte Reiz wird also weiterhin sensorisch wahrgenommen. Das Phänomen der *Dishabituation* belegt, dass Habituation nicht auf eine Adaptation der Sinneszellen zurückgeführt werden kann.

**Dishabituation**

*Merkmale der Habituation.* Thompson und Spencer (1966) beschrieben in diesem Zusammenhang einige Aspekte, die für die Habituation charakteristisch sind und die auch bis heute gültig sind (vgl. Rankin et al., 2009). Mit dieser Beschreibung kann man auch die Frage beantworten, ob beobachtete Verhaltensänderungen bei einem Lebewesen wahrscheinlich auf Habituation zurückzuführen sind oder ob eher andere Ursachen (z. B. sensorische Adaptation oder Ermüdungserscheinungen) zugrunde liegen.

- *Häufigkeit der Wiederholungen.* Es ist von Spezies zu Spezies und je nach Art des Reizes unterschiedlich, wie häufig eine Reizpräsentation wiederholt werden muss, damit Habituation erfolgt. Menschen habituieren beispielsweise bereits nach einigen wenigen Wiederholungen auf einen leisen Ton.
- *Spontanerholung.* Wenn ein Lebewesen dem habituierten Reiz für eine Zeit lang nicht ausgesetzt ist, so kommt es zu einer Spontanerholung. Das heißt, dass die Orientierungsreaktion bei der nächsten Präsentation des Reizes wieder stärker oder sogar wieder komplett gezeigt wird. Ein einmaliger Vorgang der Habituation führt daher nicht unbedingt zu einer dauerhaften Verhaltensänderung.
- *Wiederholte Habituation.* Wenn derselbe Reiz jedoch ein zweites Mal oder mehrere Male habituiert wird, so zeigt sich, dass die Anzahl der notwendigen Wiederholungen von Mal zu Mal geringer wird. Zugleich fällt die Spontanerholung mit jedem Durchgang schwächer aus. Insofern ist mit Habituation nicht nur eine vorübergehende, sondern eine dauerhafte Veränderung im Verhalten verbunden, das heißt es findet Lernen statt.

**Massierte und verteilte Reizdarbietung**

- *Zeitlicher Abstand der Wiederholungen.* Wiederholte Darbietungen des Reizes in kurzen zeitlichen Abständen *(massierte Präsentation)* bewirken eine schnellere und effektivere Habituation, das heißt, die Orientierungsreaktion lässt schneller nach. Längere zeitliche Abstände *(verteilte Präsentation)* zwischen den Darbietungen dagegen bewirken, dass die Wirkung der Habituation länger anhält, das heißt, die Spontanerholung fällt geringer aus.
- *Dishabituation.* Habituation kann vorübergehend unterdrückt werden, indem nach einigen Durchgängen ein *neuer unbekannter* Reiz gezeigt wird. Nach der Präsentation des neuen Reizes fällt die Reaktion auf den ersten Reiz wieder stärker aus als bei der letzten Präsentation. Es handelt sich um eine zeitlich begrenzte Erscheinung: Bei der nächsten Präsentation des ersten Reizes verringert sich die Reaktion wieder auf das Niveau vor der Dishabituation.
- *Generalisierung.* Der Effekt der Habituation auf einen bestimmten Reiz (z. B. ein Tonsignal) kann auf andere, ähnliche Reize derselben Sinnesmodalität generalisieren, sodass auch sie keine Orientierungsreaktion mehr auslösen. Je ähnlicher die neuen Reize dem habituierten Reiz sind, desto stärker wirkt sich die Generalisierung aus.

### 3.1.2 Sensitivierung

Bei einer wiederholten Präsentation kommt es nicht in jedem Fall zu einer Abschwächung der Reaktion (Habituation). Statt sich an diesen Reiz zu gewöhnen, lässt sich mitunter auch eine Zunahme bzw. Intensivierung der Reaktion auf diesen Reiz beobachten. Dieser Vorgang wird dann als Sensitivierung bezeichnet. Nach Overmier (2002) tragen dabei folgende Bedingungen zu einer Sensitivierung bei:

- der wiederholt dargebotene Reiz ist intensiv und schädlich,
- die Darbietung des Reizes erfolgt unregelmäßig und damit unvorhersehbar,

**Bedeutung physiologischer Aktivierung**

- wenn im Organismus während der Reizdarbietung eine hohe physiologische Aktivierung vorliegt, wird die ursprüngliche Reaktion auf diesen Reiz intensiver.

**Definition**

Unter *Sensitivierung* versteht man die Zunahme einer Reaktion auf einen Reiz als Folge der wiederholten Präsentation des Reizes, die während eines Zustandes erhöhter physiologischer Aktivierung erfolgt.

Eine höhere physiologische Aktivierung kann zum Beispiel durch aversiv erlebte Störreize (z.B. laute Hintergrundgeräusche, Hitze) entstehen (Schandry, 2016).

**Beispiel**

Greifen wir erneut auf das Beispiel von Marie zurück, die zu Hause an ihrer Abschlussarbeit schreibt. Sie hat eines Tages große Schwierigkeiten, mit der Arbeit voranzukommen, der Abgabetermin steht jedoch bevor. Marie ist nervös und fühlt sich stark unter Druck. Auf die Geräusche aus der Nachbarwohnung reagiert sie zunächst irritiert und – je länger die Geräusche andauern – zunehmend gereizt. Schließlich läuft Marie wütend zur Nachbarwohnung hinüber, klingelt den Nachbarn heraus und schreit ihn an.

Anders als im Beispiel zur Habituation kann Marie nun die Geräusche aus der Nachbarwohnung nicht einfach ausblenden, weil sie sich durch den näher rückenden Abgabetermin gestresst fühlt *(erhöhte Aktivierung)*.

**Handelt es sich bei Sensitivierung um Lernen?**

Es ist bislang unklar, ob der Prozess der Sensitivierung selbst als regelrechter Lernvorgang angesehen werden kann (Terry, 2018). Zumindest stellt Sensitivierung einen Prozess dar, der Habituation und vermutlich auch andere Lernvorgänge ganz wesentlich beeinflussen kann.

## 3.2 Erklärungen für Habituation und Sensitivierung

Die wichtigsten Modelle zur Erklärung der Habituation bzw. Sensitivierung stellen das kognitive bzw. *Komparatormodell* von Sokolov (1963) und die *Duale-Prozess-Theorie* von Groves und Thompson (1979), die manchmal auch als Zwei-Prozess-Theorie bezeichnet wird.

### 3.2.1 Kognitive Erklärungsansätze

**Vergleich neuer Reize mit kognitiven Repräsentationen**

Kognitive Erklärungsansätze der Habituation stellen Prozesse der Informationsverarbeitung in den Mittelpunkt. Ihre Grundannahme lautet, alle wahrgenommenen Reize werden mit im Gedächtnis gespeicherten Reizrepräsentationen abgeglichen (Sokolov, 1963). Unbekannte Reize lösen deshalb eine Orientierungsreaktion aus, weil jene Reize nicht im Gedächtnis gespeichert sind. Die Orientierungsreaktion dient daher dazu, kontinuierlich Informationen über den dargebotenen Reiz zu gewinnen (Kavšek, 2013). Die Orientierungsreaktion bleibt so lange bestehen, bis die mentale Repräsentation und die wahrgenommenen Informationen über den dargebotenen Reiz übereinstimmen. Bekannte, gespeicherte Reize blockieren demgegenüber die Orientierungsreaktion. Diese Repräsentationen können sich im Kurzzeitgedächtnis oder im Langzeitgedächtnis befinden.

**Merke**

Nach dem kognitiven Erklärungsmodell der Habituation führen wiederholte Reizdarbietungen zur Bildung von mentalen Repräsentationen, die mit nachfolgenden Reizen verglichen werden und bei Übereinstimmung die Orientierungsreaktion blockieren.

Nach Sokolov (1963) weist der Vorgang der Habituation also darauf hin, dass durch die wiederholte Darbietung eines Reizes eine mentale Repräsentation dieses Reizes im Gedächtnis aufgebaut wird.

**Beispiel**

Betrachten wir noch einmal unser Beispiel am Anfang von Kapitel 3: Marie schreibt an ihrer Abschlussarbeit und nimmt charakteristische Geräusche (Klopfen und Kratzen) aus ihrer Nachbarwohnung wahr. Nach einigen Wiederholungen baut Marie eine genaue mentale Repräsentation dieser Geräusche auf. Wenn nun wiederum Geräusche aus der Nachbarwohnung dringen, werden diese mit dem gespeicherten Gedächtnismodell verglichen. Stimmen Geräusche und Modell in ausreichendem Maß überein, erfolgt keine Orientierungsreaktion. Stimmen die Geräusche (z. B. Wasserrauschen) mit der mentalen Repräsentation (Klopfen und Kratzen) jedoch nicht überein, so erfolgt die vollständige Orientierungsreaktion.

**Informationen über den Reizkontext**

Die mentale Repräsentation enthält dabei nicht nur Informationen über den Reiz selbst (z. B. optischer oder akustischer Reiz, Intensität, Tonhöhe oder Farbton), sondern auch über den Kontext des Reizes. Lebewesen bilden bestimmte Erwartungen darüber aus, unter welchen Umständen welcher Reiz auftreten wird. Ein eigentlich bekannter Reiz, der allerdings in einem völlig anderen Kontext auftritt, verletzt diese Erwartungen und führt zu einer erneuten Orientierungsreaktion. Diese Reaktion erfolgt auch dann, wenn aufgrund des Kontextes ein erwarteter Reiz plötzlich ausbleibt (Kavšek, 2013).

**Beispiel**

Marie hat die Erfahrung gemacht, dass ihr Nachbar jeden Nachmittag von 16 bis 18 Uhr bastelt und die entsprechenden Geräusche erzeugt. Dieser zeitliche Kontext ist Teil der mentalen Repräsentation. Wenn der Nachbar eines Nachmittags nicht zu Hause ist, bleiben die gewohnten Geräusche aus. Marie reagiert darauf mit einer Orientierungsreaktion (Aufhorchen und Versuch herauszufinden, was der Nachbar wohl treibt).

Der Prozess der Bildung einer mentalen Repräsentation und ihre Wirkung auf die Verarbeitung von Reizen lässt sich schematisch darstellen (vgl. Abb. 6).

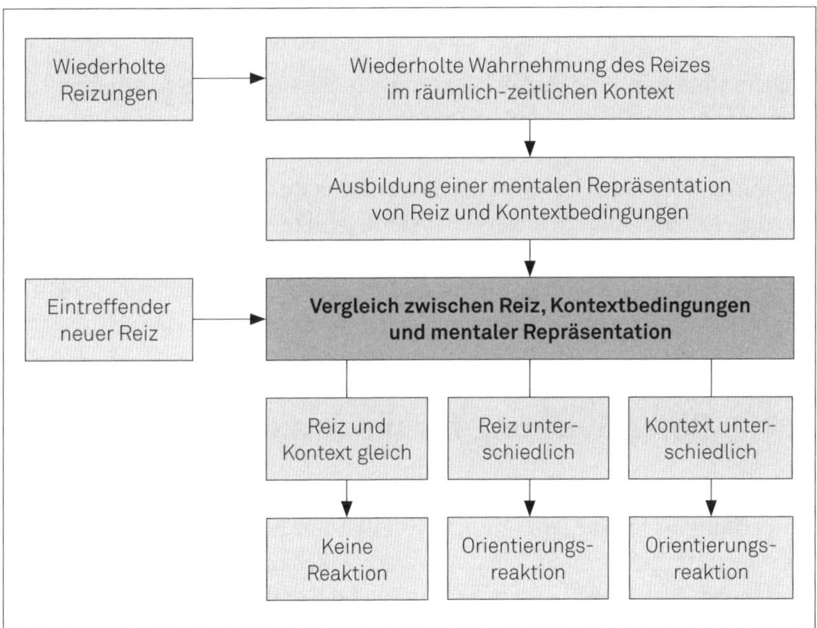


**Abbildung 6:** Kognitive Erklärung der Habituation

Die kognitive Erklärung der Habituation lässt sich auf zahlreiche wichtige Phänomene anwenden.

## 3.2.2 Duale-Prozess-Theorie

**Zwei unabhängige additive Prozesse**

Nach der *Dualen-Prozess-Theorie* von Groves und Thompson (1979) wird die Reaktion auf einen mehrfach dargebotenen Reiz von zwei unabhängigen additiven Prozessen, der Habituation und der Sensitivierung, bestimmt.

Während sich die Habituation auf eine Abschwächung der Reaktion auf einen wiederholt dargebotenen Reiz bezieht, stellt Sensitivierung eine Zunahme der Reaktion dar, welche mitunter als initiale Reaktion auf einen neuen mehrfach dargebotenen Reiz beobachtet wird. Dabei ist das Ausmaß an Sensitivierung abhängig von der Stärke des dargebotenen Reizes (Kavšek, 2013). Bei ausreichender Intensität eines dargebotenen Reizes steigt demnach zunächst die anfängliche Aufmerksamkeit ihm gegenüber. Bei wiederholter Darbietung dominiert schließlich die Gewöhnung an den Reiz und die anfänglich erhöhte Aufmerksamkeit nimmt stetig ab.

**Merke**

Je intensiver ein Reiz dabei ist, desto stärker ist die anfängliche Sensitivierung und desto langsamer die Habituation.

Welche Reaktion eine Person letztendlich zeigt, ergibt sich dabei aus der Dominanz eines dieser ablaufenden Prozesse. Groves und Thompson (1979) nehmen an, dass Habituations- und Sensitivierungsvorgänge in separaten Teilen des neuronalen Systems lokalisiert sind und die Sensitivierung in Bereichen des Nervensystems abläuft, die für das allgemeine Erregungsniveau des Organismus verantwortlich sind.

## 3.3 Bedeutung der Habituation und Sensitivierung für die Praxis

Aufgrund von Habituation ist es uns möglich, irrelevante Reize unserer Umgebung auszublenden und uns folglich nur auf jene Sinneseindrücke konzentrieren zu können, die uns wichtig erscheinen. Sensitivierung zielt demgegenüber darauf ab, uns auf mögliche Gefahren aus unserer Umgebung hinzuweisen.

### 3.3.1 Anwendungsbeispiele der Habituation

Habituationsvorgänge werden in der experimentellen Säuglings- und Kleinkindforschung gezielt genutzt, um herauszufinden, ob Säuglinge zwischen zwei verschiedenen Reizen unterscheiden bzw. Reize wiedererkennen können. Auf diese Weise können nicht nur frühkindliche Wahrnehmungs-, Lern- und Gedächtnisleistungen, sondern auch höhere kognitive Leistungen wie Kategorisierungsprozesse oder Verständnis für Handlungsziele anderer Personen untersucht werden (Kavšek, 2013; Sodian, 2014).

Habituation als Indikator für frühkindliche Kompetenzen zur Informationsverarbeitung

Als Maße für die Bekanntheit bzw. Neuheit eines Reizes dienen verschiedene Fähigkeiten als Indikatoren, die Säuglinge von Geburt an mitbringen, wie etwa die Fixationsdauer und die Dauer, mit der ein Kind einen Gegenstand betrachtet oder untersucht (Sodian, 2014; vgl. Kasten 1).

**Kasten 1:** Maße für Habituationsleistungen

**Habituations-/Präferenzmethoden**

- Fixationsdauer
- Objektexamination
- Kopfwenden (Head Turn)
- Blickfolgereaktion
- Greifverhalten
- Messung der Saugrate (High Amplitude Sucking, HAS)

Auch das Verfolgen des Objekts mit dem Blick, die Drehung des Kopfes *(Head Turn)* oder Greifbewegungen in Richtung des Reizes oder die Rate des Saugens an einem Schnuller *(High Amplitude Sucking, HAS)* können als Maße verwendet werden. Im Allgemeinen zeigen Säuglinge eine Präferenz für neue Reize. Einem neuartigen Gegenstand wenden sie den Kopf zu, sie saugen schneller oder beschäftigen sich durch Betrachten und Befühlen mit dem Objekt.

Diese Verhaltensweisen erfolgen so lange, bis Habituation (Gewöhnung) eintritt und die Babys sich von dem Objekt abwenden. Zeigt man ihnen nach einer Weile den bereits bekannten und einen neuen Gegenstand, so äußern sie durch ihre Reaktionen mehr Interesse an dem neuen Gegenstand. Diese Unterschiede im Verhalten lassen darauf schließen, dass der alte und der neue Reiz unterschieden werden können.

**Merke**

Mithilfe von *Habituations-* und *Präferenzverfahren* kann untersucht werden, ob Säuglinge einen Reiz wiedererkennen oder als neu betrachten.

Habituationsvorgänge beim Menschen können auch bereits vorgeburtlich nachgewiesen werden. So lassen sich beispielsweise nach akustischer bzw. vibro-akustischer Stimulation durch die Bauchdecke der Mutter beim Fötus im letzten Drittel der Schwangerschaft anfänglich Schreckreaktionen und eine veränderte Herzschlagfrequenz feststellen, die bei wiederholter Darbietung schließlich wieder nachlassen (Muenssinger et al., 2013). Dabei gehen mit fortgeschrittener Schwangerschaftsdauer schnellere Habituationszeiten einher. Eine eingeschränkte und verzögerte Habituationsfähigkeit des ungeborenen Kindes konnte in verschiedenen Studien in Zusammenhang mit fetalen Anomalien und Defiziten (z.B. bei Feten mit weitestgehend eingeschränktem Wachstum, mit Beeinträchtigungen des Gehörs oder Down-Syndrom; vgl. zusammenfassend James, 2010), infolge mütterlicher Depression (Allister, Lester, Carr & Liu, 2001) oder Diabetes während der Schwangerschaft nachgewiesen werden (Doherty & Hepper, 2000). Solch frühe Habituationsleistungen können als Hinweise für eine optimale bzw. gestörte Reifung des Zentralnervensystems gewertet werden, zumal verschiedene Studien einen Zusammenhang zwischen frühen Habituationsleistungen in der pränatalen und postpartalen Zeit und späteren kognitiven Fähigkeiten aufzeigen können (z.B. Kavšek, 2013; Madison, Madison & Adubato, 1986). In der Studie von Domsch, Lohaus und Thomas (2009) erwies sich die Blickdauer von sechs Monate alten Säuglingen als bedeutsamer Prädiktor für kognitive, motorische und sprachliche Fähigkeiten der Kinder im Alter von 24 Monaten und Intelligenzleistungen im Alter von 32 Monaten. Inwieweit frühe Habituationsleistungen jedoch eine frühzeitige Identifikation von Entwicklungsverzögerungen gestatten, ist zum jetzigen Zeitpunkt noch sehr kritisch zu hinterfragen.

Darüber hinaus wird eine herabgesetzte Habituationsleistung auch im Zusammenhang mit verschiedenen neuropsychiatrischen Störungen wie zum Beispiel Schizophrenie, Autismus-Spektrum-Störungen oder Aufmerksamkeitsdefizit-/Hyperaktivitätsstörungen diskutiert (McDiarmid, Bernadosa & Rankin, 2017).

Exposition

In der Psychotherapie werden Habituationsvorgänge als ein Wirkmechanismus von Expositions- bzw. Konfrontationsverfahren diskutiert. Expositionsverfahren stellen eine wirkungsvolle Methode in der Behandlung von Angststörungen dar; sie kommen auch bei der Behandlung weiterer psychischer Störungen wie zum Beispiel Essstörungen zum Tragen. Expositionsverfahren zielen darauf ab, Angstpatienten in kontrollierter Form so lange dem kritischen (angstauslösenden) Reiz auszusetzen, bis die ängstliche Reaktion nachlässt. Dabei muss gewährleistet sein, dass der Patient die emotionale Belastung noch bewältigen kann und dass die befürchteten Konsequenzen nicht eintreten.

**Beispiel**

Ein Kind, das unter einer Hundephobie leidet, könnte beispielsweise nach entsprechender Vorbereitung zum Beispiel das Tierheim besuchen und dort mit Hunden Kontakt aufnehmen. Bei Kindern mit Ängsten vor großer Höhe könnten Expositionen auf Fernsehtürmen, Hochhäusern oder anderen hohen Gebäuden durchgeführt werden.

Es existieren verschiedene Varianten der Expositionstherapie: Die Exposition kann in der Umwelt *(in situ)* oder in der Vorstellung *(in sensu)* durchgeführt werden. Die Reize können dabei massiert und in intensiver Ausprägung präsentiert werden *(Flooding)*, oder die Reizintensität wird stufenweise erhöht. Insbesondere beim Flooding ist es wesentlich, dass der Reizkontakt so lange aufrechterhalten wird, bis Habituation eintritt und die Angst spürbar nachlässt. Wird die Exposition vorzeitig abgebrochen, so besteht das Risiko einer zukünftig noch stärkeren phobischen Reaktion. Erklären lässt sich dies durch die Duale-Prozess-Theorie: Durch den hohen physiologischen Erregungsgrad während des Kontakts mit intensiven Reizen kommt es anfänglich zum der Habituation entgegensetzten Effekt der Sensitivierung. Dieses Problem wird durch gestufte Vorgehensweisen wie die *systematische Desensibilisierung* vermieden (vgl. Kap. 4).

**Exposition in situ und in sensu**

**Flooding**

**Risiken**

Habituation als alleiniger Lernmechanismus reicht jedoch nicht aus um die Effekte der Expositions- bzw. Konfrontationsverfahren zur erklären. Als wesentlich bedeutsamere Wirkmechanismen werden die Gegenkonditionierung und die Löschung angesehen (Hamm, Wendt & Volkmann, 2017; vgl. Kap. 4). Ebenso tragen vermutlich operante und Modelllernprozesse (vgl. Kap. 4 und Kap. 6) und Effekte einer positiven und vertrauensvollen Beziehung zwischen Patient und Therapeut zur Angstreduktion bei (Petermann & Petermann, 2015b).

## 3.3.2 Anwendungsbeispiele der Sensitivierung

Im Vergleich zur Habituation liegen nur wenige Studien vor, die sich speziell mit der Sensitivierung als nicht assoziativen Lernvorgang beschäftigen. Es ist möglicherweise anzunehmen, dass Sensitivierung eine wichtige Rolle bei der Entwicklung von Angst und Phobien einnimmt. So führen wiederholte Begegnungen mit einem unbekannten Objekt zu unterschiedlichen Reaktionen, je nachdem, ob sich die Person in einer entspannten oder in einer ängstlich-angespannten Grundstimmung befindet.

**Entwicklung von Angststörungen**

**Beispiel**

Ein Kind verbringt die Ferien zum ersten Mal bei seiner Oma auf dem Lande. Dort gefällt es ihm gut, denn es hat viele Freiheiten und die Schule ist weit weg. Die Oma verlangt jedoch, dass das Kind auf dem Hof kleinere Aufgaben übernimmt. Unter anderem soll es den großen Hofhund füttern und spazieren führen. Zuerst ist das große Tier dem Kind ein wenig unheimlich, doch nach einigen Tagen sind beide unzertrennlich. Am liebsten würde das Kind den Hund nach Hause mitnehmen.

> Einem anderen Kind ergeht es ganz anders. Auf dem täglichen Weg zur Schule muss dieses Kind eine lange, enge Gasse durchqueren. Hinter einem Zaun wartet dort stets ein großer Hund und knurrt das Kind an. Das Kind fühlt sich bedroht und wird jeden Morgen unruhiger bei dem Gedanken, dass es wieder an dieser Stelle vorbeigehen muss. Als eines Tages ein Freund der Eltern mit seinem Hund zu Besuch kommt, schließt sich das Kind zum Erstaunen der Eltern in seinem Zimmer ein.

**Schmerzüberempfindlichkeit**

Darüber hinaus scheint Sensitivierung als nicht assoziativer Lernvorgang bei chronischen Schmerzen eine bedeutsame Rolle zu spielen. So könnte Sensitivierung dazu beitragen, dass Patienten mit chronischen Schmerzen im Vergleich zu Gesunden häufig empfindlicher auf nachfolgende schmerzhafte wie auch nicht schmerzhafte Reize reagieren (Flor, 2016).

**Zusammenfassung**

Nicht assoziative Formen des Lernens stellen basale Lernvorgänge dar. Als Beispiele für nicht assoziative Lernformen wurden in diesem Kapitel die Habituation und die Sensitivierung vorgestellt. Bei diesen Lernvorgängen handelt es sich um eine kurz- oder langfristige Abschwächung (Habituation) oder Zunahme (Sensitivierung) einer Reaktion infolge der wiederholten Darbietung eines sensorischen Reizes. Habituation befähigt uns, nicht auf jegliche Reize aus dem Strom an Informationen zu reagieren. Stattdessen sind wir durch Habituation in der Lage, für uns als bedeutungslos bewertete Informationen zu ignorieren und uns auf für uns wichtige Informationen aus unserer Umgebung zu konzentrieren. Demgegenüber führt Sensitivierung dazu, dass wir infolge eines unangenehmen Reizes plötzlich auf sonst harmlose Reize verstärkt achten, weil sie uns auf eine potenzielle Gefahr hinweisen könnten. Beide Lernvorgänge dienen so der flexiblen Anpassung an unterschiedlichste Umweltbedingungen.

Habituation in Kombination mit Dishabituationsprozessen wird in der Säuglings- und Kleinkindforschung genutzt, um frühkindliche Kompetenzen zur Informationsverarbeitung zu untersuchen, die wiederum im Zusammenhang mit der späteren Intelligenzleistung eines Kindes stehen.

Für die klinische Praxis zeigt sich der Nutzen der Habituation insbesondere für die Behandlung von Angststörungen. So bildet die Gewöhnung an angstauslösende Situationen im Zusammenhang mit Expositionsverfahren einen wichtigen Wirkmechanismus im Rahmen der verhaltenstherapeutischen Angstbehandlung. Sensitivierungsvorgänge werden weitaus weniger untersucht. Sie scheinen jedoch eine wichtige Rolle bei der Entstehung einer Schmerzüberempfindlichkeit zu spielen, die bei chronischen Schmerzpatienten häufig beobachtet wird.

# 4 Assoziatives Lernen

**Beispiel 1**

Die 14-jährige Emma ist sehr traurig; sie hatte gerade Streit mit ihren Eltern. Sie lässt sich aufs Bett fallen und hört Musik. Plötzlich hört Emma einen Song, der im Sommer des Vorjahres in den deutschen Radio-Charts rauf- und runtergespielt wurde. Damals war Emma gerade erst mit ihrem Freund Steve zusammengekommen. Dieser Song löst bei Emma noch heute Glücksgefühle und schöne Erinnerungen aus, weil sie sich damals so glücklich und unbeschwert gefühlt hat – der Kummer mit ihren Eltern ist schnell vergessen.

**Beispiel 2**

Der 7-jährige Lukas räumt hin und wieder selbstständig sein Zimmer auf. Lukas Mutter ist darüber sehr erfreut und lobt ihn dafür. Mit der Zeit bringt Lukas regelmäßig sein Zimmer in Ordnung.

Bei diesen beschriebenen Vorgängen handelt es sich um Formen des *assoziativen Lernens*. Beim assoziativen Lernen wird eine Verknüpfung einzelner Komponenten einer Situation (z. B. Reize, Verhaltensweisen, Verhaltenskonsequenzen), die zuvor nicht vorhanden war, nach bestimmten Regeln untereinander hergestellt. Lernen wird in diesem Zusammenhang als Prozess der Bildung von Assoziationen aufgefasst. Während das erste Beispiel sich auf das *klassische Konditionieren* bezieht, bei dem zwei Reize miteinander verknüpft werden, wird im zweiten Beispiel eine Verknüpfung zwischen Verhalten und dessen nachfolgender Konsequenz gelernt *(operantes Konditionieren)*. Zu den assoziativen Lernformen gehören abgesehen vom klassischen und operanten Konditionieren auch das Lernen am Erfolg sowie Generalisierungs- und Diskriminationslernen. Diese Lernarten, ihre wichtigsten Vertreter und ihre praktische Bedeutung sollen im Folgenden vorgestellt werden.

## 4.1 Klassisches Konditionieren

Beim klassischen Konditionieren besteht der Lernprozess in einer Verknüpfung von unterschiedlichen *Reizen*. Derartige Lernvorgänge können bereits im Säuglings- und Kleinkindalter beobachtet werden. Über klassisches Konditionieren lernen Kinder an sich neutralen Reizen eine positive oder negative Bedeutung zuzuschreiben und jene als Hinweise für bestimmte Reaktionen zu nutzen (Pauen, 2009). Dieses Lernprinzip bildet eine wichtige Grundlage, um die Entstehung psychischer Störungen (v.a. Angststörungen) zu erklären. Darüber hinaus basieren eine Reihe verschiedener verhaltenstherapeutischer Methoden auf dem Prinzip des klassischen Konditionierens, die vor allem auf den Abbau belastender emotionaler Reaktionen, häufig von situations- oder objektgebundenen Ängsten, abzielen (Michael, Lass-Hennemann & Ehlers, 2018). Die Aversionsbehandlung, das Entspannungstraining und die systematische Desensibilisierung sind Beispiele für Methoden der Verhaltenstherapie, die auf der klassischen Konditionierung beruhen (Petermann & Petermann, 2015b). Im pädagogischen Kontext spielt das Prinzip des klassischen Konditionierens vor allem bei motivationalen und emotionalen Prozessen eine wichtige Rolle (Edelmann & Wittmann, 2012; vgl. Kap. 2).

**Erläuterung: Aversionsbehandlung**

Der Aversionsbehandlung werden verschiedene Verfahren zugeordnet, bei denen ein als sehr unangenehm erlebter Reiz (z.B. übelkeitserregende Substanzen) räumlich-zeitlich mit einem klinisch unerwünschten Verhalten (z.B. Alkohol-, Nikotin- oder Drogenmissbrauch) gekoppelt wird.

Iwan P. Pawlow

*Iwan P. Pawlow* (1849–1936), einer der bekanntesten Forscher auf dem Gebiet des klassischen Konditionierens, kam durch systematische Experimente mit Hunden zu wesentlichen Ergebnissen, die die Lernpsychologie bis heute beeinflussen. Auch die von Pawlow geprägten Begriffe werden bis heute verwendet (Petermann & Petermann, 2015b).

### 4.1.1 Pawlows Experimente

Wesentliche Erkenntnisse über die Grundlagen des Lernens sind den Arbeiten des russischen Physiologen Pawlow zu verdanken. Pawlow beschäftigte sich ursprünglich mit der Physiologie der Verdauung und forschte an Hunden. Hunde produzieren beim Anblick von Futter sichtbar und messbar Speichel. Bei seinen Forschungsarbeiten fiel Pawlow auf, dass die

Hunde nach einiger Zeit im Labor nicht erst angesichts des Futters zu speicheln begannen, sondern bereits beim bloßen Anblick des Tierpflegers, der sie gewöhnlich fütterte. Auf der Grundlage dieser Beobachtung wurde eine Standardversuchsanordnung entwickelt, bei der einem Hund gleichzeitig zwei Reize dargeboten werden. Der eine, der sogenannte *unkonditionierte Reiz* (UCS; z. B. Futter), führt zu einer unbedingten oder *unkonditionierten Reaktion* (UCR; z. B. Speichel produzieren). Der andere, der sogenannte *neutrale Reiz* (NS; z. B. Glockenton, Lichtreiz), bewirkt keine Reaktion. Nach wiederholter gleichzeitiger Darbietung der beiden Reize löst der ehemals neutrale Reiz die Reaktion allein aus, er wird zum *konditionierten Reiz* (CS; Michael et al., 2018).

**Beobachtungen an Hunden im Labor**

Aus vielen systematischen Variationen dieser Versuchsanordnung leitete Pawlow sein Modell der klassischen Konditionierung ab. Lernen durch klassische Konditionierung lässt sich als vierstufiger Prozess beschreiben (vgl. Abb. 7).

**Klassische Konditionierung als vierstufiger Prozess**

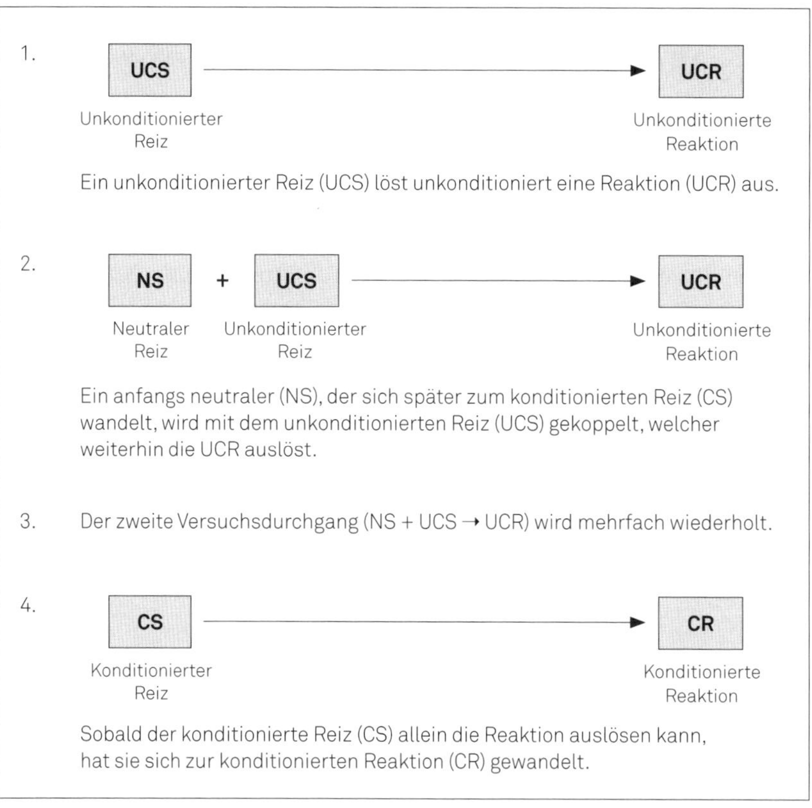


**Abbildung 7:** Schema des Lernprozesses bei der klassischen Konditionierung (nach Petermann & Petermann, 2015b, S. 26)

Das Schema in Abbildung 7 entspricht zugleich der Standardversuchsanordnung zum klassischen Konditionieren nach Pawlow (1972). Die Abläufe innerhalb der vier Stufen sollen etwas näher erläutert und die Begriffe genauer erklärt werden.

**Erläuterung**

1. Biologisch bedeutsame Reize führen „automatisch", das heißt ohne vorhergehenden Lernprozess, zu bestimmten Reaktionen. Diese Reize werden als *unkonditionierte Reize* (UCS), die Reaktionen als *unkonditionierte Reaktionen* (UCR) bezeichnet. Es handelt sich dabei um körperliche Reaktionen auf lebenswichtige Veränderungen in den Gegebenheiten der Umwelt. Hierzu gehören unter anderem Reflexe wie Blinzeln, Speichelfluss, Atemreaktionen, Übelkeit (vgl. Beispiel zu Beginn des Kapitels 4) oder der elektrische Hautwiderstand.
2. Auf biologisch nicht bedeutsame, aber wahrnehmbare Reize wie einen Ton oder ein Lichtsignal zeigen Lebewesen keine Reaktion oder höchstens eine unspezifische Orientierungsreaktion (z. B. Zuwenden zum Reiz, Hinschauen, Horchen). Solche *neutralen Reize* (NS) können in zeitlicher Nähe zu einem unkonditionierten Reiz dargeboten werden. Der unkonditionierte Reiz löst dabei die unkonditionierte Reaktion aus.
3. Die wiederholte gleichzeitige Darbietung von unkonditioniertem und ursprünglich neutralem, später konditioniertem Reiz (CR) führt zu einer assoziativen Verknüpfung zwischen beiden Reizen. Blinzeln als Reaktion auf einen Glockenton kann beispielsweise konditioniert werden, indem man den Glockenton zeitgleich mit einem Luftstrom (UCS) in Richtung Auge verabreicht, der unkonditioniert Blinzeln auslöst (UCR). Nach einiger Zeit genügt der Glockenton (CS) allein als Auslöser des Blinzelns (CR).
4. Der vormals neutrale Reiz (Glockenton) wird schließlich zu einem *konditionierten Reiz*, der dieselben Reaktionen auslösen kann wie der unkonditionierte Reiz. Sobald die ursprünglich unkonditionierte Reaktion (z. B. Speicheln) auf einen konditionierten Reiz erfolgt, spricht man von einer *konditionierten Reaktion*.

**Konditonierung emotionaler Reaktionen**

Abgesehen von Reflexen und körperlichen Reaktionen ist es auch möglich, emotionale Reaktionen wie Schreck und Angst oder Wut zu konditionieren (vgl. Kap. 4.1.3). Auch primäre und sekundäre Bedürfnisse wie Hunger, Durst, Sexualität, Schlafbedürfnis, das Bedürfnis nach Nähe, Anerkennung oder Geborgenheit können konditioniert (d. h. durch konditionierte Reize hervorgerufen) werden (Watson, 1930/1968).

### 4.1.2 Voraussetzungen der klassischen Konditionierung

Die bei der klassischen Konditionierung verwendeten Reize müssen von angemessener Intensität und Qualität sein, damit ein Lerneffekt erzielt werden kann. Häufig müssen biologische Voreinstellungen *(Preparedness)* der Lernenden berücksichtigt werden. Schließlich ist die zeitliche Abstimmung der Reizdarbietung von großer Bedeutung für den erfolgreichen Verlauf der Konditionierung.

**Annahme der Äquipotenzialität**

*Intensität und Qualität von Reizen.* Ursprünglich wurde angenommen, dass praktisch jeder beliebige neutrale Reiz zu einem konditionierten Reiz werden kann *(Äquipotenzialität)*. So konditionierte Pawlow beispielsweise die Speichelreaktion seiner Hunde auf ganz unterschiedliche Reize wie Lichtsignale, Gongschläge oder Glockentöne. Nicht alle Reize eignen sich jedoch im gleichen Maß zur Konditionierung. Nur scheinbar simpel ist die Voraussetzung, dass das lernende Lebewesen den Signalreiz zunächst einmal wahrnehmen können muss. Die individuelle Wahrnehmungs- und Differenzierungsfähigkeit von Tönen, Geräuschen, optischen Signalen und Gerüchen unterscheidet sich immens. Beispielsweise müssen bei der Konditionierung individuelle Besonderheiten wie Farbfehlsichtigkeit oder Schwerhörigkeit von Menschen berücksichtigt werden.

**Wahrnehmbarkeit von Reizen**

**Preparedness**

*Preparedness.* Es bestehen angeborene Lernbereitschaften für bestimmte Reaktionen auf spezifische Reize, die sich in der Phylogenese des Menschen entwickelt haben *(Preparedness-Hypothese)*. Das bedeutet, dass manche Zusammenhänge leichter gelernt werden können als andere (Petermann & Essau, 2013).

**Erläuterung: Biologisch vorbereitetes Lernen**

Manche Reize können besonders schnell mit einer Angst- und Fluchtreaktion verknüpft werden. Kleine, kriechende oder krabbelnde Tiere (Schlangen, Spinnen) eignen sich beispielsweise viel besser dazu, beim Menschen eine Angstreaktion zu konditionieren, als objektiv viel gefährlichere Objekte (z. B. Autos). Aus evolutionspsychologischer Sicht handelt es sich bei Schlangen und Spinnen um Reize, die eine für den Menschen gefährliche Situation signalisieren können. Diese angeborene Lernbereitschaft ermöglicht in einer entsprechenden Umwelt (z. B. Urwald mit vielen giftigen Tieren) die schnelle Ausbildung konditionierter Fluchtreaktionen, was langfristig das Überleben sichern kann. Gefährliche Objekte wie Autos oder Hochspannungsleitungen existieren aus evolutionspsychologischer Perspektive einfach noch nicht lange genug, als dass sich eine angeborene Lernbereitschaft zur Ausbildung von Angst vor diesen Gefahren hätte entwickeln können.

*Zeitliche Aspekte.* Neben der Wahrnehmbarkeit und biologischen Bedeutsamkeit des neutralen Reizes ist die zeitliche Nähe zum unkonditionierten Reiz *(Kontiguität)* von Bedeutung für den Lernerfolg. Der zeitliche Abstand sollte nicht mehr als 1,5 Sekunden betragen (Gagné, 1980). Am effektivsten wird gelernt, wenn der zu konditionierende Reiz kurz vor dem unkonditionierten Reiz dargeboten wird *(Spuren-Konditionierung)* oder wenn die Darbietung des zu konditionierenden Reizes noch anhält, während der unkonditionierte Reiz präsentiert wird *(verzögerte Darbietung)*. Die *simultane* (gleichzeitige) Reizpräsentation und die *nachzeitige Darbietung* (Präsentation des zu konditionierenden Reizes nach dem unkonditionierten Reiz) haben sich als weniger effektiv bis unwirksam erwiesen. Die gemeinsame Darbietung von unkonditioniertem und zu konditionierendem Reiz muss mit mehrfacher Wiederholung erfolgen, wobei die Anzahl der für einen Lernerfolg notwendigen Durchgänge von verschiedenen Faktoren abhängt (z. B. Intensität des unkonditionierten Reizes, *Preparedness*, individuelle Eigenschaften wie Ängstlichkeit).

**Kontiguität**

**Unterschiedliche Methoden der Reizpräsentation beim klassischen Konditionieren**

*Vermittelnde Prozesse.* Pawlow postulierte keine kognitiven oder emotionalen Vermittlungsprozesse zwischen Reiz und Reaktionen. Im Gegenteil lehnte er die Berücksichtigung von nicht direkt beobachtbaren Konstrukten grundsätzlich als unwissenschaftlich ab. Pawlow forderte, nur messbare Umweltveränderungen (Reize) und direkt beobachtbare Verhaltensweisen (Reaktionen) zur Grundlage der Forschung zu machen. Mit dieser Auffassung schuf Pawlow die Voraussetzung für die Entwicklung des Behaviorismus als Forschungsperspektive der Psychologie.

**Vermittelnde innere Prozesse werden nicht berücksichtigt**

## 4.1.3 Konditionierung emotionaler Reaktionen

Wie bereits erwähnt wurde, können beim Menschen neben einfachen physiologischen Reflexen wie der Speichelproduktion auch höhere Funktionen (z. B. emotionale Reaktionen) konditioniert werden. Einer der Begründer des amerikanischen Behaviorismus, der sich mit Möglichkeiten der klassischen Konditionierung beim Menschen beschäftigte, war *John B. Watson* (1878–1958).

Watson betrachtete emotionale Reaktionen als Verhaltensweisen, die wie anderes Verhalten auch durch Konditionierung erworben werden. Dazu ist nach Watsons Auffassung lediglich die wiederholte Darbietung unkondi-

**Konditionierung emotionaler Reaktionen bei Menschen**

tionierter Reize, die eine emotionale Reaktion (z. B. Freude oder Angst) auslösen, gemeinsam mit neutralen Reizen notwendig. Nach einigen Wiederholungen bildet sich eine Assoziation zwischen den Reizen, und der ehemals neutrale Reiz kann als konditionierter Reiz die emotionale Reaktion auslösen. In ihrem umstrittenen Versuch mit dem „kleinen Albert" wiesen Watson und Kollegen nach, dass es tatsächlich möglich ist, emotionale Reaktionen bei Menschen zu konditionieren (vgl. Watson, 1930/1968).

**Erläuterung**

Albert, ein knapp einjähriger Junge, reagierte zunächst positiv auf eine weiße Ratte (Anfassen und Streicheln). Albert wurde nun über einen Zeitraum von fünf Monaten immer dann, wenn ihm die Ratte gezeigt wurde, zugleich mit einem lauten Geräusch konfrontiert. Dieser unkontrollierbare Lärm löste als unkonditionierter Reiz bei Albert Angst aus. Nach einiger Zeit führte schon der bloße Anblick der Ratte dazu, dass Albert Anzeichen von Angst, Distress und Fluchtverhalten zeigte (Weinen, Versuch, sich krabbelnd zu entfernen). Auch andere Objekte, die eine gewisse Ähnlichkeit mit dem konditionierten Reiz besaßen, konnten, in Abhängigkeit vom Grad dieser Ähnlichkeit, die konditionierte Reaktion auslösen (z. B. ein Kaninchen in größerem Maße als ein Stück Fell). Es hatte also eine Verallgemeinerung oder *Generalisierung* der Angstreaktion auf pelzige Objekte stattgefunden (Watson, 1930/1968).

**Gegenkonditionierung**

Emotionale Reaktionen können durch ein entsprechendes Vorgehen bei der Konditionierung auch wieder „verlernt" werden *(Gegenkonditionierung)*. Dazu muss der konditionierte Reiz (bei Albert die weiße Ratte und andere pelzige Dinge) gemeinsam mit unkonditionierten, angenehmen Reizen (z. B. leckeres Essen, attraktives Spielzeug) dargeboten werden. Durch die Gegenkonditionierung wird die negative emotionale Reaktion durch positive Emotionen ersetzt. Nach diesem Prinzip wurde Peter, ein Junge, der sich vor Kaninchen fürchtete, durch klassische Konditionierung von seiner Angst befreit (Jones, 1924a, b).

**Merke**

Bei der Gegenkonditionierung werden solche Reaktionen konditioniert, die mit dem unerwünschten Verhalten nicht kompatibel sind. Dabei muss natürlich sichergestellt werden, dass von dem angstbesetzten Objekt keine wirkliche Gefahr ausgeht.

*Praktische Bedeutung der klassischen Konditionierung.* Das Vorgehen der Gegenkonditionierung entspricht der verhaltenstherapeutischen Methode der *systematischen Desensibilisierung* (Wolpe, 1958/1977), die insbesondere bei der Behandlung von Angststörungen eingesetzt wird (Maercker & Weike, 2018; Petermann & Petermann, 2015b).

**Erläuterung: Systematische Desensibilisierung**

Bei der *systematischen Desensibilisierung* nach Wolpe (1958/1977) handelt es sich um ein abgestuftes Verfahren der Reizdarbietung. Der Patient bringt alle Objekte und Situationen, die Angst hervorrufen, in eine Rangreihe vom schwächsten zum stärksten Auslöser (Erstellen einer Angsthierarchie). Mit diesen Objekten oder Situationen wird ein Kind oder Erwachsener nun nacheinander konfrontiert, während zugleich eine mit Angst inkompatible Handlung durchgeführt wird. Als mit Angst inkompatible Reaktion wird meistens eine Entspannungstechnik eingesetzt (Petermann, 2016). Die angstauslösenden Reize oder Situationen werden so lange intensiviert, bis sich der Patient unwohl fühlt. Daraufhin werden die Reize so weit abgeschwächt oder entfernt, bis sich der Patient wieder entspannt hat. Anschließend wird die Prozedur fortgesetzt. Schritt für Schritt wird das Vorgehen mit dem nächst stärkeren Auslöser wiederholt, bis selbst bei der Konfrontation mit dem stärksten angstauslösenden Reiz keine Angst mehr auftritt.

Auch im pädagogischen Alltag können Gegenkonditionierungsvorgänge durch bestimmte Verhaltensweisen der pädagogischen Fachkräfte, wie zum Beispiel emotionale Wärme, Freundlichkeit, Wertschätzung und verständnisvolle Zugewandtheit gegenüber Kindern und Jugendlichen, initiiert werden (Edelmann & Wittmann, 2012). Solche Verhaltensweisen der pädagogischen Fachkräfte vermitteln Kindern und Jugendlichen im Kindergartenalltag oder im Unterricht Vertrauen und Sicherheit.

### 4.1.4 Guthries One-Shot-Lerntheorie

*Edwin R. Guthrie* (1886–1959) widersprach der Annahme Watsons, dass Wiederholen und Üben den Lernprozess fördern können. Seiner Ansicht nach folgt auf einen bestimmten Reiz eine bestimmte Reaktion, die genau dann wiederholt wird, wenn der Reiz wieder auftritt. Auf diese Weise bilden sich Gewohnheiten aus. Der Lernprozess ist jedoch schon beim ersten Auftreten der Reaktion abgeschlossen – deshalb wird Guthries Modell auch als *One-Shot*-Theorie des Lernens bezeichnet.

**One-Shot-Theorie**

Weiterhin nahm Guthrie an, dass einmal gelernte Reaktionen oder Gewohnheiten niemals vergessen werden, aber durch alternative Reaktionen ersetzt werden können. Guthrie (1935) formulierte drei Methoden,

**Veränderung von Gewohnheiten**

über die unerwünschte Gewohnheiten verändert werden. Diese werden in Tabelle 6 erläutert.

**Tabelle 6:** Formen der Umgewöhnung (Guthrie, 1935)

| Formen | Beschreibung | Beispiel |
|---|---|---|
| Ermüdungsmethode | Bei dieser Methode wird ein Reiz, der die unerwünschte Reaktion auslöst, wiederholt oder dauerhaft dargeboten. Durch das wiederholte Auslösen der Reaktion wird der Organismus irgendwann so müde, dass ein anderes oder gar kein Verhalten erfolgt. Diese neue Reaktion (auch gar kein Verhalten ist eine Form von Reaktion) wird als zuletzt gelernte Reaktion beibehalten. | Ein Jugendlicher verbringt zu viel Zeit mit Computerspielen. Er erhält den Auftrag, ein bestimmtes Spiel jeden Tag stundenlang zu spielen. Auf diese Weise sollte der Jugendliche irgendwann ermüden und sich anderen Tätigkeiten zuwenden. |
| Methode der inkompatiblen Reize | Bei dieser Methode wird der auslösende Reiz dargeboten, das unerwünschte Verhalten jedoch aktiv verhindert *(Reaktionsverhinderung)*. Dadurch bildet sich eine neue Gewohnheit aus. | Wenn ein Kind zum Beispiel beim Anblick einer Flamme versucht, danach zu greifen, aber regelmäßig von den Eltern festgehalten wird, wird es diese Versuche irgendwann einstellen und zum Beispiel nur noch hinschauen (neue Gewohnheit). |
| Schwellenmethode | Bei der Schwellenmethode werden abgeschwächte Vorstufen des Reizes dargeboten, der die unerwünschte Reaktion auslöst. Diese Vorstufen werden schrittweise jeweils gerade so weit intensiviert, dass sie das unerwünschte Verhalten nicht auslösen. Stattdessen wird ein alternatives oder kein Verhalten gezeigt. Die unerwünschte Reaktion wird dadurch abgebaut. Schließlich wirkt der Reiz so stark wie der ursprüngliche Reiz, aber er löst nicht mehr das ursprüngliche Verhalten aus, da inzwischen eine neue Gewohnheit entstanden ist. | Ein Kleinkind, das sich weigert, eine neue Art Babynahrung zu verzehren, wird weiterhin mit seiner gewohnten Sorte gefüttert. Dabei werden kleine Mengen der neuen Sorte beigemischt. Von Mahlzeit zu Mahlzeit wird der Anteil der neuen Sorte etwas erhöht, bis die neue Nahrung in reiner Form gegeben werden kann. |

Die Schwellenmethode produziert am wenigsten Unbehagen und kann daher als die „sanfteste" Methode der Umgewöhnung angesehen werden. Sie gilt als Vorläufer der systematischen Desensibilisierung (vgl. Kap. 4.1.3)

**Eine sanfte Methode der Umgewöhnung**

*Aktuelle Bedeutung von Guthries Theorie.* Guthries Vorstellung, dass Üben und Wiederholen das Lernergebnis nicht beeinflussen, kann nach heutigem Wissen als überholt gelten. Es wird allgemein anerkannt, dass Lernprozesse Zeit benötigen und Lernen sich in vielen kleinen Schritten vollziehen kann. Von praktischer Bedeutung sind jedoch Guthries Vorschläge zur Änderung von Gewohnheiten, die zum Beispiel teilweise in der modernen Verhaltenstherapie aufgegriffen werden.

**Heutige Bedeutung von Guthries Theorie**

Das verhaltenstherapeutische Verfahren der systematischen Desensibilisierung besitzt zum Beispiel sehr große Ähnlichkeit mit Guthries Schwellenmethode, die Methode der Reaktionsverhinderung wird bei Zwangsstörungen erfolgreich angewendet.

Problematisch bei all diesen Formen der Umgewöhnung ist, dass zwar ein unerwünschtes Verhalten abtrainiert, dabei aber keine Kontrolle darüber ausgeübt werden kann, welche neue Gewohnheit an die Stelle der alten tritt. Damit besteht bei diesem Vorgehen immer die Gefahr, dass das neue Verhalten ebenso unerwünscht oder sogar noch „schlimmer" ist als das alte (z.B. wenn der Jugendliche nun nicht mehr so viel Computer spielt, stattdessen regelmäßig mit seiner Gang die Autos der Nachbarn beschädigt). Bei Guthries Ansatz fehlt noch die Betrachtung der Konsequenzen von Verhalten – ein wichtiger Aspekt, der von nachfolgenden Behavioristen wie Thorndike und Skinner ins Zentrum ihrer Überlegungen gestellt wurde.

**Problem der Umgewöhnung nach Guthrie: Fehlende Kontrolle über die Bildung neuer Gewohnheiten**

## 4.2 Lernen am Erfolg

Die Konzeption des „Lernens am Erfolg" von *Edward L. Thorndike* (1874–1949) kann als Übergangsmodell zwischen klassischem und operantem Konditionieren betrachtet werden.

**Edward L. Thorndike: Übergang zum operanten Konditionieren**

Thorndike untersuchte auf der Basis von experimenteller Forschung mit Tieren, ähnlich wie die Vertreter des klassischen Konditionierens, Reiz-Reaktions-Zusammenhänge. Dazu versetzte er seine Versuchstiere wiederholt in identische Problemsituationen (Mazur, 2004). Im Unterschied zu den Vertretern des klassischen Konditionierens berücksichtigte er dabei auch die Bedeutung *positiver Konsequenzen* infolge eines zuvor gezeigten Verhaltens.

> **Merke**
>
> Thorndike postulierte eine Verbindung zwischen Reiz und Reaktion unter der Voraussetzung positiver Konsequenzen.

Wichtig ist dabei, dass Thorndike keine Verbindung zwischen Reaktion und Konsequenz annahm. Thorndike formulierte seine Überlegungen zum Lernen in Form von „Lerngesetzen". Diese sollen im Folgenden näher erläutert werden.

**Lerngesetze**

*Thorndikes Lerngesetze.* Thorndike formulierte auf der Basis von Beobachtungen zum Verhalten seiner Versuchstiere in Problemsituationen verschiedene Lerngesetze. Die drei bekanntesten Lerngesetze (Hauptgesetze) sind

- das Gesetz des Effekts,
- das Gesetz der Übung und
- das Gesetz der Bereitschaft.

**Gesetz des Effekts**

*Gesetz des Effekts.* Führt ein zufällig gezeigtes Verhalten in einer bestimmten Situation zum Erfolg, also zu einem befriedigenden Zustand, wird das erfolgreiche Verhalten in einer ähnlichen Situation mit größerer Wahrscheinlichkeit wiederholt. Umgekehrt wird eine Reaktion mit großer Wahrscheinlichkeit nicht wiederholt, wenn dieser Reaktion ein unbefriedigender Zustand (Misserfolg) folgt. Der befriedigende bzw. unbefriedigende Zustand trägt dementsprechend dazu bei, dass eine Verbindung zwischen Reiz und Reaktion entweder verfestigt oder abgeschwächt wird. Diese Art des Lernens wird als *Lernen am Erfolg* oder auch als *instrumentelles Lernen* bezeichnet.

> **Merke**
>
> Lernen am Erfolg bzw. instrumentelles Lernen meint, dass jene Reaktionen mit einer größeren Wahrscheinlichkeit gezeigt werden, die von einem befriedigenden Zustand begleitet oder gefolgt werden.

**Gesetz der Übung**

*Gesetz der Übung.* Die Resultate der Forschung seiner Vorgänger zu zeitlichen Parametern, Frequenz und Kontiguität fasste Thorndike (1932/1970) unter dem Gesetz der Übung zusammen. Demnach werden Verbindungen zwischen Reizen und Reaktionen dann intensiviert, wenn sie häufig und in kurzen Abständen geübt werden. Thorndike nahm an, dass diese Verbindungen zwischen Reizen und Reaktionen die Form neuronaler Bahnen annehmen, die durch Wiederholungen stärker werden. In diesen Bahnen vermutete Thorndike die neuronale Grundlage des Lernens. Insofern ist Thorndikes Ansatz bereits als recht modern anzusehen.

**Neuronale Bahnen als Grundlage des Lernens**

*Gesetz der Bereitschaft.* Ein Lebewesen lernt nur dann etwas, wenn in ihm eine Bereitschaft zum Lernen vorhanden ist. Eine solche Lernbereitschaft liegt dann vor, wenn ein Bedürfnis existiert (z. B. Hunger). Lebewesen streben an, einen angenehmen Zustand herzustellen bzw. aufrechtzuerhalten oder einen unangenehmen Zustand zu beseitigen, zu vermeiden bzw. zu beenden. Wenn man sich in einem gänzlich angenehmen Zustand befindet und es keiner Anstrengungen bedarf, um diesen Zustand aufrechtzuerhalten, so wird dieser Regel zufolge kein Lernfortschritt stattfinden.

**Gesetz der Bereitschaft**

Eine weitere wichtige Schlussfolgerung Thorndikes war, dass Lebewesen in Problemsituationen nach dem Prinzip „Versuch und Irrtum" lernen und handeln: Wir probieren so lange verschiedene Reaktionen bzw. Verhaltensweisen aus, bis wir mit einem bestimmten Verhalten erfolgreich sind, also ein angestrebtes Ziel erreichen *(Gesetz der multiplen Reaktionen).* Dabei konzentrieren wir uns vor allem auf wesentliche Aspekte einer Problemsituation, wohingegen wir irrelevante Aspekte ignorieren. Weitere Lerngesetze von Thorndike beziehen sich auf die Tatsache, dass erfolgreiches Verhalten auf andere ähnliche Situationen generalisiert wird und soziale sowie auch kulturelle Faktoren unser Verhalten beeinflussen.

**Gesetz der multiplen Reaktionen**

*Bedeutung von Thorndikes Theorie.* Die Arbeiten Thorndikes können als Ursprung der behavioristischen Lerntheorie erachtet werden, da die Konsequenzen des Verhaltens erstmals berücksichtigt wurden (Bodenmann et al., 2016). Trotz des enormen Beitrags Thorndikes für die Psychologie finden seine Erkenntnisse weitaus weniger Beachtung als die Arbeiten von Skinner zum operanten Konditionieren.

## 4.3 Operantes Konditionieren

Im Gegensatz zur klassischen Konditionierung, bei der die Assoziation zwischen zwei Reizen gelernt und daraufhin ein entsprechendes Verhalten gezeigt wird, bestimmen bei der operanten Konditionierung die *Konsequenzen,* die einem Verhalten folgen, ob dieses Verhalten zukünftig wieder auftritt, das heißt, ob es gelernt wird.

**Definition**

Unter *operantem Konditionieren* versteht man die Veränderung der Auftretenshäufigkeit von Verhalten in Abhängigkeit von den nachfolgenden verstärkenden oder bestrafenden Konsequenzen.

Aus Alltagserfahrungen wissen wir: Wenn auf ein Verhalten eine angenehme Konsequenz folgt, so ist es sehr wahrscheinlich, dass dieses Verhalten später in vergleichbaren Situationen wieder gezeigt wird. Man spricht in diesem Zusammenhang auch von *Verstärkung* bzw. Belohnung. Reduziert demgegenüber eine Konsequenz die Auftretenswahrscheinlichkeit eines Verhaltens, wird dies als *Bestrafung* bezeichnet.

**Beispiel**

Ein Kind, das mit seinen Malstiften ein buntes Bild auf dem Zeichenblock anfertigt, wird von seinen Eltern gelobt. Bemalt das Kind stattdessen die Tapete des Wohnzimmers, wird es vermutlich eine negative Reaktion seitens der Eltern provozieren. Diese unterschiedlichen Konsequenzen haben Einfluss darauf, ob und wie häufig das Verhalten in der Zukunft wieder gezeigt wird. Als angenehm empfundene oder „belohnende" Konsequenzen erhöhen die Wahrscheinlichkeit, dass ein Verhalten zukünftig wieder auftritt. Unangenehme oder „bestrafende" Konsequenzen bewirken, dass die Verhaltenshäufigkeit abnimmt. Es wäre daher zu erwarten, dass das Kind künftig das Bemalen der Tapete unterlässt, aber häufiger als vorher auf dem Zeichenblock malt.

Die Bezeichnungen „Verstärkung" oder „Bestrafung" beruhen dabei nicht auf den objektiven Eigenschaften der Konsequenz, sondern nur auf ihrer Wirkung auf das Verhalten.

Beide Formen der Beeinflussung von Verhalten *(Verhaltensmodifikation)* stellen die zentralen Methoden des operanten Konditionierens dar. Führender Vertreter dieser Auffassung war *Burrhus F. Skinner* (1904–1990). Als überzeugter Behaviorist interessierte sich Skinner lediglich für beobachtbares Verhalten und kontrollierbare Aspekte der Umwelt (z. B. Anzahl von Pickbewegungen einer Taube oder die Helligkeit von Lichtreizen). Skinner beschränkte sich darauf, beobachtete Zusammenhänge exakt zu beschreiben. Auf weiterführende Schlussfolgerungen, Erklärungen und übergreifende Modellvorstellungen verzichtete Skinner demgegenüber (vgl. Nye, 1992).

**B. F. Skinner**

Nichtsdestotrotz werden die Maßnahmen zur Verhaltensmodifikation sowohl im Rahmen der Verhaltenstherapie als auch im pädagogischen Kontext (z. B. Unterricht und Erziehung) zum *Aufbau erwünschter* und zum *Abbau unerwünschter Verhaltensweisen* genutzt. Die wichtigsten Erkenntnisse aus Skinners Studien und seinem umfangreichen Werk sollen im Folgenden dargestellt werden. Um die Zusammenhänge verstehen zu können, ist es notwendig, zunächst einige zentrale Begriffe und Voraussetzungen des operanten Konditionierens einzuführen und zu erklären.

## 4.3.1 Bedingungen des Verstärkungslernens

Wie bei der klassischen Konditionierung müssen auch bei der operanten Konditionierung bestimmte Voraussetzungen gegeben sein, damit sich die Konsequenzen auf ein Verhalten optimal auswirken können (Bower & Hilgard, 1983; Gagné, 1980).

Im Folgenden werden die Bedingungen vorgestellt, die zum Gelingen von Verstärkungslernen beitragen.

Kontingenz

*Kontingenz.* Damit ein Lernprozess stattfinden kann, muss die Verstärkung/Bestrafung als Folge auf das zu lernende Verhalten auftreten und unter *keinen anderen Bedingungen.*

**Beispiel**

Ein Kind soll lernen, sich vor dem Essen die Hände zu waschen. Dies bedeutet nicht, dass das Kind nach jedem Händewaschen etwas zu essen bekommt und auf diese Weise beliebig viele Zwischenmahlzeiten erlangen kann. Kontingenz erfordert hingegen, dass das Kind bei den festen Mahlzeiten nichts bekommt, solange es sich *nicht* die Hände gewaschen hat.

Kontiguität

*Kontiguität.* Der Begriff der Kontiguität bezieht sich auf das zeitliche Intervall zwischen Verhalten und Verstärkung. Je kürzer dieses Intervall, desto wirksamer ist die Konditionierung. Vor allem jüngere Kinder benötigen noch direkt spürbare Konsequenzen, um den Zusammenhang zwischen eigenem Verhalten und Konsequenzen herzustellen, zumal sie nur in geringem Maß zu Belohnungsaufschub fähig sind (Pauen, 2009). Verbalisierungen unterstützen dabei diesen Lernprozess.

**Merke**

Eine Verstärkung trägt dann am wirksamsten zum Verhaltensaufbau bei, wenn die verstärkenden Reize möglichst zeitnah zum gewünschten Verhalten erfolgen.

Ein Kind, das sich beispielsweise unter der Woche gut benimmt oder seinen Eltern hilft, sollte dafür sofort verstärkt werden (z.B. durch Lob oder materielle Belohnung) und nicht erst am Wochenende, wenn es Taschengeld gibt. Bei einem zu großen Abstand zwischen Verhalten und den Konsequenzen wird nicht das erwünschte Verhalten verstärkt, sondern irgendein anderes Verhalten, das kurz zuvor stattgefunden hat. Die zeitnahe Gabe von Belohnungen kann jedoch mit großem Aufwand und hohen Kosten

Regelmäßige Verstärkung ist mit hohem Aufwand verbunden

verbunden sein, sobald das erwünschte Verhalten häufiger auftritt. Wenn man erreichen möchte, dass ein erwünschtes Verhalten über längere Zeiträume aufrechterhalten wird, ohne dass man ständig Belohnungen verabreichen muss, kann die Zeitspanne zwischen der Ausführung eines Verhaltens und der Verabreichung der Verstärkung schrittweise ausgedehnt werden. Eine solche *verzögerte Verstärkung* wird daher vor allem dann eingesetzt, wenn ein Verhalten aufgebaut werden muss, das eigentlich als selbstverständlich erwartet wird und langfristig nicht bei jedem Auftreten belohnt werden kann. Dies gilt beispielsweise für ruhiges Sitzen während einer Schulstunde.

**Beispiel**

Ein Kind, das dazu neigt, während des Unterrichts häufig vom Platz aufzuspringen oder mit Händen und Füßen zu zappeln, kann mithilfe der Methode der verzögerten Belohnung für immer längere Zeiträume des Ruhigbleibens belohnt werden. Zunächst erfolgt die Verstärkung (z. B. ein Pluspunkt auf einer Punktekarte), wenn das Kind nur wenige Minuten am Stück ruhig geblieben ist. Allmählich werden diese Zeitintervalle ausgedehnt, bis das Kind in der Lage ist, sich eine ganze Schulstunde hindurch ruhig zu verhalten, ohne die anderen Kinder zu stören und ohne zwischendurch eine Belohnung einzufordern.

Wiederholung

*Wiederholung.* Häufige Wiederholungen des Lernvorgangs führen dazu, dass sich das Lernergebnis – das heißt das neu gelernte Verhalten – festigt. Die Wiederholung von Verstärkungen kann kontinuierlich erfolgen oder nach bestimmten Regeln unterbrochen werden (intermittierende Verstärkungspläne; vgl. Kap. 4.3.5).

Reihenfolge

*Reihenfolge.* Um den richtigen Zusammenhang zwischen Verhalten und Konsequenz erkennen zu können, muss die Verstärkung *nach* dem erwünschten Verhalten gegeben werden und *niemals vorher*. Andernfalls würde nicht das gewünschte Verhalten verstärkt, sondern irgendein anderes, nebensächliches oder sogar unerwünschtes Verhalten, das gerade *vor* der erfahrenen Belohnung durchgeführt wurde.

**Beispiel**

Ein Kind weigert sich, seine Medizin einzunehmen. Die Mutter schlägt vor, dass das Kind nach der Einnahme der Medizin ein Bonbon bekommen könne. Das Kind möchte das Bonbon am liebsten sofort haben und verspricht, die Medizin gleich nach dem Verzehr des Bonbons einzunehmen. Schließlich gibt die Mutter nach und das Kind erhält die Süßigkeit. Als diese verspeist ist, zeigt sich das Kind jedoch keineswegs willig, wie versprochen die Medizin zu nehmen, sondern verlangt stattdessen erst ein weiteres Bonbon! Unbeabsichtigt hat die Mutter statt des erwünschten kooperativen Verhaltens das Verweigern und Feilschen des Kindes verstärkt.

*Folgerichtigkeit.* Die Verbindung zwischen erwünschtem Verhalten und Konsequenz muss jederzeit eindeutig erkennbar sein. Die Konsequenz muss einsetzen, wenn das erwünschte Verhalten gezeigt wird, sie muss aber wieder ausgesetzt werden, sobald das erwünschte Verhalten abnimmt, nicht auftritt oder unerwünschtes Verhalten auftritt.

**Beispiel**

Zwei Geschwisterkinder sollen lernen, ruhig und verträglich miteinander zu spielen. Solange sie dies tun, erhalten sie Zugang zu besonders begehrtem Spielzeug. Sobald sie jedoch beginnen, sich lautstark um das Spielzeug zu zanken, wird dieses weggeschlossen.

Ob die nachfolgenden Konsequenzen die Auftretenshäufigkeit eines Verhaltens verändern ist demnach davon abhängig, wie schnell, wie häufig und wie regelmäßig die Konsequenzen auf das Verhalten folgen.

**Persönliche und situationsbezogene Faktoren**

Von persönlichen und situationsbezogenen Faktoren hängt es darüber hinaus ab, ob Reize eher belohnend oder bestrafend wirken.

**Beispiel**

Für einen passionierten Reiter kann die Aussicht auf kostenlose Reitstunden einen großen Anreiz darstellen, regelmäßig auf dem Reiterhof auszuhelfen und die Ställe auszumisten. Jemand, der Pferde nicht mag oder sich sogar vor ihnen fürchtet, wird durch diesen Anreiz dagegen nicht zur Stallarbeit zu motivieren sein – stattdessen könnte die Aufgabe für diese Person eine Bestrafung darstellen. Bei der Aussicht auf überdurchschnittliche Bezahlung oder die Möglichkeit, eine attraktive Person des anderen Geschlechts zu beeindrucken, ließe sich aber eventuell auch ein Pferdefeind zu der unangenehmen Tätigkeit des Ausmistens des Pferdestalls herab.

Bei der Auswahl von Reizen für die Verhaltenssteuerung müssen daher auch individuelle Unterschiede berücksichtigt werden. Im Einzelfall kann dabei nicht vorhergesagt werden, welche Wirkung eine bestimmte Konsequenz erzielen wird.

Um die Wirkung von Konsequenzen einschätzen zu können, muss der Verlauf des Verhaltens unter Einwirkung der Konsequenzen über einen längeren Zeitraum verfolgt werden. Skinner erforschte den Einfluss von Verhaltenskonsequenzen vorwiegend im Tierversuch. Er folgerte aus seinen Befunden jedoch, dass durch den gezielten Einsatz von Konsequenzen auch beim Menschen Lernmotivation aufgebaut werden kann, zum Beispiel im schulischen Bereich (Skinner, 1971).

### 4.3.2 Lernen durch Verstärkung

Wenn die Konsequenzen eines Verhaltens dazu führen, dass die Auftretenshäufigkeit des Verhaltens erhöht wird, spricht man von *Verstärkung*. Je nach Art der Konsequenz unterscheidet man positive und negative Verstärkung. Die Begriffe „positiv“ und „negativ“ beziehen sich dabei auf die Darbietung bzw. den Entzug eines Verstärkers.

**Positive Verstärkung**

*Positive Verstärkung.* Erfolgt auf ein Verhalten ein positiver und als angenehm empfundener Reiz *(positiver Verstärker)*, so spricht man von positiver Verstärkung. Es handelt sich um eine Art direkte Belohnung. Als positive Verstärker sind für uns Menschen insbesondere Lob und soziale Zuwendung, aber auch materielle Anreize (z. B. Geld) von großer Bedeutung (vgl. Tab. 7).

**Tabelle 7:** Einteilung der Verstärker (aus Petermann & Petermann, 2015b, S. 42)

| Verstärkerart | Beispiele |
|---|---|
| *Materielle Verstärker* | Geld, Süßigkeiten, Spielsachen, Blumen, Kleidung |
| *Soziale Verstärker* (Verstärkung durch angenehmen zwischenmenschlichen Kontakt) | Loben, Lächeln, aufmerksames Zuhören, Beifall klatschen, Zärtlichkeit vermitteln |
| *Handlungsverstärker* (Verstärkung durch angenehme Handlungen bzw. beliebte Verhaltensweisen) | Spielen, Fernsehen, Lesen, Musik hören |

**Das Premack-Prinzip**

Das *Premack-Prinzip.* Auch angenehme Tätigkeiten, die eine Person häufig spontan zeigt, können als Verstärker für erwünschte, aber unbeliebte Tätigkeiten eingesetzt werden (Premack, 1959). Wenn ein Kind zum Beispiel ungern seine Hausaufgaben erledigt, so kann man ihm erlauben, nach dem Erledigen der Aufgaben etwas Angenehmes zu tun, zum Beispiel eine Kassette zu hören oder fernzusehen.

**Merke**

Das *Premack-Prinzip* besagt, dass Verhaltensweisen mit einer hohen Auftretenswahrscheinlichkeit Verhaltensweisen mit einer geringen Auftretenswahrscheinlichkeit verstärken können.

Gewohnheiten als Verstärker

Neben angenehmen Tätigkeiten können feste Gewohnheiten als Verstärker für andere Handlungen wirken.

**Beispiel**

Betrachten wir den Fall eines chronisch kranken Patienten, der lernen soll, regelmäßig jeden Morgen ein Medikament einzunehmen. Um die regelmäßige Einnahme der Medikamente zu unterstützen, kann man die Gabe des Medikaments an eine bereits bestehende Gewohnheit koppeln – in diesem Fall zum Beispiel an die Gewohnheit des Patienten, sich jeden Morgen zu rasieren. Während des Lernvorgangs darf sich der Patient erst rasieren, nachdem er das Medikament eingenommen hat, bis auch diese Handlung zur Gewohnheit geworden ist.

Entscheidend für den Premack-Effekt ist also nicht die positive Qualität der Tätigkeit, sondern ihre Auftretenswahrscheinlichkeit, die bei beliebten Tätigkeiten und bei festen Gewohnheiten besonders hoch ist.

*Weitere Arten von Verstärkern.* Skinner (1973b) unterschied neben positiven und negativen Verstärkern auch primäre, sekundäre und generalisierte Verstärker. Diese Unterscheidung bezieht sich auf die Abhängigkeit der verstärkenden Wirkung von vorangegangenen Lernerfahrungen.

Primäre Verstärker

*Primäre Verstärker* wirken gleichsam automatisch, ohne dass vorher jemals ein Lernprozess stattgefunden hat. Beispielsweise Nahrung, Wasser und grundlegende soziale Verstärker wie Anerkennung und Kontakt zählen zu den primären Verstärkern. Damit handelt es sich also um solche Reize, die für die Befriedigung grundlegender physiologischer bzw. biologischer Bedürfnisse eine wesentliche Rolle spielen. Umgekehrt gilt dasselbe für Bestrafungen: Bestimmte Bedingungen wie extreme Temperaturen oder Schmerzen sind für die meisten Menschen sehr unangenehm und verringern die Auftretenshäufigkeit von Verhalten (vgl. Kap. 4.3.3).

Sekundäre Verstärker

Dagegen versteht man unter einem *sekundären Verstärker* einen Reiz, der ursprünglich neutral war, aber durch das regelmäßige gemeinsame Auftreten mit primären Verstärkern selbst zum Verstärker wird. Bei Lernprozessen spielen sekundäre Verstärker eine ganz wesentliche Rolle. Insbesondere soziale Anreize (z. B. schriftliche Leistungsbeurteilungen, Schulnoten) sind beim Menschen wichtige und wirksame sekundäre Verstärker.

**Beispiel**

Die Entwicklung sekundärer Verstärker lässt sich am Beispiel der Schulnoten sehr gut verdeutlichen. Zu Beginn des Schülerlebens stellen die Zahlen von eins bis sechs und die zugehörigen verbalen Umschreibungen „sehr gut" bis „ungenügend" lediglich unterschiedliche Ziffern und Wörter dar. Die wiederholte Verknüpfung bestimmter „guter" Noten mit entsprechenden Konsequenzen (z. B. bunter Stempel der Lehrkraft, Belohnung durch die Eltern) und die Verbindung „schlechter" Noten mit unangenehmen Konsequenzen (z. B. Nachsitzen) führt dazu, dass die ursprünglich neutralen Zahlen eine eigene verstärkende bzw. bestrafende Wirkung erwerben.

Generalisierte Verstärker

Durch die Kopplung mit einer Vielzahl unterschiedlicher primärer Verstärker werden sekundäre Verstärker zu *generalisierten Verstärkern*. Generalisierte Verstärker können das Auftreten von vielen verschiedenen Verhaltensweisen beeinflussen. Ein typischer generalisierter Verstärker ist das Geld, das fast beliebig gegen primäre Verstärker eingetauscht werden kann und Menschen zu vielen (sogar kriminellen) Aktivitäten motiviert. Die Bedeutung vieler generalisierter Verstärker hängt von kulturellen Einflüssen ab.

*Praktische Bedeutung.* Positive Verstärkung findet in vielen Bereichen statt. So handelt es sich bei der *positiven Bekräftigung* um eine verhaltenstherapeutische Technik, die auf operantem Konditionieren beruht. Im Rahmen der Verhaltenstherapie bzw. Verhaltens-/Elterntrainings dient die positive Bekräftigung dazu, erwünschte Verhaltensweisen aufzubauen. So kann ein Kind zum Beispiel gelobt werden, eine Süßigkeit, ein Spielzeug oder einen Punkt auf einer Punktekarte erhalten, wenn es seine Hausaufgaben gemacht oder sein Zimmer aufgeräumt hat. Die positive Bekräftigung kommt in der Kinderpsychotherapie vor allem dann zum Einsatz, wenn Verhaltensprobleme bestehen, zum Beispiel bei aggressiven Kindern mit geistiger Behinderung (z. B. Petermann & Petermann, 2012). Voraussetzung für den Einsatz positiver Bekräftigung ist die genaue Kenntnis der wirksamen Konsequenzen, denn die Wirksamkeit von Verstärkungen hängt stark von individuellen Neigungen und Vorlieben eines Menschen ab. Die systematische Überprüfung, welche Faktoren sich verstärkend oder hemmend auf ein Verhalten auswirken, erfolgt durch Beobachtung und Befragung der betreffenden Person.

Einsatz bei Verhaltensdefiziten

Negative Verstärkung

*Negative Verstärkung.* Verhaltensweisen können auf der anderen Seite auch dadurch verstärkt werden, dass ein unangenehmer Reiz *beendet* oder *entfernt* wird. In diesem Fall spricht man von *negativer Verstärkung* bzw. *indirekter Belohnung.* Eine Konsequenz, die einen als unangenehm erlebten Reiz beendet, vermeidet oder reduziert, wird als negativer Verstärker bezeichnet. Durch negative Verstärkung lernen wir, entweder einen unangenehmen Reiz zu meiden (Vermeidungslernen) oder bei Konfrontation diesem unangenehmen Reiz zu entkommen. Durch negative Verstärkungen können wir zum Beispiel lernen, uns mit Sonnenschutzcreme einzureiben, um einen Sonnenbrand zu vermeiden.

### 4.3.3 Lernen durch Bestrafung

**Bestrafung unterdrückt oder beendet Verhalten**

Wirkt sich eine Verhaltenskonsequenz so aus, dass ein Verhalten unterdrückt oder beendet wird, spricht man von *Bestrafung*. Bestrafung stellt in erzieherischen und pädagogischen Kontexten ein alltägliches Phänomen dar. Eltern wenden im Alltag intuitiv eine Vielzahl von Erziehungspraktiken an, die dem Bereich der Bestrafung zuzuordnen sind.

**Beispiel**

Eine Mutter, die beim Telefonieren von ihrem Kind ständig gestört wird und ihm beibringen will, dies zu unterlassen, könnte unter anderem

- ihr Kind für einige Minuten aus dem Zimmer schicken,
- ihr Kind tadeln oder schimpfen,
- den Zugang zu begehrten Objekten wie Spielzeug, Süßigkeiten oder Taschengeld verwehren,
- wenig angenehme Tätigkeiten in Aussicht stellen (z.B. Abspülen) usw.

**Direkte und indirekte Bestrafung**

Bestrafung kann wie Verstärkung in unterschiedlicher Weise erfolgen. Erfolgt ein unangenehmer Reiz (z.B. Schimpfen), wird von *direkter Bestrafung* gesprochen. Der Entzug von angenehmen Reizen (z.B. Wegnahme eines attraktiven Spielzeugs) kann ebenfalls zur Verhaltenskontrolle eingesetzt werden und wird als *indirekte Bestrafung* bezeichnet (Bower & Hilgard, 1983). Auch hier ist wieder zu beachten, dass es individuelle Unterschiede dabei gibt, was als Bestrafung empfunden wird.

**Beispiel**

Ein Schüler zum Beispiel, der wegen seines störenden Verhaltens aus dem Klassenzimmer geschickt wird, sieht diese Konsequenz möglicherweise nicht als Bestrafung, sondern eher als Vorteil an, da er den Unterricht vermeiden kann. Ein anderer Schüler fühlt sich dagegen durch diese Maßnahme von der Gruppe ausgeschlossen, sodass sich sein störendes Verhalten zukünftig reduziert.

*Probleme des Lernens durch Bestrafung.* Wie aus dem Schüler-Beispiel deutlich wird, wird Verhalten durch Bestrafungslernen nicht vergessen, sondern allenfalls unterdrückt (Parke, 1974). Bestrafung als Methode der Verhaltenssteuerung und Erziehung ist aus diesem und anderen Gründen sehr stark umstritten (Reinecker, 2015). Mit der Anwendung von Bestrafung als Lernmethode sind nachweislich verschiedene Probleme verbunden:

**Geringe oder gegenteilige Wirkung**

*Geringe Wirksamkeit.* Mit Verstärkung kann man Verhalten viel effektiver aufbauen als durch Bestrafung reduzieren (Thorndike, 1932). Sobald die Bestrafung ausgesetzt wird, kann das unerwünschte Verhalten wieder auftreten. In manchen Fällen wirkt Bestrafung überhaupt nicht oder bewirkt sogar das Gegenteil (z.B. beim Bettnässen oder bei aggressivem Verhalten; Sears, Maccoby & Lewin, 1957). Bestrafungen sind also nicht nur weniger wirksam als Verstärkung, sondern erhöhen sogar in manchen Fällen die Auftretenshäufigkeit eines unerwünschten Verhaltens, anstatt sie zu senken (in Skinners Terminologie stellen diese Maßnahmen entsprechend keine Bestrafung, sondern im Gegenteil eine Verstärkung dar). Diese unbeabsichtigte Wirkung kann eintreten, wenn die vermeintliche Bestrafung als eine Form der Aufmerksamkeitszuwendung erlebt wird – etwa bei einem Kind, das in der Schulklasse nur dann Beachtung erhält, wenn es Lärm erzeugt oder sehr zappelig ist. Reaktionen wie Lachen, aber auch Kritik und Ermahnungen werden völliger Nichtbeachtung in manchen Fällen vorgezogen.

**Strafen können als Zuwendung von Aufmerksamkeit erlebt werden**

**Ungünstige Auswirkungen auf Emotionen und Interaktion**

*Unerwünschte Nebenwirkungen.* Strafreize lösen unangenehme Gefühle wie Angst und Aggressionen aus, die sich auf die Person übertragen können, die die Bestrafung ausübt (z.B. Eltern, Lehrkräfte, Vorgesetzte) oder auch auf den gesamten Kontext, in dem die Bestrafung stattfand (z.B. Klassenzimmer). Zukünftiges Lernen in diesem Kontext kann durch diese negativen Emotionen behindert werden, weil Angst von den Lerninhalten ablenkt. Durch manche Formen der Bestrafung kann der Lernende langfristige körperliche und/oder psychische Verletzungen davontragen (z.B. bei körperlichen Strafen, Entzug von Nahrung und Wasser oder lange andauernde soziale Isolation). Bestrafung kann auch dazu führen, dass das unerwünschte Verhalten weiterhin durchgeführt wird, aber nun heimlich und im Verborgenen – die Vertrauensbasis zum Beispiel zwischen Eltern und Kind wird dadurch nachhaltig geschädigt. Zu häufige, zu starke und unkontrollierbare Bestrafungen können schließlich dazu führen, dass die bestrafte Person jede Aktivität einstellt und die Reize apathisch erduldet. In diesem Fall spricht man von erlernter Hilflosigkeit (Seligman, 2016). Im Zustand der erlernten Hilflosigkeit bestehen kognitive, motivationale und verhaltensbezogene Defizite, welche das Lernen stark beeinträchtigen (vgl. Kap. 6.2).

*Mangelnde Kontrolle über die Konsequenzen.* Durch Bestrafung kann ein Verhalten beendet werden, aber es besteht keine Kontrolle darüber, welches Verhalten stattdessen gezeigt wird. Es besteht also die Gefahr, dass das unerwünschte Verhalten durch ein anderes unerwünschtes Verhalten ersetzt wird (vgl. das Abtrainieren von Gewohnheiten nach Guthrie). Verstärkungsansätze, die alternative, erwünschte Verhaltensweisen fördern, wirken gezielter. Darum sollte Bestrafung immer mit Methoden kombiniert werden, die den Aufbau von Verhalten fördern (Petermann & Petermann, 2012).

Gezielter Aufbau von alternativem Verhalten ist wichtig

Trotz dieser Probleme und Risiken, die mit der Methode der Bestrafung verbunden sind, kann in pädagogischen Kontexten nicht immer auf den Einsatz von Bestrafung verzichtet werden. Für den Einsatz von Bestrafung spricht eine Reihe wichtiger Argumente:

*Mangel an Alternativen.* Bestimmte Formen von unerwünschtem Verhalten können auf keinen Fall ignoriert werden. Dies gilt zum Beispiel für aggressives Verhalten, das sich gegen Menschen, Tiere oder Gegenstände richtet. Falls andere Maßnahmen nicht zum Erfolg führen und Bestrafung dazu geeignet ist, das Verhalten zumindest zu unterdrücken, muss diese Methode genutzt werden.

Aggressive Verhaltensweisen dürfen nicht geduldet werden

*Angemessene Formen der Bestrafung.* Es besteht inzwischen Einigkeit darüber, dass die körperliche Züchtigung kein geeignetes Erziehungsmittel darstellt. Auch lange währender Hausarrest oder der Entzug von Wasser und Nahrung sind unakzeptable Strafen. Es gibt jedoch Formen von Bestrafung, die weniger gravierend und dennoch effektiv sind (z. B. verbale und nonverbale Verweise, Verstärkerentzug und Auszeit-Verfahren). Ermahnungen und Verweise wirken am besten, wenn sie dem Kind diskret – ohne dass andere Kinder es hören können – übermittelt werden. Verstärkerentzug bedeutet, dass dem Kind bestimmte Vergünstigungen (z. B. Zugang zu Süßigkeiten, dem Fernsehgerät oder besonderem Spielzeug) für einen bestimmten Zeitraum entzogen werden. Bei schwereren Störungen des Verhaltens können zusätzlich Auszeit-Verfahren eingesetzt werden.

Angemessene Formen der Bestrafung

**Erläuterung**

Bei der Auszeit (engl. *Time-out*) wird ein Kind für einige Zeit aus der Situation genommen, in der unerwünschtes Verhalten ausgelöst und verstärkt wird. Das Kind muss darüber informiert sein, was die Auszeit bedeutet; es muss in einem sicheren, reizarmen Raum untergebracht werden und die Dauer der Auszeit muss sich auf einige Minuten beschränken. Beispielsweise wird ein Kind aus dem gemeinsamen

Spielzimmer in den Flur geschickt, wenn es die Geschwister aggressiv behandelt und sich auf diese Weise beliebtes Spielzeug aneignet. Reize, die zur Eskalation der Situation beitragen, werden auf diese Weise ebenso ausgeschaltet wie die verstärkenden Bedingungen. Das Verfahren sollte eher selten, etwa bei stark oppositionellem oder aggressivem Verhalten eingesetzt werden. Richtig angewendet, stellt die Auszeit-Technik gerade bei schwerwiegenderen Verhaltensstörungen eine erfolgreiche Methode dar (Petermann, Gerken, Natzke & Walter, 2016).

**Natürliche Konsequenzen**

*Effektives Lernen durch natürliche Konsequenzen.* Bestrafung ist wirkungsvoller, wenn der Zusammenhang zwischen unerwünschtem Verhalten und Bestrafung für das Kind unmittelbar einsichtig ist. Sogenannte *natürliche Konsequenzen* wirken sich daher sehr effektiv auf Fehlverhalten aus. Einige Beispiele sollen das Prinzip natürlicher Konsequenzen verdeutlichen. Wenn ein Kind beispielsweise mutwillig seine Lieblingskleidung verschmutzt oder beschädigt, muss es eine Zeit lang weniger bevorzugte Kleidungsstücke tragen; wenn ein Kind seine Bastelsachen nicht aufräumt, werden diese für eine Zeit lang in den Schrank geschlossen. Auf diese Weise verbindet das Kind die Konsequenz eher mit seinem eigenen Verhalten, als wenn die Bestrafung für den Regelverstoß in einem ganz anderen Bereich stattfindet (z. B. Fernsehverbot, weil die Haare nicht ordentlich gekämmt sind).

**Verhaltenssteuerung durch Bestrafung im Alltag**

Nicht nur in der Erziehung von Kindern, sondern auch im Alltag ist der Einsatz von Bestrafung als Mittel zur Verhaltenssteuerung durchaus allgemein akzeptiert, vor allem wenn es sich um den Entzug von Vergünstigungen handelt (z. B. Entzug des Führerscheins bei Trunkenheit am Steuer; Entzug des Sorgerechts bei Vernachlässigung des Kindes). In vielen Fällen können jedoch die Probleme und Kosten, die durch Strafen entstehen, den durch sie erzielten Gewinn übersteigen. Als Beispiel sollen Haftstrafen als Folge von kriminellen Vergehen genannt werden. Durch den Verlust von Arbeitsplatz und sozialem Netzwerk und durch die Konfrontation mit destruktiven Vorbildern während der Haft kann es geschehen, dass die negativen Folgen die erwünschte „resozialisierende" Wirkung des Strafvollzugs deutlich überwiegen und eine kriminelle Karriere erst in Gang gesetzt wird. Aufgrund der mit Bestrafung verbundenen Probleme und Risiken sollte diese Strategie nur als letztes Mittel eingesetzt werden, wenn alle positiven Möglichkeiten der Verhaltensmodifikation versagen. Wenn Bestrafung als Mittel der Kindererziehung eingesetzt werden muss, sollten bestimmte Regeln eingehalten werden (Petermann & Petermann, 2015b).

**Erläuterung**

1. Strafen sollten sinnvoll und für das Kind nachvollziehbar sein (natürliche Konsequenzen, s.o.).
2. Wichtig ist das Einhalten des Prinzips der Kontiguität; eine Bestrafung sollte sofort auf das Fehlverhalten folgen und nicht aufgeschoben werden. Wenn sich beispielsweise ein Kind weigert, seine Hausaufgaben zu machen, so ist es wenig sinnvoll, erst einen Tag später mit einer Konsequenz zu reagieren.
3. Die Person, die das Fehlverhalten beobachtet, sollte auch diejenige sein, die die Bestrafung vornimmt. Auf unerwünschtes Verhalten in der Schulklasse zum Beispiel muss die anwesende Lehrkraft unverzüglich reagieren, statt Mitteilung an den Klassenlehrer oder die Eltern zu machen. Eine Delegation der Bestrafung auf andere Personen vermittelt dem Kind den Eindruck von mangelnder Kompetenz und Durchsetzungsfähigkeit.
4. Bestrafungen sollten in ihrer Höhe angemessen und zeitlich begrenzt sein. Tagelanger Hausarrest oder stundenlanger Entzug von Zuwendung sind weder ethisch vertretbar, noch wirksamer als zeitlich befristete Strafen. Das Kind sollte darüber informiert werden, wie lange die Bestrafung anhält.

Skinner (1973b, 1980) selbst sprach sich stets für eine überwiegende Verwendung von positiver Verstärkung aus, um menschliches Verhalten zu steuern. Diese Methode dient jedoch hauptsächlich dazu, erwünschtes Verhalten aufzubauen. Um unerwünschtes Verhalten zu reduzieren, bietet sich als vorteilhafte Alternative zur Bestrafung die Methode der Löschung an, die im Folgenden beschrieben werden soll.

### 4.3.4 Löschung

Bei der *Löschung* oder *Extinktion* werden die Konsequenzen entzogen, die ein Verhalten aufrechterhalten, sodass sich die Wahrscheinlichkeit des Auftretens dieses Verhaltens verändert. Es handelt sich dabei nicht um ein passives Vergessen, sondern um einen aktiven Prozess des *Umlernens*: Anfänglich wird das Verhalten zwar häufig intensiviert, um den gewohnten Effekt doch noch zu erzeugen, sehr bald wird es aber immer seltener und schließlich gar nicht mehr gezeigt. Von *Vergessen* würde man hingegen dann sprechen, wenn der Lernende über längere Zeit hinweg nicht mehr in die Situation kommt, in der das Verhalten gezeigt werden könnte. Beispielhaft könnte man sich vorstellen, dass ein Schüler lernt, seine Lehrkraft durch interessante Gespräche über Fußball vom Unterrichtsstoff abzulenken. Wenn der Schüler diese Lehrkraft wegen eines Auslandsaufenthalts einige Monate lang nicht sieht, kann es sein, dass er seine Strategie wieder vergisst und sie bei einem späteren Wiedersehen nicht mehr anwendet. Löschung hingegen würde bedeuten, dass die Lehrkraft sein Verhalten ändert und die Ablenkungsmanöver des Schülers ignoriert. In der Folge würde der Schüler diese Strategie als erfolglos aufgeben. Die wesentlichen Unterschiede zwischen Löschung und Vergessen verdeutlicht Tabelle 8.

**Tabelle 8:** Löschung und Vergessen im Vergleich

| | **Löschung** | **Vergessen** |
|---|---|---|
| Situative Bedingungen | Verhalten kann durchgeführt werden, aber die aufrechterhaltenden Konsequenzen fehlen | Keine Gelegenheit mehr, das Verhalten durchzuführen (unabhängig von Konsequenzen) |
| Art des Prozesses | Aktives Umlernen | Passiver „Verfall" |
| Zeitlicher Verlauf | Relativ schnelle Verhaltensänderung | Relativ langsamer Verlauf der Verhaltensänderung |
| Rolle der Lehrkraft | Meist geplantes Vorgehen zur gezielten Verhaltensänderung | Meist natürlicher Prozess |

*Praktische Bedeutung.* Löschung wird in der Verhaltenstherapie gezielt eingesetzt, wenn unerwünschtes Verhalten (z. B. störendes und aufmerksamkeitsheischendes Verhalten) abgebaut werden soll. Wenn ein Kind beispielsweise jedes Mal seinen Willen erhält, sobald es laut schreit und sich strampelnd auf den Boden wirft, so hat man sein Verhalten bislang unbeabsichtigt verstärkt. Wenn man das unerwünschte Verhalten zukünftig konsequent ignoriert, fehlt der Verstärkereffekt und das Verhalten normalisiert sich langfristig. Obwohl dieses Prinzip sehr einfach erscheint, ist die Methode in der Praxis äußerst schwierig umzusetzen und erfordert ein hohes Maß an Disziplin bei der gesamten sozialen Umwelt der Zielperson. Richtig angewendet handelt es sich jedoch um eine äußerst wirksame, langfristig erfolgreiche und im Vergleich zur Bestrafung „nebenwirkungsarme" Form der Verhaltensmodifikation (vgl. Kap. 4.3.3). Drei Voraussetzungen sind für die erfolgreiche Anwendung der Methode wichtig: Das unerwünschte Verhalten muss durch äußere Verstärker bedingt sein, diese müssen kontrollierbar sein und die Maßnahme muss konsequent durchgeführt werden.

**Löschung: Eine anspruchsvolle, aber effektive Methode der Verhaltensmodifikation**

**Erläuterung**

*Das Verhalten muss durch äußere Verstärker bedingt sein.* Wenn ein Kind beispielsweise draußen im Schmutz spielt, weil ihm diese Aktivität ganz unabhängig von den Konsequenzen einfach Spaß macht, wird Ignorieren keine geeignete Maßnahme zur Verhaltensänderung darstellen.

*Die Verstärker müssen kontrollierbar sein.* Wenn ein Kind in der Schulklasse den Clown spielt, um damit die Aufmerksamkeit die Lehrkraft zu gewinnen, kann die Lehrkraft einfach das Verhalten ignorieren. Schwieriger ist es jedoch, wenn das Kind die Aufmerksamkeit der anderen Kinder auf sich ziehen will. Um das Fehlverhalten zu beeinflussen, müssen alle Kinder mit der Lehrkraft kooperieren, was meistens schwierig zu erreichen ist.

*Konsequenz bei der Durchführung.* Wenn dem unerwünschten Verhalten die gewohnten Verstärker entzogen werden, so reagiert ein Kind zunächst mit einer Intensivierung des Verhaltens, um doch noch zum Erfolg zu kommen. Für das Beispiel des „Klassenclowns" bedeutet dies, dass das Kind zu Beginn der Maßnahme noch häufiger als vorher den Clown spielen wird. Erst bei konsequenter Weiterführung des Ignorierens wird gelernt, dass das Verhalten nicht mehr verstärkt wird, und es wird in seiner Häufigkeit abnehmen.

*Löschung von aggressivem Verhalten.* Die Grenzen der Methode liegen bei der Beeinflussung von aggressivem Verhalten. Bei leichteren Formen aggressiven Verhaltens kann Löschung durchaus effektiv angewendet werden. Es muss allerdings besonders darauf geachtet werden, dass tatsächlich die aufrechterhaltenden Verstärker entzogen werden (z. B. die Möglichkeit, Aufmerksamkeit zu erhalten oder den eigenen Willen durchzusetzen). Reines Ignorieren des aggressiven Verhaltens kann als Dulden oder als persönliche Schwäche der Erziehungspersonen aufgefasst werden und das Verhalten verstärken.

**Beispiel**

In einer Kindergartengruppe befindet sich ein Junge, der die anderen Kinder häufiger ärgert, sie herumschubst oder ihnen Malstifte und Spielsachen wegnimmt. Die Erzieherinnen unternehmen nichts dagegen, weil sie glauben, dass Kinder ihre Angelegenheiten untereinander regeln können und weil zu viel Aufhebens um solche „Kleinigkeiten" ihrer Ansicht nach alles nur noch schlimmer machen würde. Einige Jahre später in der Schule fällt dieser Junge dadurch auf, dass er Mitschülern unter Gewaltandrohung teure Kleidungsstücke abgenommen und Geld von ihnen erpresst hat.

Hochgradig aggressives Verhalten, das mit der Gefährdung von Menschen, Tieren oder der Beschädigung von Gegenständen einhergeht, muss in jedem Fall durch angemessene Formen der Bestrafung unterbrochen und konsequent unterdrückt werden.

**Merke**

Löschung reicht zur Beeinflussung von aggressivem Verhalten nicht immer aus und muss insbesondere in schweren Fällen durch angemessene Methoden der Bestrafung ergänzt werden.

Tabelle 9 gibt abschließend noch einmal einen Überblick über die verschiedenen Strategien der Verhaltensmodifikation.

**Tabelle 9:** Verstärkung, Bestrafung und Löschung als Lernbedingungen

| | **Reiz** | |
|---|---|---|
| | **angenehm** | **unangenehm** |
| Darbieten eines Reizes als Folge auf eine Reaktion | *Positive Verstärkung* (z. B. Lob für angemessenes Verhalten) | Direkte Bestrafung (z. B. Kritik bei unangemessenem Verhalten) |
| Entfernen des vorhandenen Reizes als Folge auf eine Reaktion | Indirekte Bestrafung (z. B. Ausschalten des Fernsehers, sobald Kinder um die Fernbedienung streiten) | *Negative Verstärkung* (z. B. Verkürzung der Haftzeit bei „guter Führung“) |
| Nicht-Darbieten des gewohnten Reizes als Folge auf eine Reaktion | Löschung (z. B. Ignorieren von Wutanfall im Supermarkt) | |

*Anmerkung*: Bedingungen, die die nachfolgende Auftretenshäufigkeit eines Verhaltens *erhöhen*, sind kursiv gedruckt.

## 4.3.5 Verstärkungspläne

**Funktion von Verstärkungsplänen**

Die Wirksamkeit von Konsequenzen hängt davon ab, wie schnell, wie häufig und wie regelmäßig die Konsequenzen auf das Verhalten folgen. Verstärkungspläne legen Regeln über diese Aspekte der Verstärkungsprozedur fest und erlauben auf diese Weise eine systematische Überprüfung der

Bedingungen, unter denen Verstärkung besonders wirksam ist. Im Folgenden sollen mehrere wichtige Verstärkungspläne vorgestellt werden.

*Unmittelbare und episodische Verstärkung.* Zunächst lassen sich die unmittelbare und die episodische Verstärkung differenzieren. Bei der *unmittelbaren* Verstärkung erfolgt die Verstärkung sofort auf das erwünschte Verhalten. Wenn beispielsweise ein Hund das Apportieren lernen soll, so muss er unverzüglich gelobt werden, sobald er den richtigen Gegenstand herbeigebracht hat. Bei der *episodischen* Verstärkung hingegen ist es erforderlich, dass ein Verhalten über eine bestimmte Zeit hinweg oder bis zum Erreichen eines festgesetzten Ziels aufrechterhalten werden muss, bevor eine Verstärkung erfolgt. So muss beispielsweise ein Arbeitnehmer mehrere Stunden am Tag und mehrere Tage im Monat arbeiten, um schließlich die Verstärkung in Form des Monatsgehalts zu erhalten. Dieses Beispiel verdeutlicht, dass die Wirksamkeit der episodischen Verstärkung von der Fähigkeit einer Person abhängt, zukünftige Verstärkungen kognitiv vorwegzunehmen und das eigene Verhalten entsprechend auszurichten.

**Unmittelbare Verstärkung**

**Episodische Verstärkung**

*Kontinuierliche und intermittierende Verstärkung.* Weiterhin kann zwischen kontinuierlicher und intermittierender Verstärkung unterschieden werden. Bei der *kontinuierlichen* Verstärkung wird ausnahmslos jede richtige Reaktion verstärkt. Bei der *intermittierenden* Verstärkung werden nicht alle korrekten Reaktionen verstärkt, sondern immer nur eine Auswahl nach einem bestimmten System. Intermittierende Verstärkung kann einerseits erfolgen, indem nicht alle, sondern nur ein festgelegter Anteil der richtigen Reaktionen verstärkt wird *(Quotenverstärkung)*. Diese Quotenverstärkung kann *fixiert* sein, das heißt, dass bei einer geplanten Quote von 1:10 genau jede zehnte richtige Reaktion verstärkt wird. Bei einer *variablen* Quotenverstärkung mit einer Quote von 1:10 wird durchschnittlich jede zehnte Reaktion verstärkt, aber auf welche der einzelnen Reaktion die Verstärkung folgt, ist für den Lernenden nicht vorhersehbar.

**Kontinuierliche Verstärkung**

**Intermittierende Verstärkung**

**Fixierte und variable Quotenverstärkung**

Die andere Möglichkeit, das Prinzip der intermittierenden Verstärkung zu realisieren, beruht auf der Vorgabe von Zeitintervallen *(Intervallverstärkung)*. Wie bei der Quotenverstärkung kann die Intervallverstärkung fixiert oder variabel sein. Bei einer geplanten Quote von 1:10 wird bei fixierter Verstärkung in jedem 10-Minuten-Intervall die erste richtige Reaktion verstärkt. Bei variabler Verstärkung wird im Durchschnitt alle zehn Minuten eine richtige Reaktion verstärkt, aber die jeweils betroffene Reaktion kann nicht vorhergesagt werden. Variable Verstärkungspläne lassen sich am einfachsten realisieren, wenn die Verstärkergabe von einem entsprechend programmierten Computer kontrolliert wird. Abbildung 8 gibt die verschiedenen möglichen Verstärkungspläne schematisch wieder.

**Fixierte und variable Intervallverstärkung**

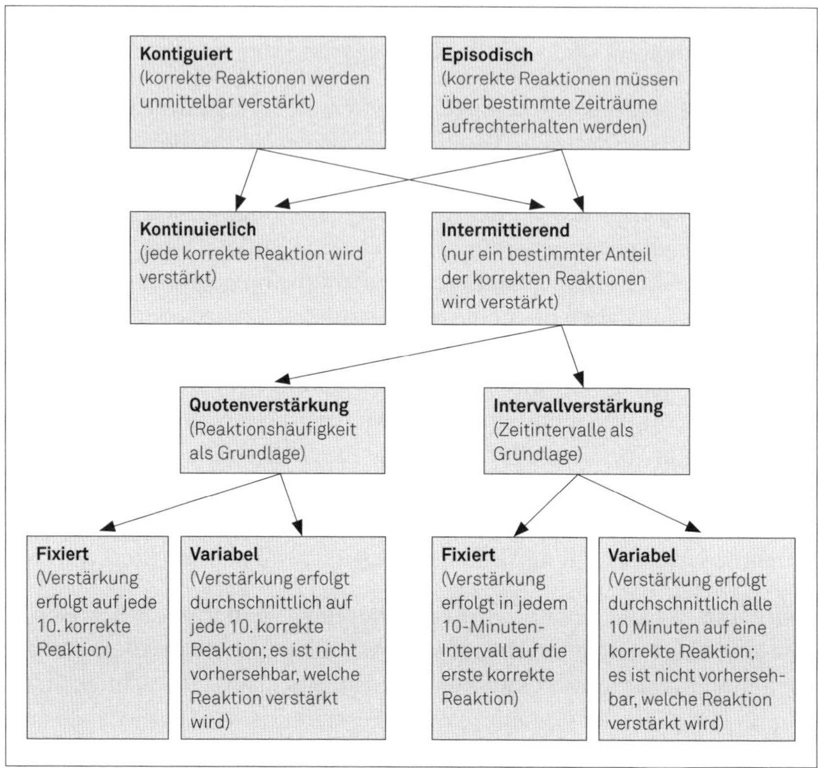


**Abbildung 8:** Schematische Übersicht über verschiedene Verstärkungspläne (modifiziert nach Lefrancois, 2015, S. 104)

**Effekte von Verstärkungsplänen auf die Akquisitionsrate, Reaktionsrate und Löschungsrate von Verhalten**

*Effekte von Verstärkungsplänen.* Mit den unterschiedlichen Verstärkungsplänen sind spezifische Effekte auf das Lernen verbunden. Skinner untersuchte die Wirkung von Verstärkungsplänen insbesondere auf drei Merkmale: die *Aneignungsrate* (Akquisitionsrate), die *Reaktionsrate* und die *Löschungsrate* (Extinktionsrate). Die Aneignung, also das Neulernen von Verhalten, erfolgt am schnellsten, wenn jede richtige Reaktion belohnt wird (kontinuierliche Verstärkung). Ein intermittierendes Vorgehen behindert den Erwerb von Verhalten. Dafür bewirkt intermittierende Verstärkung jedoch, dass ein Verhalten häufiger gezeigt wird (Reaktionsrate) und gegen Löschung deutlich resistenter ist (Extinktionsrate; Skinner, 1973b).

**Merke**

Kontinuierliche Verstärkung bewirkt eine hohe Aneignungsrate, intermittierende Verstärkung eine hohe Reaktions- und eine niedrige Extinktionsrate von Verhalten.

Intermittierende Verstärkung kann eingesetzt werden, um ein neu erlerntes Verhalten zu stabilisieren und sicherzustellen, dass es im Alltag aufrechterhalten wird, auch wenn nicht jedes Mal eine Verstärkung erfolgt. Die Strategie, zunächst gelegentlich und später häufiger die Verstärkung *nicht* zu geben (d.h. der Übergang von der kontinuierlichen zur intermittierenden Verstärkung) wird als *Ausblenden (Fading)* der Verstärkung bezeichnet. Variable Verstärkungspläne führen darüber hinaus zu einer höheren Verhaltensfrequenz (Reaktionsrate) und zu löschungsresistenteren Lernergebnissen als fixierte Verstärkungspläne. Das wirksamste Vorgehen zum Erwerb eines neuen Verhaltens besteht also darin, mit einem kontinuierlichen Verstärkungsplan zu beginnen und das Training nach der Akquisitionsphase mit einem variablen Quotenplan fortzusetzen.

**Folgerungen für die Anwendung im Alltag**

*Erklärung durch kognitive Variablen.* Als Behaviorist versuchte Skinner nicht, die beobachteten Zusammenhänge zwischen Verstärkerplänen und der Akquisitions-, Reaktions- und Extinktionsrate mithilfe psychologischer Variablen zu erklären. Er beschränkte sich auf eine genaue Beschreibung der beobachtbaren Fakten. Skinners Beobachtungen lassen sich jedoch erklären, indem man kognitive Parameter als intervenierende Prozesse mit einbezieht und postuliert, dass beim Lernen (auch bei Tieren) während des Lernprozesses *Erwartungen* bzw. Annahmen über *Regeln* gebildet werden, die das zukünftige Verhalten bestimmen. Diese Regeln müssen nicht in verbaler Form vorliegen, sondern können als unbewusstes Regelwissen im Gedächtnis repräsentiert sein. Zur besseren Veranschaulichung sollen einige Regeln, die aus Verstärkerplänen abgeleitet werden können, in Gestalt von Wenn-Dann-Sätzen formuliert werden.

**Der Einfluss von Erwartungen**

### Erläuterungen

- Bei *kontinuierlicher Verstärkung* bildet sich eine Erwartung in Form einer Regel, dass auf ein bestimmtes Verhalten in jedem Fall eine Verstärkung erfolgen wird („Wenn ich dieses Verhalten zeige, dann erhalte ich immer eine Belohnung."). Wenn die erwartete Verstärkung plötzlich nicht mehr erfolgt, so wird dies als Verstoß gegen die Regel wahrgenommen. Dadurch verliert die Regel ihre Gültigkeit. Die Erwartung wird revidiert und das Verhalten wird aufgegeben (Löschung).
- Bei *intermittierender* und ganz besonders bei *variabler Verstärkung* kann keine eindeutige Regel darüber aufgestellt werden, ob und wann das Verhalten verstärkt wird. Die Regel muss unscharf formuliert werden („Wenn ich dieses Verhalten zeige, dann folgt manchmal eine Belohnung."). Je weniger aber das Resultat des Verhaltens vorhergesagt werden kann, desto weniger kann ein Ausbleiben der Verstärkung als Regelverstoß gedeutet werden und desto geringer ist daher die Gefahr der Löschung.

- Besonders bei *variablen Quotenplänen* führt dies zu sehr hohen und einheitlichen Reaktionsraten – die Lernenden versuchen gleichsam, jede Chance auf eine Verstärkung auszunutzen („Je häufiger ich das Verhalten zeige, desto größer ist meine Chance, eine Belohnung zu erhalten.“). Bei *fixierten Intervallplänen* wird nur zu Beginn des Intervalls eine höhere Reaktionshäufigkeit gezeigt, die nach der ersten Verstärkung abfällt („Nur wenn ich das Verhalten in einem ganz bestimmten Zeitraum zeige, erhalte ich eine Belohnung.“).

Tabelle 10 zeigt den Zusammenhang zwischen Verstärkungsplänen, Verhaltensmustern und den zugrunde liegenden Regeln noch einmal im Überblick.

**Tabelle 10:** Verstärkungspläne, typische Verhaltensmuster und zugrunde liegende Regeln

| Verstärkungsplan | Typische Verhaltensmuster | Gelernte Regel |
|---|---|---|
| Kontinuierliche Verstärkung | • schnelle Aneignung<br>• geringe Reaktionsrate<br>• hohe Löschbarkeit | „Wenn ich dieses Verhalten zeige, dann folgt immer eine Belohnung.“ |
| Intermittierende Verstärkung | • langsame Aneignung<br>• hohe Reaktionsrate<br>• geringe Löschbarkeit | „Wenn ich dieses Verhalten zeige, dann folgt manchmal eine Belohnung.“ |
| Variable Quotenverstärkung | • sehr hohe Reaktionsrate | „Je häufiger ich das Verhalten zeige, desto größer ist meine Chance, eine Belohnung zu erhalten.“ |
| Fixierte Intervallverstärkung | • hohe Reaktionsrate jeweils zu Beginn eines neuen Intervalls | „Nur wenn ich das Verhalten in einem ganz bestimmten Zeitraum zeige, erhalte ich eine Belohnung.“ |

*Verstärkerpläne und abergläubisches Verhalten.* Bestimmte Verstärkerpläne können ein überraschendes Phänomen erzeugen: abergläubisches Verhalten bei Tieren (Lefrancois, 2015). Dabei handelt es sich um Verhaltensweisen, die in Erwartung einer Verstärkung ausgeführt werden, obwohl kein kausaler Zusammenhang zwischen Verhalten und Verstärkung besteht. Um die Ausbildung einer solchen Erwartung hervorzurufen, ist kein kausaler Zusammenhang zwischen operantem Verhalten und der Konsequenz erforderlich. Entscheidend sind allein das zeitliche Zusammentreffen *(Kontiguität)* und die Zuverlässigkeit dieses Zusammentreffens *(Kontingenz)*. Eine Variation des fixierten Intervallplans eignet sich dazu, abergläubisches Verhalten hervorzurufen. Verstärkungen werden dabei zu bestimmten Zeitpunkten verabreicht, unabhängig davon, ob vorher die richtige Reaktion gezeigt wird (z.B. Hebeldrücken) oder irgendeine andere Reaktion (z.B. Laufen, Kratzen). Wenn eine Person kurz vor der Verstärkung ein zufälliges Verhalten äußert (z.B. sich gerade den Kopf kratzt), wird dieses Verhalten zukünftig häufiger gezeigt, obwohl es in keinem kausalen Zusammenhang mit dem Erhalt der Belohnung steht. Entscheidend ist allein die zeitliche Nähe zum Ereignis der Verstärkung.

**Der „abergläubische Intervallverstärkungsplan“**

**Merke**

Fixierte Intervallpläne, bei denen die Verstärkung unabhängig von der Art der Reaktion erfolgt, führen zur Ausbildung von schwer löschbaren abergläubischen Verhaltensweisen.

Da der Intervallplan auch weiterhin regelmäßige Verstärkung unabhängig vom Verhalten vorsieht, wird die Erwartung („Wenn ich mich nur oft genug kratze, erhalte ich vielleicht eine Belohnung!“) irgendwann auf jeden Fall bestätigt und das abergläubische Verhalten weiter verstärkt. Da die Verstärkung nicht in jedem Fall erfolgt, wird das abergläubische Verhalten sehr resistent gegen Löschung.

Menschen zeigen eine Vielzahl abergläubischer Verhaltensweisen, zum Beispiel das Mitnehmen von „Glücksbringern“ auf Reisen oder die Verwendung alter Hausmittelchen zur Linderung diverser Leiden, auch wenn deren Wirksamkeit sich nicht nachweisen lässt. Kehrt eine Person dann unbeschadet von der Reise zurück oder gesundet ein Kranker nach Anwendung des Hausmittels, so scheint sich die Wirkung von Glücksbringer und Kräutertee zu bestätigen – auch wenn die Person ohne die zusätzliche Last im Gepäck ebenso sicher hätte reisen können und auch wenn der Kranke ohne die Einnahme des Mittels ebenso schnell wieder genesen wäre.

## 4.3.6 Shaping und Chaining

**Shaping**

*Shaping.* Manche Verhaltensweisen sind zu schwierig oder ungewöhnlich, als dass ein Lebewesen sie von selbst zeigen würde. Durch eine spezielle Technik, differentielle Verstärkung bzw. *Shaping*, können erwünschte Verhaltensweisen gezielt herausgebildet werden.

**Definition**

Beim *Shaping* (engl. für „Verhaltensformung“) handelt es sich um eine Methode, bei der schrittweise alle Verhaltensansätze verstärkt werden, die in die Richtung des erwünschten Verhaltens weisen (Skinner, 1951).

Durch Shaping werden falsche Verhaltensmuster gelöscht (vgl. Kap. 4.3.4) und das gewünschte Verhalten in immer korrekterer Form herausgebildet. Diese Methode kann auch dann angewendet werden, wenn beispielsweise Behinderungen andere Lernformen ausschließen.

**Beispiel**

Wenn zum Beispiel ein geistig behindertes Kind lernen soll, sich selbstständig die Zähne zu putzen, wird es anfänglich für alle Versuche des Zähneputzens belohnt, auch wenn diese noch nicht so systematisch und gründlich ausfallen wie gewünscht. Allmählich werden die Anforderungen erhöht und das Kind wird nicht mehr für alle Versuche verstärkt, sondern nur noch dann, wenn es die gesamte Handlung des Zähneputzens richtig ausführt.

**Chaining**

*Chaining*. Chaining wird eingesetzt, wenn eine Verhaltenskette gelernt werden soll, die sich aus mehreren Teilschritten zusammensetzt. Dabei wird jeweils das zuletzt gelernte Verhalten in der Kette als sekundärer Verstärker verwendet, um das nächstfolgende Verhalten zu verstärken. Das letzte Verhalten in der angestrebten Kette wird also als erstes durch Verstärkung gelernt.

**Definition**

Beim *Chaining* (engl. für „Verkettung“) wird schrittweise eine Verhaltenskette aufgebaut, wobei das jeweils letzte Glied der Verhaltenskette als sekundärer Verstärker für den Erwerb der anderen Verhaltensweisen dient.

**Chaining im Alltag**

Beim Lernen spielt Chaining eine große Rolle, denn oft müssen im Alltag komplexe Handlungsfolgen gelernt und eingehalten werden. Ein Beispiel für Chaining wäre die Handlungssequenz einer Bürokraft, die eine bestimmte Abfolge von Befehlen und Passwörtern eingeben muss, um den Computer hochzufahren und die benötigten Dateien zu öffnen. Jeder Schritt in dieser Handlungskette wird durch den Zugang zum nächsten Handlungsschritt verstärkt, bis die letztendliche Verstärkung erfolgt (der Zugriff auf die gewünschte Datei). Das schrittweise Vorgehen des Chaining ermöglicht auch bei geistig behinderten Kindern den Erwerb komplexer Handlungsroutinen (Michael et al., 2018).

**Beispiel**

Dazu soll wieder das Beispiel eines Kindes betrachtet werden, das lernen soll, sich selbstständig auf das Schlafengehen vorzubereiten. Die Eltern wünschen, dass sich das Kind vor dem Schlafen wäscht, die Zähne putzt, den Schlafanzug anzieht und sich ins Bett legt. Die letzte Handlung (Hinlegen) wird verstärkt, beispielsweise indem die Eltern eine Gute-Nacht-Geschichte vorlesen. Sobald das Hinlegen die Qualität eines sekundären Verstärkers angenommen hat, kann es genutzt werden, um den vorherigen Handlungsschritt zu verstärken. Das Kind darf demnach erst ins Bett gehen, wenn es den Schlafanzug angezogen hat, diesen darf es aber erst anziehen, nachdem es sich die Zähne geputzt hat und so fort. Auf diese Weise entstehen stabile Gewohnheiten, die nach einiger Zeit keiner äußeren Verstärkung mehr bedürfen.

## 4.4 Generalisierungs- und Diskriminationslernen

Skinner (1973b) berücksichtigte in der Erforschung von tierischem Verhalten nicht nur die Wirkung von Konsequenzen, sondern auch die Bedeutung der vorangehenden *situativen Reize*. Diese Reize, die auch als *diskriminative Reize* bezeichnet werden ($S^D$), vermitteln Hinweise darauf, welche Konsequenzen ein Verhalten haben wird. Dadurch können diese Reize Verhalten auslösen oder hemmen.

**Bedeutung von Hinweisreizen**

Einmal erworben, können situative Reize generalisiert werden, das heißt, ihre Bedeutung wird auf ähnliche Reize übertragen *(Generalisierungslernen)*.

**Generalisierungslernen**

**Merke**

Generalisierungslernen ermöglicht die Übertragung von gelernten Zusammenhängen auf vergleichbare Situationen.

Auf der anderen Seite können feine Unterschiede zwischen Reizen erworben werden, die Hinweise auf unterschiedliche Konsequenzen darstellen *(Diskriminationslernen)*.

**Diskriminationslernen**

**Merke**

Beim Diskriminationslernen wird gelernt, zwischen situativen Hinweisreizen zu unterscheiden und Verhaltensweisen nur dann auszuführen, wenn diese erforderlich oder situationsangemessen sind.

Diskriminationslernen stellt damit das Gegenstück zur Generalisierung dar. Man unterscheidet zwischen Reiz- und Reaktionsdiskrimination und zwischen simultanem und sukzessivem Diskriminationslernen. Generalisierung und Diskrimination bilden bedeutende Mechanismen für das Lernen im Alltag.

### 4.4.1 Generalisierung von Reizen und Lerntransfer

Unter dem Begriff der Generalisierung versteht man, dass früher erlernte Verhaltensweisen auf neue, mehr oder weniger ähnliche Situationen übertragen werden. Um von einer echten Generalisierung sprechen zu können, besteht die Voraussetzung, dass man die dargebotenen Reize sensorisch unterscheiden kann.

**Beispiel**

Ein ganz einfaches Beispiel für Generalisierung bezieht sich auf Tischsitten. Sobald ein Kind gelernt hat, dass flüssige Speisen wie Hühnersuppe mithilfe eines Löffels verspeist werden, wird es dieselbe Methode auch bei unbekannten Suppen anwenden, die es vorgesetzt bekommt. Eine exotische Thai-Suppe im Restaurant zum Beispiel riecht völlig anders und sieht anders aus als alle Suppen, die das Kind bislang kennengelernt hat. Sie besitzt jedoch genügend Ähnlichkeit mit bekannten Suppen (z.B. flüssige Konsistenz), um eine Generalisierung stattfinden zu lassen. Das Kind kann folglich zum richtigen Esswerkzeug greifen, ohne die Eltern fragen zu müssen.

**Generalisierungslernen im Alltag**

Lernen durch Generalisierung ist im Alltag von höchster Bedeutung: Ständig ergibt sich zum Beispiel die Notwendigkeit, neue Wege zu gehen oder zu fahren, mit fremden Personen zu sprechen oder in einem neuen Geschäft einzukaufen. Selten kommt es vor, dass sich zwei Situationen vollkommen gleichen, insofern wäre eine nicht zu bewältigende Aufgabe, für jede denkbare Situation ein neues Verhalten zu lernen. Generalisierung stellt eine ökonomische Lösung dieses Problems dar. In pädagogischen Kontexten spricht man in diesem Zusammenhang auch von Lernübertragung oder Transfer. Ein Grundproblem des institutionalen Lernens (z.B. Schule, Ausbildung, Universität) besteht darin, dass die gelernten Inhalte und Fertigkeiten zu wenig auf Situationen außerhalb des Lernkontextes generalisiert werden – es findet also meistens zu wenig Transfer statt.

## 4.4.2 Reizdiskrimination

Generalisierungslernen führt häufig, aber nicht immer dazu, dass in einer neuen Situation die richtigen Reaktionen gezeigt werden. Manche Situationen verlangen eine Anpassung des Verhaltens. Reizdiskrimination ermöglicht, spezifische Situationen anhand von Hinweisreizen zu erkennen und von anderen Situationen abzugrenzen.

**Definition**

Das Lernen von Unterschieden zwischen Reizen und Reizkonstellationen, die Hinweise auf unterschiedliche Konsequenzen geben, wird als *Reizdiskrimination* bezeichnet.

**Diskriminative Reize**

*Diskriminative Reize.* Diskriminative Reize liefern Informationen darüber, welche Konsequenzen (Belohnung, Bestrafung oder keine Folgen) ein Verhalten haben wird und werden daher auch *Hinweisreize* genannt. Sie können indirekt die Auftretensrate des Verhaltens beeinflussen. Es kann zwischen *förderlichen* und *hinderlichen* Reizen unterschieden werden.

**Beispiel**

Ein klassisches Beispiel hierfür ist das Verhalten im Straßenverkehr. Menschen lernen von Kindheit an, wie sie sich als Teilnehmer im Straßenverkehr zu verhalten haben. Ampeln und Verkehrsschilder dienen als Hinweisreize, die Handlungen wie „Fahren“, „Abbiegen“ oder „Parken“ wirksam steuern.

**Voraussetzungen für die Wirksamkeit von Hinweisreizen**

Durch Diskriminationslernen können sehr feine Differenzierungen zwischen Reizen erworben werden (vgl. die Unterscheidung äußerlich sehr ähnlicher Buchstaben beim Lesenlernen). Nicht nur äußere Reize, sondern auch körperliche Zustände, Emotionen und Kognitionen können Hinweisreize darstellen (Petermann & Petermann, 2015b). Die Wirksamkeit diskriminativer Reize hängt von verschiedenen Bedingungen ab (vgl. Kasten 2).

**Kasten 2:** Bedingungen der Reizdiskrimination

**Voraussetzungen für die Wirksamkeit diskriminativer Reize**

- *Bekanntheit des Reizes:* Die Bedeutung eines Signals muss bekannt sein. Beispielsweise müssen einem Verkehrsteilnehmer die Bedeutungen der Verkehrsschilder vertraut sein, sodass er die in dieser Form kommunizierten Anweisungen und Regeln befolgen kann.
- *Eindeutigkeit des Reizes:* Der Reiz muss von anderen Reizen unterscheidbar sein. Zwei Signallampen von fast derselben Farbe, aber unterschiedlicher Bedeutung können verhältnismäßig leicht verwechselt werden, ein Licht und ein Ton als Signale dagegen nicht.
- *Wahrnehmbarkeit des Reizes:* Der Reiz muss im Verhältnis zu anderen Reizen in der Umgebung gut wahrnehmbar sein. Eine rote Ampel zum Beispiel ist unter normalen Bedingungen auffällig, kann aber bei tief stehender Sonne übersehen werden.
- *Subjektiver Bekräftigungswert des Reizes:* Persönliche Lernerfahrungen bestimmen, ob ein Hinweisreiz auf eine subjektive Belohnung oder Bestrafung hinweist. Die Ankündigung von reichlichem Schneefall beispielsweise kann einem Skifahrer viel Vergnügen in Aussicht stellen, auf einen Autofahrer jedoch bedrohlich wirken.
- *Sättigung bzw. Deprivation:* Ein Hinweisreiz verliert seinen Aufforderungscharakter, wenn das Verhalten und die Verstärkung bereits erfolgt sind *(Sättigung)*. Auf der anderen Seite ist der Aufforderungscharakter stärker, wenn schon über längere Zeit keine Verstärkung erfolgt ist *(Deprivation)*. Ein einfaches Beispiel wäre die Situation einer Person, die gerade gut gegessen hat und völlig satt ist. Selbst deutliche Hinweisreize wie der Duft von frischem Gebäck aus einer Bäckerei würden ihn nicht zum Kauf reizen. Hätte der Mensch jedoch großen Hunger, so würden schon geringere Reize ausreichen, um den Erwerb von etwas Essbarem auszulösen.

**Erwerb von situationsangemessenem Verhalten durch Diskriminationslernen**

*Soziale Bedeutung.* Diskriminationslernen ist von ebenso hoher Bedeutung wie Generalisierungslernen, denn der Alltag zeichnet sich durch eine breite Vielfalt von Situationen mit jeweils unterschiedlichen Anforderungen aus (z.B. im beruflichen Kontext, im Straßenverkehr, beim Einkaufen und in der Freizeit). Diese Form des Lernens bildet eine notwendige Voraussetzung für den Erwerb kognitiver, sozialer und motorischer Fertigkeiten und für situationsangemessenes Verhalten. Früh schon müssen Kinder beispielsweise lernen, in unterschiedlichen Kontexten jeweils angemessenes Verhalten zu zeigen. In der Schule wird ein anderes Verhalten erwartet als zu Hause; mit den Spielkameraden geht man anders um als mit den Eltern;

und draußen im Garten kann man andere Spiele spielen als im Haus. Mangelnde Fähigkeiten zur Reizdiskrimination können daher insbesondere im sozialen Bereich zu Problemen führen.

In der sozialen Interaktion ist die Fähigkeit zur Differenzierung von feinen Unterschieden im Ausdrucksverhalten anderer Menschen von großer Bedeutung. Dieser Zusammenhang wurde von Dodge (1986) in der Theorie der *sozial-kognitiven Informationsverarbeitung* herausgearbeitet. Kinder, die beispielsweise die durch Mimik, Gestik und Stimme ausgedrückten Emotionen anderer Menschen nicht sicher differenzieren können, verhalten sich in sozialen Situationen häufig unangemessen. Sie neigen häufig zu aggressivem Verhalten, weil sie die Motive der anderen nicht nachvollziehen und ihr Verhalten nicht vorhersagen können. Im Rahmen einer Psychotherapie können Kindern die notwendigen Fertigkeiten zur Reizdifferenzierung zum Beispiel im Rahmen von Rollenspielen vermittelt werden.

**Theorie der sozial-kognitiven Informationsverarbeitung**

## 4.4.3 Reaktionsdiskrimination

Bei der Reaktionsdiskrimination geht es um die Differenzierung von Verhalten. Dabei werden zwei Aspekte unterschieden: auf der einen Seite die Auswahl eines situationsangemessenen Verhaltens aus einer Reihe alternativer Verhaltensweisen und auf der anderen Seite die Veränderung bestimmter Äußerungsformen eines Verhaltens (z.B. Geschwindigkeit, Dauer oder Intensität) durch Lernprozesse.

**Auswahl von Verhaltensweisen**

*Auswahl aus alternativen Verhaltensweisen.* Reaktionsdiskrimination bedeutet, dass eine Person lernt, in unterschiedlichen Situationen jeweils angemessen zu reagieren. Ein Alltagsbeispiel bezieht sich wiederum auf Tischsitten. Die meisten festen Speisen werden in unserem Kulturkreis mit Messer und Gabel verzehrt. Manche Speisen stellen jedoch Ausnahmen dar – so werden zum Beispiel Hühnerflügel oder Maiskolben mit den Händen gehalten. Durch die Anleitung der Eltern lernen Kinder, welches Verhalten jeweils angemessen ist. Ein weiteres Beispiel betrifft die Auswahl angemessener Kleidung: Für einen Waldspaziergang im Winter werden andere Kleidungsstücke und Schuhe ausgewählt als für einen Sommertag am Meer, und im Alltag zieht man sich anders an als für einen Abend in der Oper. In diesen Fällen beeinflussen soziale und physikalische Hinweisreize (z.B. Temperatur) das Verhalten.

Ein Beispiel aus dem Bereich des kognitiven Lernens wäre ein Schüler, der bei den Hausaufgaben für verschiedene Schulfächer jeweils angemessene

Lernstrategien auswählen muss, um sich den Stoff anzueignen (z. B. Wiederholen beim Vokabellernen, bildhaftes Vorstellen beim Thema Geografie). Seine Entscheidung wird dadurch beeinflusst, wie erfolgreich diese Strategien in früheren Lerndurchgängen gewesen sind, kann aber auch durch die Hinweise der Lehrkraft oder der Eltern angeleitet werden.

**Modifizierung von Verhaltensmerkmalen**

*Modifizierung von Verhaltensmerkmalen.* Um jeweils situationsangemessene Verhaltensweisen auswählen zu können, müssen einer Person verschiedene, abgestufte Reaktionsweisen zur Verfügung stehen. Verhaltensweisen können sich in Bezug auf verschiedene Parameter wie Kraft oder Geschwindigkeit unterscheiden. So ist bei einer groben Arbeit wie Holzsägen mehr Kraft, aber weniger feinmotorisches Geschick erforderlich als bei einer filigranen Bastelarbeit. Menschen lernen durch Übung, die Möglichkeiten von Verhaltensweisen zu differenzieren und je nach den Anforderungen die am besten passende Variante eines Verhaltens auszuwählen. Besonders beim Lernen von motorischen Fertigkeiten (z. B. sportliche oder musikalische Fertigkeiten) ist diese Lernform von großer Bedeutung. Bei der gezielten Veränderung von Verhaltensmerkmalen können Techniken verwendet werden, die schon als Shaping und Chaining beschrieben worden sind.

**Reizdiskrimination als Voraussetzung für Reaktionsdiskrimination**

*Diskriminationslernen als Prozess.* Reaktionsdiskrimination setzt Reizdiskrimination voraus, da zunächst die spezifischen Hinweisreize einer Situation identifiziert werden müssen, bevor das angemessene Verhalten ausgewählt werden kann. Das Ergebnis einer Handlung, die durch Diskriminationslernen entstanden ist, kann selbst wieder zum Hinweisreiz für den nächsten Handlungsschritt werden.

### Beispiel

Ein Beispiel wäre der Streit zwischen zwei Personen. Eine Person fühlt sich gekränkt (Hinweisreiz) und reagiert darauf, indem sie die andere Person anschreit. Dieses Verhalten hat sie in früheren Auseinandersetzungen mit Familienmitgliedern gelernt und damit Erfolg gehabt: Die Familienmitglieder haben sich daraufhin stets für ihr kränkendes Verhalten entschuldigt. Die andere Person reagiert jedoch nicht wie erwartet mit einer Entschuldigung, sondern verlässt den Raum (negatives Ergebnis). Dieses Ergebnis stellt für die erste Person einen Hinweisreiz dar, zukünftig ein anderes Verhalten zu zeigen (z. B. über die Kränkung sprechen).

Reiz- und Reaktionsdiskriminationslernen lassen sich in der Praxis oft nicht klar voneinander trennen. Beide Lernarten sollten daher als interaktiver Prozess betrachtet werden, der in vier Phasen verläuft (vgl. Kasten 3).

**Kasten 3:** Phasen eines Reiz-Reaktions-Diskriminationsprozesses (nach Petermann & Petermann, 2015b, S. 54)

**Der Reiz-Reaktions-Diskriminationsprozess**

1. *Wahrnehmung:* Voraussetzung für den Diskriminationsprozess ist, dass Reize differenziert wahrgenommen werden und die charakteristischen Unterschiede für Orte, Personen, Zeiten und Situationen erkannt werden.
2. *Indikation:* Hinweisreize zeigen die Konsequenzen des Verhaltens an (Belohnung oder Bestrafung).
3. *Auswahl:* Es erfolgt die Auswahl eines angemessenen Verhaltens.
4. *Indikation:* Das Ergebnis der gewählten Handlung wird zum Hinweisreiz für die nächste mögliche Handlung, der die Aussicht auf Verstärkung oder Bestrafung anzeigt.

### 4.4.4 Simultanes und sukzessives Diskriminationslernen

Diskriminationslernen kann entweder simultan oder sukzessiv erfolgen. Beim *simultanen Diskriminationslernen* werden unterschiedliche Hinweisreize gleichzeitig präsentiert, darunter hinderliche und förderliche Reize. Vom Lernenden werden zugleich Prozesse der Reiz- und Reaktionsdiskrimination verlangt. Erwünschtes Verhalten wird differentiell verstärkt. Simultanes Diskriminationslernen entspricht in hohem Maße der Komplexität in sozialen Situationen und eignet sich daher besonders für Lernvorgänge im sozialen Bereich. Ein Beispiel wäre eine komplexe Spielsituation, bei der kooperative und destruktive Handlungen durchgeführt werden können. Wenn Kinder kooperatives Verhalten einüben sollen, können die Spielregeln so bestimmt werden, dass kooperatives Verhalten zu größeren Gewinnen führt.

**Simultanes Diskriminationslernen**

Sehr junge oder geistig behinderte Kinder können durch mehrere gleichzeitig gebotene Reize überfordert werden. In solchen Fällen wäre *sukzessives Diskriminationslernen* das angemessenere Vorgehen. Sukzessive Diskrimination bedeutet, dass Reize nacheinander vorgegeben werden. Dabei muss auf manche Reize reagiert werden, auf andere nicht. Nach jedem Versuch erfolgt eine Rückmeldung, wobei richtige Reaktionen verstärkt werden. Auf diese Weise kann zum Beispiel geistig behinderten Kindern beigebracht werden, welche Gegenstände essbar sind und welche nicht. Der Lernprozess läuft schrittweise ab, wobei allmählich immer höhere Schwierigkeitsgrade erreicht werden – beispielsweise bis hin zur Unterscheidung

**Sukzessives Diskriminationslernen**

Fehlerloses Lernen

von essbaren und ungenießbaren Gartenkräutern. Auf diese Weise ist ein Lernen ohne Fehler möglich, was Frustrationen vermeidet und die Motivation erhöht. Der Lernvorgang dauert länger als beim simultanen Diskriminationslernen und erreicht zumeist nicht dieselbe Stufe der Komplexität. Dafür sind sukzessive Lernaufgaben auch bei eingeschränkten kognitiven Fähigkeiten, bei Impulsivität und mangelnder Frustrationstoleranz zu bewältigen.

## Zusammenfassung

Assoziatives Lernen beschreibt einen Vorgang, bei dem einzelne Komponenten einer Situation (z. B. Reize, Verhaltensweisen, Konsequenzen) nach bestimmten Regeln untereinander verknüpft werden. Wesentliche Formen des assoziativen Lernens umfassen insbesondere das klassische und operante Konditionieren. Es handelt sich um Lernvorgänge, die bereits früh im Entwicklungsverlauf nachweisbar sind und Methoden der Verhaltenstherapie und von Verhaltenstrainings begründen.

Allen Vertretern der behavioristischen Lerntheorie ist dabei gemeinsam, dass sie sich auf die Erforschung von beobachtbaren Reaktionen und Verhaltensweisen beschränkt haben. Konzepte wie Erwartungen und Denken wurden in diesen Theorien grundsätzlich nicht berücksichtigt. Das Innenleben der lernenden Personen wurde als eine Art „black box" angesehen, zu der man auf keine wissenschaftlich akzeptable Weise Zugang gewinnen kann. Es wurden daher nur die Parameter des Lernvorgangs erforscht, die sich direkt beobachten und messen ließen (messbare Reize als Input und beobachtbare Reaktionen als Output).

Neben diesen grundsätzlichen Gemeinsamkeiten bestehen jedoch auch wichtige Unterschiede in den Erklärungsmodellen:

- Die ersten Behavioristen, darunter Pawlow, Watson und Guthrie, postulierten Assoziationen zwischen unkonditionierten (UCS) und konditionierten Reizen (CS), um Lernen zu erklären. Lernen bedeutet also die Bildung einer Assoziation zwischen zwei Reizen (klassisches Konditionieren). Beim Menschen können einfache Reflexe und auch emotionale Reaktionen konditioniert werden. Die angemessene Intensität und Qualität der verwendeten Reize bildet dabei eine wichtige Voraussetzung für den Erfolg der klassischen Konditionierung. Biologische Voreinstellungen *(Preparedness)* bewirken, dass manche Assoziationen leichter gelernt werden können als andere. Der zeitliche Abstand zwischen beiden Reizen sollte nicht mehr als 1,5 Sekunden betragen, und der konditionierte Reiz sollte idealerweise kurz vor dem unkonditionierten Reiz dargeboten werden. Es sind mehrere Wiederholungen erforderlich, bis eine Konditionierung eintritt. Die Konditionierung emotionaler Reaktionen wiesen Watson und Mitarbeiter erstmalig nach. Durch Gegenkonditionierung kann dieser Effekt rückgängig gemacht werden.

- Nach Guthrie hängen Konditionierungsprozesse nicht von Wiederholungen ab, sondern finden gleich bei der ersten Lerngelegenheit statt (One-Shot-Lerntheorie). Guthrie zufolge werden einmal gebildete Gewohnheiten nicht vergessen, können aber durch die Ermüdungsmethode, die Methode der inkompatiblen Reize oder die Schwellenmethode verändert werden.
- Thorndike vermutete eine Verbindung zwischen konditioniertem Reiz (CS) und Reaktion (CR) unter der Voraussetzung, dass die Konsequenzen positiv sind (C+). Seine Überlegungen zu *Lernen am Erfolg*, die er in verschiedenen Lerngesetzen formulierte, können als Übergangsmodell zwischen klassischem und operantem Konditionieren betrachtet werden.
- Skinner untersuchte die Auswirkungen von Konsequenzen auf Lernprozesse systematisch. Er nahm an, dass Lernen eine Assoziation zwischen Verhalten (CR) und nachfolgenden Konsequenzen (C) darstellt. Die Konsequenzen von Verhalten bestimmen nach diesem Modell, ob und wie häufig ein Verhalten in der Zukunft wieder gezeigt wird. Konsequenzen, die die Auftretenswahrscheinlichkeit eines Verhaltens erhöhen, werden als Verstärker bezeichnet. Konsequenzen, die das Auftreten des Verhaltens reduzieren, wirken als Bestrafung. Man unterscheidet positive und negative Verstärkung sowie direkte und indirekte Bestrafung. Von Löschung spricht man, wenn die Konsequenzen entzogen werden, die ein Verhalten aufrechterhalten. Zusätzlich berücksichtigte Skinner in seinem Modell des Lernens spezifische Hinweisreize ($S^D$), die über die Konsequenzen eines operanten Verhaltens informieren.

Trotz dieser Unterschiede darf nicht gefolgert werden, dass die Theorien einander direkt widersprechen. Vielmehr werden durch diese Ansätze unterschiedliche Bereiche des Lernens abgedeckt. So erklärt klassisches Konditionieren das Lernen einfacher Reaktionen und Reflexe, während Diskriminationslernen im Rahmen operanter Konditionierung sich auf komplexere Lernprozesse bezieht und beispielsweise auf soziale Kontexte angewendet werden kann. Tabelle 11 zeigt die Modellvorstellungen des assoziativen Lernens noch einmal im Überblick.

**Tabelle 11:** Modellvorstellungen zum assoziativen Lernen

| Lernmodell | Vertreter | Assoziative Verknüpfung |
|---|---|---|
| Klassisches Konditionieren | Pawlow (1972)<br>Watson (1930/1968)<br>Guthrie (1935) | Verbindung von unkonditioniertem und konditioniertem Reiz<br>UCS – CS |
| Lernen am Erfolg | Thorndike (1932/1970) | Verbindung von Reiz und Reaktion bei positiver Konsequenz<br>CS – CR (C+) |
| Operantes Konditionieren | Skinner (1951, 1969, 1971, 1973a, b, 1980) | Verbindung zwischen Hinweisreiz, Verhalten und Konsequenz<br>$S^D$ – CR – C |

# 5 Kognitives Lernen

**Beispiel**

Der 6-jährige Lukas haut auf dem Spielplatz ein anderes Kind. Seine Mutter kommt auf ihn zu und erklärt ihm, dass er anderen Kindern nicht wehtun darf. Um ihm verständlich zu machen, warum er anderen Kindern nicht wehtun darf, bittet die Mutter Lukas, sich vorzustellen, wie er sich fühlen würde, wenn ihn selbst jemand schlagen würde.

Viele menschliche Lernprozesse sind weitaus komplexer, als dass sie ausschließlich in Form einer einfachen Reiz-Reaktions-Verknüpfung oder durch Versuch und Irrtum erklärt werden können. Im obigen Beispiel wird deutlich, dass wir auch dann etwas lernen können, wenn wir uns bewusst mit einem Problem auseinandersetzen und daraufhin zu einer neuen Erkenntnis gelangen. Diese Sichtweise des Lernens rückt innerpsychisch ablaufende Prozesse des Lernenden in den Fokus der Betrachtung. Es handelt sich um *kognitiv orientierte Lerntheorien.* Einige zentrale Konzepte des kognitiven Lernens, die im vorliegenden Kapitel behandelt werden, stammen aus der Gestaltpsychologie.

## 5.1 Kognitive Lerntheorien

**Kognitive Prozesse im Mittelpunkt**

In der kognitiv bzw. kognitionspsychologisch orientierten Lern- und Gedächtnisforschung stehen statt einfacher Zusammenhänge zwischen Reizen und Reaktionen – wie im Behaviorismus – innerpsychische bzw. kognitive Prozesse im Mittelpunkt. Kognitive, das heißt auf Erkenntnis bezogene Prozesse, stellen den zentralen Forschungsgegenstand dar. Als Kognitionen werden sämtliche inneren Vorgänge und Strukturen der menschlichen Informationsverarbeitung aufgefasst (Artelt & Wirth, 2014).

**Lernen als Wissenserwerb durch aktive Auseinandersetzung mit der Umwelt**

*Lernen als Wissenserwerb.* Der Auffassung kognitiver Lernforscher zufolge erwerben Lernende *Wissen* durch die aktive Auseinandersetzung mit ihrer

Umwelt. Für den Menschen stellt diese Art des Lernens eine der wichtigsten Lernformen überhaupt dar.

**Beispiel**

Ein kleines Kind betrachtet beispielsweise einen unbekannten Gegenstand, befühlt ihn, steckt ihn in den Mund, schüttelt ihn und lauscht auf die dabei entstehenden Geräusche. Durch diese spielerischen Aktivitäten erwirbt das Kind Wissen über die Eigenschaften des Gegenstandes und über eigene Handlungsmöglichkeiten. Die Reize des Gegenstandes (z.B. Form, Farbe, Gewicht, Beweglichkeit, Töne) werden dabei nicht nur aufgenommen, sondern auch verarbeitet und bewertet.

Der Wissenserwerb wird nach den Vorstellungen der kognitiven bzw. kognitionspsychologisch ausgerichteten Lernforschung als ein Prozess betrachtet, bei dem Informationen aufgenommen, verarbeitet und mit bereits gespeichertem Wissen verknüpft werden. Die Begriffe „Lernen" und „Gedächtnis" können in diesem Zusammenhang mit menschlicher Informationsverarbeitung gleichgesetzt werden, die unter anderem auch die Prozesse der Selektion, der Organisation und der Integration von Information umfassen (Edelmann & Wittmann, 2012; Imhof, 2016). Auf die Prozesse der Aufnahme, des Einspeicherns, Speicherns, der Modifikation und dem Abruf von Informationen und Lern- und Gedächtnisstrategien wird ausführlich in Kapitel 2 eingegangen.

**Definition**

*Kognitive Lerntheorien* erklären Lernen als einen aktiven Vorgang des Wissenserwerbs und der Begriffsbildung, wobei weniger ein komplettes Neulernen als vielmehr ein Umstrukturieren bereits vorhandenen Wissens stattfindet.

**Deklaratives Wissen und prozedurales Wissen**

*Arten von Wissen.* Das Ergebnis kognitiver Lernprozesse besteht in Wissen über Sachverhalte *(deklaratives Wissen)* oder über Handlungen *(prozedurales Wissen)*. Beim *deklarativen Wissen* handelt es sich um Wissen über Sachverhalte und Begriffe (z.B. Namen bestimmter Länder, Gegenstände). Das deklarative Wissen kann dabei einzelne Fakten oder Wissen über komplexe Zusammenhänge (sog. *konzeptuelles Wissen*) umfassen (Renkl, 2015). Deklaratives Wissen wird durch Sprache vermittelt und in Form von Begriffen und den sie verbindenden Beziehungen repräsentiert. Man kann sich die Repräsentation deklarativen Wissens als Netzwerk vorstellen, bei dem die Begriffe (auch als *Konzepte* bezeichnet) die Knoten abbilden und die Kanten die Beziehungen zwischen ihnen.

**Erläuterung: Aufbau von Wissensstrukturen durch Begriffsbildung**

Menschen neigen dazu, die Dinge bzw. Objekte ihrer Umgebung zu ordnen bzw. zu einer Kategorie zusammenzufassen. Dieser subjektive Strukturierungsvorgang wird auch als *Begriffsbildung* bezeichnet und erleichtert die wahrnehmungs- und Denkprozesse, da auf diese Weise die Vielfalt an Reizgegebenheiten reduziert wird (Edelmann & Wittmann, 2012). Lernen bedeutet in diesem Zusammenhang nicht das Behalten von einzelnen Begriffen, sondern das permanente Entwickeln und Ausdifferenzieren von Konzepten bzw. Kategorien, die dann in Wissensstrukturen miteinander verbunden werden. Diese Form des Lernens lässt sich bereits bei Kleinkindern beobachten, wenn sie zum Beispiel Bauklötze nach Farben sortieren.

Nach der *klassischen Sicht* werden einzelne Begriffe aufgrund gemeinsamer Merkmale zu Kategorien zusammengefasst. Rosch (1983) entwickelte mit der *Prototypentheorie* einen alternativen Erklärungsansatz. Diesem Ansatz zufolge verwenden Menschen normalerweise nur einige charakteristische oder repräsentative Merkmale, um die Zugehörigkeit eines Objekts zu einer Kategorie zu bestimmen. Vertreter einer Kategorie, die als besonders repräsentativ angesehen werden, werden als Prototypen bezeichnet. Nach Rosch werden Konzepte erworben, indem Begriffe in Form des besten Beispiels anschaulich gespeichert werden. Der Prototyp bildet das Zentrum der Kategorie. Weniger typische Beispiele der Kategorie werden, um den Prototypen herum angeordnet. Um ein neues Objekt zu kategorisieren, wird das Objekt mit den gespeicherten Prototypen verglichen und der Kategorie zugeordnet, dessen Prototyp es am meisten ähnelt.

Deklaratives Wissen ist dem Bewusstsein zugänglich und kann direkt abgerufen werden. Im Unterschied dazu bezieht sich *prozedurales Wissen* auf das Wissen über das „Wie“ der Ausführung von Handlungen, Routinen, Abläufen, Problemlösungen sowie von motorischen und kognitiven Fertigkeiten. Prozedurales Wissen ist zumeist implizit und nicht direkt verbalisierbar (vgl. Kap. 7). Eine weitere Art des Wissens stellt das metakognitive Wissen dar. *Metakognitives Wissen* umfasst Wissen über Kognitionen (z. B. Wissen über Lern- und Gedächtnisvorgänge, Wissen um den Sinn einer Lernstrategie oder Planen des eigenen Vorgehens) und die Fähigkeit, den eigenen Lern- und Problemlöseprozess zu steuern und zu kontrollieren (Renkl, 2015; Schneider & Berger, 2014).

*Wissen in Form mentaler Repräsentationen.* Das Wissen einer Person wird über die Menge und Qualität sogenannter mentaler bzw. kognitiver Repräsentationen beschrieben (Artelt & Wirth, 2014). Mentale Repräsentationen sind eine Art innere Darstellung des Lerngegenstands (der Wissensstrukturen), die der Lernende durch den aktiven Prozess der Informationsverarbeitung erzeugt. Das Wissen kann dabei entweder bildhaft-analog oder aussageartig (verbal) repräsentiert sein. Edelmann und Wittmann (2012) unterscheiden noch eine dritte innere geistige Darstellung: die handlungsbezogene Repräsentation.

**Formen mentaler Repräsentation**

**Theorie der dualen Kodierung**

*Theorie der dualen Kodierung.* Die Kodierung von Informationen kann auf verbale oder nonverbale Weise erfolgen und so zu unterschiedlichen mentalen Repräsentationen führen. So nimmt Paivio (1986) an, dass sprachliche und bildhafte Informationen in zwei unterschiedlichen, aber miteinander agierenden Systemen, einem verbalen und einem bildhaften System verarbeitet und gespeichert werden. Bestimmte Lerninhalte können dabei möglicherweise besser verstanden und behalten werden, wenn Informationen zugleich in beiden Systemen verarbeitet und gespeichert werden. Dies trifft vor allem auf bildhafte Informationen zu, da diese in den meisten Fällen ebenso durch den Lernenden benannt werden können. Auch Informationen, die sich auf konkrete Sachverhalte (z.B. Apfel) beziehen, werden besser gelernt, da sie beim Lernenden häufig zugleich das bildhafte Gedächtnis aktivieren. Der Prozess des Wissenserwerbs kann nach der Auffassung von Paivio (1986) gefördert werden, indem die mentale Repräsentation von Inhalten auf mehreren Wegen erfolgt.

**Beispiel**

Im Biologieunterricht soll der Aufbau verschiedener Blütenformen gelernt werden. Die Lehrkraft plant für die Stunde einen Vortrag, um die Grundlagen zu vermitteln. Der Lehrervortrag (akustisch-verbale Verarbeitung) soll durch die Vorführung von Abbildungen und getrockneten Exemplaren verschiedener Blütenpflanzen (optisch-bildhafte Verarbeitung) ergänzt werden. Im Anschluss sollen die Schüler und Schülerinnen eigene Schemazeichnungen der unterschiedlichen Blütenformen anfertigen (handlungsbezogene Verarbeitung).

Mentale Repräsentationen bilden die Grundlage für die Organisation und Integration von neuen Informationen in ein bestehendes Wissenssystem.

**Merke**

Mentale Repräsentationen ermöglichen es, Wissen über bereits bekannte Objekte auf neue Objekte zu übertragen und strukturierte Netzwerke des Wissens zu bilden.

**Bedeutung schlussfolgernder Prozesse**

*Lernen durch Schlussfolgern.* Neue Wissensinhalte werden in das bereits bestehende Wissenssystem *(Vorwissen)* eingefügt. Dabei spielen schlussfolgernde Prozesse eine wesentliche Rolle. Wenn ein Kind zum Beispiel schon weiß, dass Enten schwimmen können, weil sie Schwimmhäute besitzen, so kann es beim Anblick eines Schwans auf dem Wasser schlussfolgern, dass dieser ebenfalls mit Schwimmhäuten ausgestattet sein muss.

*Auswirkungen auf das Verhalten.* Im Gegensatz zu behavioristisch orientierten Forschern nehmen kognitive Lernforscher an, dass menschliches (und teilweise auch tierisches) (Lern-)Verhalten nicht ausschließlich von äußeren Reizen abhängt, sondern durch kognitive Prozesse wie Denken, Schlussfolgern und Entscheiden gesteuert wird. Die mentale Repräsentation bildet das Bindeglied zwischen den Reizen der Umwelt und der Reaktion (Verhalten). Menschliches Verhalten kann daher nicht als eine einfache Verkettung von Reizen und Reaktionen beschrieben werden, und es lässt sich nur teilweise von außen steuern. Wesentliche Impulse für menschliches Verhalten entstehen durch Denkprozesse und durch innere *Einsicht*. Dies zeigt sich zum Beispiel daran, dass kleine Kinder eigenständig Wörter und Sätze bilden, die sie bei ihrer Umwelt niemals gehört haben (vgl. Grimm, 2012).

**Menschliches Verhalten wird auch durch kognitive Prozesse gesteuert**

**Merke**

Kognitive Psychologen befassen sich insbesondere mit dem Vorgang des Wissenserwerbs, mit dem Resultat des Lernens (Wissen in Form mentaler Repräsentationen) und mit den Auswirkungen des Wissenserwerbs auf menschliches Verhalten und Handeln.

## 5.2 Gestaltpsychologie

Einen wesentlichen Mechanismus kognitiven Lernens beschrieb *Wolfgang Köhler* (1887–1967): das Lernen durch Problemlösen bzw. durch Einsicht. Diese kognitive Auffassung von Lernen beruht auf den Prinzipien der Gestaltpsychologie.

### 5.2.1 Köhlers Experimente

Der deutsche Psychologe Köhler, einer der Hauptvertreter der Gestaltpsychologie, untersuchte auf Teneriffa das Problemlöseverhalten von Affen (Köhler, 1921). Der Forscher stellte den Affen Aufgaben, die so komplex waren, dass sie durch Versuch und Irrtum nicht gelöst werden konnten. So mussten die Tiere beispielsweise Kisten aufeinander stapeln oder Stöcke ineinanderstecken, um außerhalb ihrer Reichweite befindliche Nahrung zu erreichen. Köhler beobachtete, dass die Affen die Lösung häufig dann fan-

**Problemlösendes Verhalten bei Affen**

den, wenn sie nicht aktiv mit dem Problem beschäftigt waren, sondern etwas anderes taten – zum Beispiel ruhig dasaßen und „nachdachten". Nach Köhlers Beobachtungen sprangen die Affen nach einer solchen Denkphase plötzlich auf, wandten sich wieder der Aufgabe zu und führten sofort – ohne Probieren – das zielführende Verhalten aus. Aus diesen Beobachtungen leitete Köhler ab, dass Affen zu *Einsicht* in die Problemstellung gelangen können.

**Einsicht**

**Definition**

Bei *Einsicht* handelt es sich um die plötzlich eintretende Erkenntnis des Zusammenhangs zwischen den Elementen einer Problemsituation.

Aus gestaltpsychologischer Sicht stellt Einsicht einen komplexen und ganzheitlichen Prozess dar, der nicht einfach durch die Summation von Teilreaktionen erklärt werden kann. Köhler (1921) schloss die Möglichkeit des Lernens durch Versuch und Irrtum nicht aus, nahm jedoch an, dass jeder Versuch in einer „kleinen Einsicht" resultiert, die schrittweise an die Lösung heranführt.

### 5.2.2 Lernen durch Einsicht

In der Gestaltpsychologie wird – den Überlegungen Köhlers folgend – Lernen als ganzheitlicher, problemlösender Prozess verstanden. Zentrale Begriffe sind daher Wahrnehmung, Einsicht und Problemlösen, mit denen sich auch menschliches Lernen beschreiben lässt. Diese Form des Lernens kann als dreistufiger Prozess beschrieben werden (vgl. Abb. 9):

**Wahrnehmung, Einsicht, Problemlösen**

- Im ersten Schritt müssen alle Komponenten einer Problemsituation wahrgenommen werden. Wichtig ist, dass nicht nur die einzelnen Komponenten für sich betrachtet werden, sondern ein Überblick über die Struktur der gesamten Problemsituation geschaffen wird *(Wahrnehmung)*.
- Durch Überlegung und kognitive Umstrukturierung der Problemsituation können im zweiten Schritt Beziehungen zwischen den Komponenten hergestellt werden *(Einsicht)*. Es wird verstanden, wie die verschiedenen Komponenten der Situation so in Zusammenhang gebracht werden können, dass der gewünschte Zielzustand erreicht wird.
- Der dritte Schritt *(Problemlösung)* besteht in der zielgerichteten Ausführung der Handlungen, die zur Lösung führen. Diese Lösung kann später auf andere, ähnlich strukturierte Problemsituationen übertragen werden.

Lernen durch Einsicht zeichnet sich also durch drei Merkmale aus:

- es ist abhängig von der Anordnung der Problemsituation,
- der Lernerfolg stellt sich plötzlich ein (Aha-Erlebnis) und
- die Lösung kann auf andere Situationen übertragen werden.

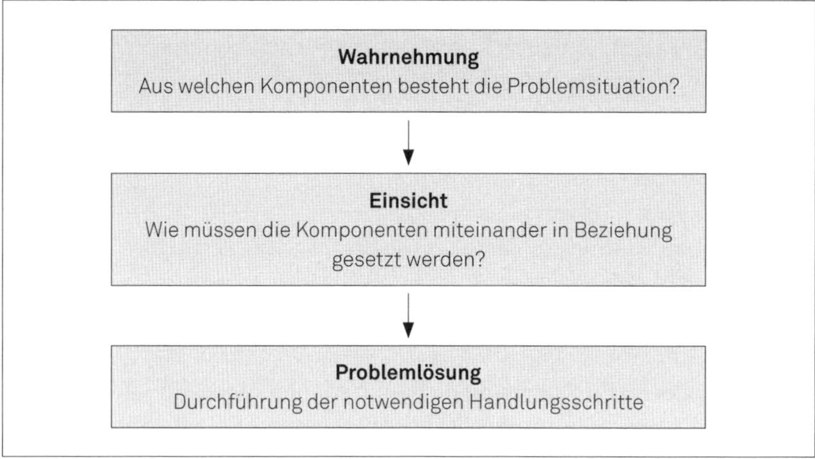


**Abbildung 9:** Lernen als problemlösender Prozess

## 5.2.3 Das Gesetz der guten Gestalt

Die Gestaltpsychologie formulierte verschiedene allgemeine Wahrnehmungsgesetze, die auch auf die Lernpsychologie angewendet werden können. Von besonderer Bedeutung ist das Gesetz der „guten Gestalt" *(Prägnanzgesetz)*. Es besagt, dass alles Wahrgenommene in der mentalen Repräsentation die bestmögliche Gestalt annimmt. „Gute" Gestalten zeichnen sich durch bestimmte Prinzipien aus (vgl. Katz, 1969; vgl. Kasten 4).

**Gesetz der guten Gestalt**

**Kasten 4:** Prinzipien der „guten Gestalt" (Katz, 1969)

**Prinzipien der guten Gestalt**

- *Prinzip der Geschlossenheit:* Wahrnehmungselemente werden so gruppiert, dass sie geschlossene Einheiten darstellen. Unvollständige Muster werden vervollständigt (z. B. können Buchstaben und Wörter erkannt werden, auch wenn Teile fehlen).
- *Prinzip der Kontinuität:* Wahrnehmungselemente werden als Einheiten wahrgenommen, die eine kontinuierliche Form besitzen (z. B. werden sich überlappende Konturen als zwei unterschiedliche Objekte wahrgenommen).
- *Prinzip der Ähnlichkeit:* Einander ähnliche Wahrnehmungselemente werden zu Einheiten gruppiert.
- *Prinzip der Nähe:* Räumlich benachbarte Wahrnehmungselemente werden zu Einheiten gruppiert.

Annäherung einer „guten Gestalt“ in der Erinnerung

Diese Prinzipien gelten auch für gelernte Informationen. Daraus folgt, dass mentale Repräsentationen sich vom ursprünglichen Lerninhalt unterscheiden können, indem sie sich einer „guten Gestalt“ annähern. Die kognitive Verarbeitung von Lerninhalten führt demnach zu einer Veränderung ihrer Struktur, wobei drei Strukturierungsprinzipien wirksam werden (vgl. Kasten 5).

**Kasten 5:** Strukturierungsprinzipien zur Annäherung mentaler Repräsentationen an eine „gute Gestalt“

**Strukturierungsprinzipien**

- *Prinzip der Angleichung:* Angleichung bedeutet, dass bildhafte Inhalte in der Erinnerung symmetrischer erscheinen und entsprechend reproduziert werden als die Vorlage. Ein Haus wird beispielsweise aus dem Gedächtnis mit zwei Fenstern zu jeder Seite der Tür gezeichnet, obwohl die Vorlage auf einer der Seiten nur ein Fenster aufweist. Das Streben nach Symmetrie oder Ausgewogenheit kann auch auf kognitive Inhalte angewendet werden.
- *Prinzip der Verschärfung:* Bedingt durch das Prinzip der Verschärfung werden die prägnantesten Merkmale einer Gestalt bei Reproduktionsaufgaben überbetont. Eine Giraffe wird zum Beispiel mit einem übertrieben langen Hals dargestellt, ein Kaninchen mit überlangen Zähnen und Ohren.
- *Prinzip der Normalisierung:* Ein konkretes Wahrnehmungsobjekt wird durch die Erinnerung an bereits bekannte, ähnliche Gestalten modifiziert und angeglichen. In der Erinnerung nimmt das Objekt stärker das Aussehen der bereits bekannten Gestalt an.

Lernen unter erschwerten Bedingungen

Diese wahrnehmungsbedingten Einflüsse auf das Lernen sind insbesondere dann bedeutsam, wenn unter wahrnehmungspsychologisch ungünstigen Bedingungen gelernt wird (z. B. bei Dunkelheit, Lärm, unter großem Zeitdruck, Stress oder anderen störenden Bedingungen).

**Beispiel**

Ein Beispiel ist die Situation eines Bankangestellten, der während eines Überfalls für einen kurzen Augenblick das Gesicht des Bankräubers sehen kann. Die Erinnerung des Angestellten an die Merkmale des Gesichts ist durch die emotional belastende Situation mit großer Wahrscheinlichkeit verzerrt. Bei der Aufgabe, ein Phantombild herzustellen, wird der Angestellte das Aussehen des Täters daher möglicherweise symmetrischer, mit stärker ausgeprägten besonderen Merkmalen (z. B. noch stärker abstehenden Ohren als in Wirklichkeit) und normalisierend (z. B. mittelgroß) darstellen.

## 5.3 Praktische Bedeutung kognitiver Lerntheorien

Kognitive Lerntheorien heben die aktive Rolle des Lernenden hervor und betrachten Lernen als einen Prozess der Wissensaneignung bzw. als einen Problemlöseprozess, der darin besteht, neue Lerninhalte nicht nur aufzunehmen, sondern auch zu bewerten und zu interpretieren, in das bereits vorhandene Vorwissen zu integrieren und Lerninhalte nach subjektiven Kriterien zu strukturieren (Edelmann & Wittmann, 2012). Im Vordergrund steht dabei nicht das bloße Einpauken neuen Wissens, sondern das selbstorganisierte Verstehen und Nachvollziehen der Lerninhalte. Der Wissenserwerb und das Gewinnen neuer Einsichten spielen in verschiedenen Lebensbereichen eine wichtige Rolle. Im Folgenden sollen die Grundgedanken kognitiv orientierter Lerntheorien am Beispiel des schulischen Lernens und kognitiv ausgerichteter Interventionsansätze verdeutlicht werden.

*Schulisches Lernen.* Der Erwerb von Wissen kann als wichtigstes Bildungsziel überhaupt angesehen werden (Renkl, 2015). Im pädagogischen Kontext spiegelt sich die kognitiv orientierte Sichtweise des Lernens immer dort wider, wo den Lernenden nicht nur einfach Wissen vermittelt wird, sondern sie zugleich zum selbstständigen Nachdenken und Problemlösen angeregt werden (Bodenmann et al., 2016). Entsprechend müssen Lernumgebungen geschaffen werden, die Lernende zu anspruchsvollen Lernaktivitäten ermutigen und dazu führen, dass sich Lernende selbstständig mit Lerninhalten auseinandersetzen. In diesem Zusammenhang sei auch auf das Unterrichtsprinzip des *entdeckenden Lernens* verwiesen. Beim entdeckenden Lernen handelt es sich um eine Lernform, bei der sich Schüler und Schülerinnen aktiv und selbstständig ein neues Wissensgebiet erschließen, eigenständig Problemlösungen finden und so neue kognitive Strukturen aufbauen. Der Begriff des entdeckenden Lernens wurde von Bruner (1961) geprägt und stellt ein Gegenstück zum darbietenden Unterricht dar, in dem Lerninhalte überwiegend durch die pädagogischen Lehrkräfte vermittelt werden und Lernende als passive Rezipienten des Unterrichts verstanden werden (Hartinger & Lohrmann, 2014). Die Rolle der pädagogischen Lehrkraft ist es dabei, geeignete Problemstellungen auszuwählen und den Lernprozess anzuleiten (Lipowsky, 2015). Das entdeckende Lernen kann gegenüber lehrergelenkten Unterrichtsumgebungen erfolgreich sein, wenn die individuellen Voraussetzungen des Lernenden (z. B. Vorwissen) berücksichtigt werden und der Prozess des entdeckenden Lernens durch die pädagogischen Lehrkräfte mithilfe entsprechender Organisations-, Strukturierungs- und Motivationshilfen unterstützt und gelenkt wird (Hartinger & Lohrmann, 2014).

Auch Aebli (2011) beschäftigt sich mit problemlösenden Aktivitäten im Unterricht. Seiner Auffassung zufolge kann ein vertieftes Verständnis neuer Lerninhalte aufseiten des Lernenden nur dann erreicht werden, wenn unterrichtsbezogene Prozesse der Wissensaneignung folgende Schritte durchlaufen (*PADUA-Modell*: *P*roblemstellen – *A*ufbauen – *D*urcharbeiten – *U*eben – *A*nwenden):

- *Problemstellen:* Ausgangspunkt des Unterrichts ist ein von der Lehrkraft aufgeworfenes Problem oder eine Fragestellung, die einen lebenspraktischen Bezug aufweist und am Vorwissen des Lernenden anknüpft. Das Ziel ist es, Interesse zu wecken, bereits vorhandenes Wissen zu aktivieren und Lernende dazu anzuregen, das aufgeworfene Problem selbstständig zu analysieren, Lösungswege zu suchen und auszuprobieren.
- *Aufbauen:* Bei der Bearbeitung des Problems werden neue Einsichten gewonnen, also neue kognitive Strukturen gebildet und miteinander verknüpft. Die Lehrkraft begleitet und steuert den Prozess der Problemlösung, indem sie zielführende Anregungen und Impulse gibt.
- *Durcharbeiten:* Durch das Durcharbeiten werden die neuen Wissensstrukturen beweglich und eine Loslösung vom zuvor eingeführten Eingangsbeispiel erreicht. Das Ziel ist es, ein vertieftes Verständnis für den Lerninhalt zu entwickeln, indem der Lerngegenstand aus verschiedenen Perspektiven beleuchtet wird (z. B. im Mathematikunterricht beim Einmaleins verschiedene Varianten durchgehen: 36 ist 6×6 oder auch 4×9 usw.).
- *Ueben:* Phasen des Übens und Wiederholens dienen dazu, das Gelernte (die neuen Wissensstrukturen) zu automatisieren und zu verfestigen. Auf diese Weise wird das langfristige Behalten des Gelernten gesichert.
- *Anwenden:* Lernende übertragen ihr erworbenes Wissen auf neue (außerschulische) Kontexte und Problemstellungen.

Der Fokus dieser auf kognitionspsychologischen Erkenntnissen beruhenden Didaktik richtet sich nicht darauf, die Oberfläche von Unterricht als beobachtbare Abfolge von methodischen Lehrschritten zu beschreiben, sondern betrachtet die konkreten unterrichtsbezogenen Lern- und Verstehensprozesse des Lernenden (Lipowsky, 2015). Imhof (2016) stellt weitere Möglichkeiten vor, mit denen die Lernaktivitäten von Schülern und Schülerinnen gefördert werden können und verweist zugleich auf weiterführende Übersichtsarbeiten zu diesem Thema.

*Kognitive Interventionsansätze.* Kognitiv ausgerichtete Interventionsansätze beschränken sich nicht auf eine Veränderung konkreter Verhaltensweisen, sondern berücksichtigen auch kognitive Prozesse, also Wünsche, Ziele, Erwartungen und Bewertungen von Ereignissen (Lauth & Mackowiak, 2009). Diesem Ansatz liegt die Annahme zugrunde, dass weniger von außen kommende Bedingungen und Reize unser Erleben und Verhalten bestimmen als vielmehr unsere Ansichten und Grundüberzeugungen (Hautzinger & Pössel, 2017). Der Ansatzpunkt kognitiver Interventionsansätze liegt dementsprechend auf der Veränderung von Gedanken und Grundüberzeugungen, die von dem Patienten als ungünstig und behindernd erlebt werden und mit der Entstehung einer psychischen Störung (z. B. Depression) verknüpft sind. Durch eine bestimmte Gesprächstechnik *(sokratischer Dialog)* werden Patienten beispielsweise angeregt, eigene Ansichten zu reflektieren, Widersprüche zu erkennen und gegebenenfalls dysfunktionale Ansichten zugunsten situationsangemessenerer Alternativen aufzugeben. Ein wichtiger Aspekt bei dieser Gesprächsführung ist, dass der Therapeut den Patienten leitet, diese neuen Sichtweisen selbst zu erkennen (De Jong-Meyer, 2018). Ein weiteres Verfahren zur Veränderung kognitiver Prozesse hebt die Bedeutung des an sich selbst gerichteten, inneren Sprechens für die Steuerung des Verhaltens und der Emotionen hervor: *das Selbstinstruktionstraining* nach Meichenbaum (1977). Das Ziel dieses Verfahrens ist es, gemeinsam angemessene Selbstanweisungen zu erarbeiten. Das ebenfalls von Meichenbaum (2012) entwickelte Stressimpfungstraining zielt auf die Vermittlung von Problemlösestrategien und bewältigungsorientierter Selbstgespräche für den Umgang mit Stress, Angst, Ärger und Schmerzen ab, die in Rollenspielen eingeübt und im Alltag schließlich erprobt werden.

**Zusammenfassung**

Kognitiv orientierte Lerntheorien befassen sich mit inneren Prozessen wie Wahrnehmung, Denken, Problemlösen und Entscheiden. Lernende erwerben Wissen durch die aktive Auseinandersetzung mit ihrer Umwelt. Dabei wird eine mentale Repräsentation des Lerngegenstandes in verbaler oder nonverbaler Form erzeugt. Durch schlussfolgernde Prozesse werden neue Begriffe und Inhalte in das bestehende Wissenssystem integriert. Die mentale Repräsentation bildet das Bindeglied zwischen Umwelt und Verhalten und trägt zur Flexibilität menschlichen Verhaltens bei.

Das Lernen durch Problemlösen bzw. durch Einsicht beruht auf den *Prinzipien der Gestaltpsychologie*. Aus gestaltpsychologischer Sicht handelt es sich bei Einsicht um einen komplexen und ganzheitlichen Prozess.

Lernen durch Einsicht besteht aus drei Schritten: (1) der Wahrnehmung aller Komponenten einer Problemsituation, (2) der Herstellung von Beziehungen zwischen den Komponenten und (3) die zielgerichtete Ausführung der Handlungen, die zur Lösung führen. Diese Lösung kann auf andere Problemsituationen übertragen werden.

# 6 Soziales Lernen

**Beispiel**

Der 12-jährige Michael beobachtet, wie sein neuer Klassenkamerad Jens andere Mitschüler durch Schikanen einschüchtert. Offensichtlich respektieren die Mitschüler ihn dafür. Michael möchte auch gern respektiert werden, doch er ist sehr schüchtern und hat auch nur wenige Freunde. Während Michael sich anfangs noch sehr zurückhält, beginnt er in der kommenden Zeit ähnlich wie Jens andere Schüler zu mobben, um sich auf diese Weise Ansehen und Respekt zu verschaffen.

Soziale Lerntheorien erklären, durch welche Prozesse Menschen im Verlauf ihrer Entwicklung lernen, sich in verschiedenen sozialen Situationen jeweils angemessen zu verhalten. Es handelt sich dabei um komplexe Lerntheorien, die neben dem Lernen durch Verstärkung (vgl. Kap. 4) und Lernen durch Beobachtung (vgl. Kap. 6.3) auch kognitive Elemente wie Erwartungen und subjektive Bewertungen (vgl. Kap. 2 und Kap. 5) berücksichtigen. Soziale Lerntheorien integrieren somit *behavioristische* und *kognitive* Ansätze. Zu den Begründern der sozialen Lerntheorie gehören Julian B. Rotter, Martin E. P. Seligman und Albert Bandura. Die Ansätze von Rotter und Seligman stellen dabei Weiterentwicklungen der klassischen Lerntheorien (z. B. Skinner; vgl. Kap. 4) dar und heben weniger die Verstärkung als solche als vielmehr den kognitiven Aspekt der Erwartungen (v. a. die Kontrolle über diese Verstärkung) hervor. Die Theorie von Bandura wird wiederum in der Literatur häufig als „Lernen durch Beobachtung" bezeichnet, da Beobachtungslernen ein zentrales Element dieser Theorie darstellt. Da Bandura auch kognitive Prozesse (z. B. Aufmerksamkeits- und Gedächtnisprozesse) zwischen Aneignung und Ausführung eines beobachteten Verhaltens berücksichtigt, wird seine Theorie auch als sozial-kognitives Lernen bezeichnet. Die Ansätze von Rotter, Seligman und Bandura werden in diesem Kapitel vorgestellt.

## 6.1 Die Theorie von Rotter

Der Psychologe *Julian B. Rotter* (1916–2014) veröffentlichte 1954 seine soziale Lerntheorie. Geprägt von den Erfahrungen der Weltwirtschaftskrise und des Zweiten Weltkrieges, stellte Rotter die *Interaktion* zwischen Person und Umwelt ins Zentrum seiner Betrachtungen. Rotters Lerntheorie kann auch als Persönlichkeitstheorie aufgefasst werden, die Erwartungen und vorausgegangene Lernerfahrungen einbezieht. Rotter betonte, dass menschliche Lernerfahrungen vorwiegend in sozialen Situationen stattfinden. Ein weiterer wichtiger Beitrag Rotters bestand in der Entwicklung des Konzepts der *Kontrollüberzeugungen* und der Integration dieses Konzepts in seine Lerntheorie.

### 6.1.1 Erwartungs-Wert-Modell des Lernens

Im Gegensatz zu den Behavioristen war Rotter überzeugt, dass Verhalten nicht direkt durch Verknüpfungen zwischen Reiz und Reaktion gesteuert (vgl. Kap. 4), sondern durch kognitive Variablen vermittelt wird (Rotter, 1954). In Rotters Lerntheorie bildet daher das Konzept der *Erwartungen* ein zentrales Element (vgl. Kap. 2). Sie können spezifisch sein (d.h. sie beziehen sich nur auf wenige Situationen) oder auf verschiedene Situationen generalisiert werden.

**Zentrales Element der Theorie: Erwartungen**

**Definition**

*Erwartungen* sind mentale Repräsentationen zukünftiger Ereignisse.

**Beispiel**

Der 7-jährige Lukas aus unserem Beispiel aus Kapitel 4 lernt nach Rotters Auffassung nicht neu einen assoziativen Zusammenhang zwischen dem Verhalten „Zimmer aufräumen“ und der positiven Konsequenz „Mutter freut sich und lobt mich dafür“. Vielmehr entwickelt Lukas eine Vorstellung bzw. *Erwartung*, dass unter bestimmten Bedingungen auf eine spezifische Handlung (in diesem Fall Zimmer aufräumen) eine bestimmte Konsequenz (in diesem Fall soziale Verstärkung) folgt. Diese spezifische Erwartung kann Lukas auch auf andere Situationen übertragen, sodass er beispielsweise auch für das Decken des Abendbrottisches eine Belohnung erwartet und daher das Geschirr auf den Tisch stellt.

Erfahrungen beeinflussen Erwartungen

Wiederholte ähnliche Erfahrungen bestätigen die gelernte Erwartung, widersprechende Erfahrungen (z.B. kein Lob für das Aufräumen des Zimmers) schwächen die Erwartung ab. Die Veränderung von Erwartungen bedeutet, dass Lernen stattgefunden hat.

**Merke**

Nach Rotter bedeutet Lernen die Stärkung bzw. Abschwächung von (spezifischen und generalisierten) Erwartungen auf der Grundlage von Lernerfahrungen.

Vorhersage von Verhalten

Rotters soziale Lerntheorie zielte weniger auf den Erwerb, sondern mehr auf die Erklärung und Vorhersage von menschlichem Verhalten. Die Vorhersage von Verhalten basiert dabei auf der Wahrscheinlichkeit, mit der ein bestimmtes Verhalten in einer bestimmten Situation gezeigt wird *(Verhaltenspotenziale)*. Verhaltenspotenziale werden durch mehrere Faktoren beeinflusst. Dazu gehört die Wahrnehmung der aktuellen Situation, die die Erwartung bestimmter Verhaltenskonsequenzen (z.B. Verstärker) hervorrufen kann, aber auch die subjektive Bewertung dieser Verhaltenskonsequenzen *(Valenz)*. Erwartungen, Valenzen, Situationswahrnehmung und Verhaltenspotenziale sind die zentralen Begriffe in Rotters Theorie (vgl. Kasten 6).

**Kasten 6:** Klärung wichtiger Begriffe der sozialen Lerntheorie Rotters

**Grundbegriffe aus Rotters sozialer Lerntheorie**

- *Verhaltenspotenziale:* Der Begriff des Verhaltenspotenzials drückt die Wahrscheinlichkeit aus, dass in einer bestimmten Situation ein bestimmtes Verhalten aus der Gesamtheit alternativer Verhaltensweisen ausgeführt wird. Verhaltenspotenziale hängen ab von der Wahrnehmung der aktuellen Situation, der Erwartung eines Verstärkers und dem subjektiven Wert *(Valenz)* des Verstärkers.
- *Wahrnehmung der Situation:* Nach Rotter bestimmt die Wahrnehmung der Situation das Verhalten einer Person wesentlich mit. Im Gegensatz zu den einfachen Reizkonstellationen, die im Behaviorismus verwendet wurden, sind soziale Situationen häufig komplex und mehrdeutig. Die subjektive Wahrnehmung der Situation durch die Akteure bestimmt daher, welche Erwartungen auftreten und welches Verhalten schließlich gezeigt wird. Uneindeutige Situationen rufen häufig generalisierte Erwartungen hervor.
- *Erwartungen:* Der Begriff der Erwartung bezieht sich auf die Einschätzung einer Person, dass in einer bestimmten Situation auf ein

bestimmtes Verhalten eine spezifische Konsequenz (Verstärkung) erfolgt. Erwartungen entstehen durch Lernerfahrungen (*operante Konditionierung*; Rotter, Chance & Phares, 1972). Sie können auf andere Situationen generalisieren, bei denen ähnliche Bedürfnisse oder Verstärker oder strukturelle Ähnlichkeiten vorliegen. Man unterscheidet daher spezifische (z. B. „Ich kann dieses Wettrennen gewinnen!") und generalisierte Erwartungen (z. B. „Ich bin immer erfolgreich!"). Rotter befasste sich überwiegend mit generalisierten Erwartungen, da diese in einer Vielzahl von Situationen handlungsleitend sein können.

- *Valenz:* Wie im klassischen Behaviorismus versteht Rotter unter Verstärkung jeden Faktor, der die Auftretenswahrscheinlichkeit von Verhalten beeinflusst. Die subjektive Valenz, das heißt der Wert eines Verstärkers (und damit seine Wirksamkeit) ist jedoch interindividuell verschieden und abhängig von weiteren Einflüssen (z. B. aktuelle Bedürfnisse, Verfügbarkeit alternativer Verstärker). Die subjektive Valenz eines Verstärkers kann daran ermessen werden, welchen Verstärker ein Subjekt bei freier Wahl bevorzugt. Rotter (1954) betonte die große Bedeutung sozialer Verstärker für den Menschen (z. B. Anerkennung, Zugehörigkeit, Liebe).

Rotter wies darauf hin, dass Verstärkungen beim Menschen nur dann zu Lerneffekten führen können, wenn die Verstärker als persönlich wertvoll und wichtig erachtet werden *(Bewertung)* und wenn die Person davon überzeugt ist, durch ein bestimmtes Verhalten den Verstärker auch erhalten zu können *(Erwartung)*. Für unser Beispiel von Lukas, der sein Zimmer aufräumt, bedeutet dies: Wenn Lukas das Lob seiner Mutter nicht wichtig wäre, würde er wohlmöglich nicht eigenständig sein Zimmer aufräumen oder den Abendbrottisch decken. Dies träfe auch zu, wenn er die Erfahrung gemacht hätte, dass seine Mutter seinen Aktivitäten zu Hause nicht bzw. kaum beachtet oder ihn gar dafür lobt.

**Bedeutung von subjektiver Bewertung und Erwartung der Erreichbarkeit von Verstärkern**

Aufgrund der Betonung der subjektiven Bewertung und der Erwartung hinsichtlich der Erreichbarkeit von Verstärkern stand Rotters Position im Gegensatz zum radikalen Behaviorismus (z. B. vertreten durch Skinner), in dem die Ansicht vertreten wurde, dass Verhalten allein durch die Konsequenzen reguliert werden kann.

**Beispiel**

Ein Student sitzt vor seinen Büchern, um sich auf eine Prüfung vorzubereiten. Ein Freund ruft an und fragt, ob der Student ins Kino mitkommen möchte. Ob sich der Student für das Lernen oder für das Kino entscheiden wird, hängt nach dem Erwartungs-Wert-Ansatz von den jeweiligen Verhaltenspotenzialen ab. Der Kinobesuch mit dem Freund führt mit sehr großer Wahrscheinlichkeit zu einer Verstärkung (Unterhaltung), die relativ hoch bewertet wird. Das resultierende Verhaltenspotenzial für das Kino ist also groß. Das Lernen macht weniger Spaß und führt nur mit einer gewissen Wahrscheinlichkeit zu einer Verstärkung (gute Note). Dem Studenten sind gute Noten nicht so wichtig; es reicht ihm schon, wenn er die Prüfung besteht. Insgesamt resultiert in dieser Situation ein größeres Verhaltenspotenzial für das Kino als für das Lernen. Darum folgt der Student der Aufforderung des Freundes.

**Erwartungs-Wert-Modell**

Bei Rotters Ansatz handelt es sich um ein sogenanntes *Erwartungs-Wert-Modell*. Die Wahrscheinlichkeit, dass ein bestimmtes Verhalten auftreten wird, ergibt sich demnach aus der Erwartung, dass dem Verhalten eine spezifische Verstärkung folgen wird, und aus dem subjektiven Wert des Verstärkers. Erwartungs-Wert-Modelle wurden von späteren Forschern vielfach aufgegriffen, modifiziert und erweitert. Sie sind in der Psychologie bis heute sehr bedeutsam für die Erklärung von menschlichem Verhalten.

### 6.1.2 Kontrollüberzeugungen

**Kontrollüberzeugungen beeinflussen die Lernmotivation**

Bei den Kontrollüberzeugungen handelt es sich um eine bestimmte Dimension generalisierter Erwartungen, mit denen sich Rotter (1966) intensiv beschäftigte. Kontrollüberzeugungen sind für das soziale Lernen von großer Bedeutung, da sie die Erwartung der Erreichbarkeit von Lernergebnissen und damit die Motivation zum Lernen sehr stark beeinflussen können.

**Internale und externale Kontrollüberzeugungen**

*Arten von Kontrollüberzeugungen.* Erwartungen können danach unterteilt werden, ob jemand die Kontrolle über zukünftige Ereignisse innerhalb oder außerhalb der eigenen Person wahrnimmt. Werden eigene Kontrollmöglichkeiten gesehen, spricht man von *internaler Kontrollüberzeugung*; wird die Kontrolle über Ereignisse Faktoren außerhalb der eigenen Person zugeschrieben, wird dies als *externale Kontrollüberzeugung* bezeichnet (Rotter, 1966). Menschen mit einer internalen Kontrollüberzeugung glauben, dass sie durch eigenes Handeln auf ihre Umwelt Einfluss nehmen können, während sich Menschen mit externaler Kontrollüberzeugung den Ereignissen ausgeliefert fühlen. Bei der externalen Kontrollüberzeugung wird noch einmal danach unterschieden, ob die Person die Kontrolle über Ereignisse mächtigen anderen Personen zuschreibt *(external-personenbezogene Kontrollüberzeugung)* oder dem Zufall oder Schicksal *(external-fatalistische Kontrollüberzeugung)*.

**Beispiel**

Wenn ein Schüler überzeugt ist, dass er durch Lernen eine gute Note in einer Prüfung erzielen kann, so lokalisiert er die Kontrolle über das Ereignis „Benotung" innerhalb seiner eigenen Person. Er verfügt demnach über eine internale Kontrollüberzeugung. Ein Mitschüler hingegen, der glaubt, die Benotung hänge von der Sympathie der Lehrkraft ab, lokalisiert die Kontrolle external und personenbezogen. Ein dritter Mitschüler hingegen geht davon aus, dass diese Noten ganz zufällig zustande kommen. Er weist eine external-fatalistische Kontrollüberzeugung auf.

**Auswirkungen unterschiedlicher Kontrollüberzeugungen auf die Lernmotivation**

*Wirkung von Kontrollüberzeugungen.* Die drei Formen von Kontrollüberzeugungen beeinflussen die Lernmotivation und das Lernverhalten einer Person. Ein Mensch, der davon überzeugt ist, durch sein eigenes Handeln etwas verändern und Dinge erreichen zu können (internale Kontrollüberzeugung), wird sich sehr anstrengen, um ein Problem zu lösen oder etwas Neues zu lernen. Wer dagegen glaubt, dass wichtige Entscheidungen oder Konsequenzen von anderen Personen abhängen (external-personenbezogene Kontrollüberzeugung), wird wenig Energie in die Veränderung seiner eigenen Situation investieren, sondern auf das Wohlwollen der einflussreichen Personen hoffen. Eine Person, die glaubt, dass alle wesentlichen Veränderungen vom Zufall abhängen (external-fatalistische Kontrollüberzeugung), wird von sich aus ebenfalls keine Initiative zum Lernen zeigen und stattdessen passiv die Entwicklung der Dinge abwarten.

**Erläuterung**

Von den drei oben beschriebenen Schülern wird sich lediglich der erste durch gründliches Lernen auf eine Prüfung vorbereiten, da er glaubt, seine Note durch eigenes Handeln beeinflussen zu können. Der Schüler, der sich ganz der Willkür der Lehrkraft ausgeliefert fühlt, wird Lernen ebenso als vergebliche Mühe betrachten wie der Schüler, der zufällige Ereignisse als Ursache der Benotung ansieht.

## 6.2 Der Ansatz von Seligman

Ähnlich wie in der Lerntheorie von Rotter spielt auch im Ansatz von *Martin E.P. Seligman* (*1942) die Wahrnehmung der *Kontrollierbarkeit* von Ereignissen eine wesentliche Rolle. Durch die Entwicklung des Konzepts der *erlernten Hilflosigkeit* und die Berücksichtigung der Bedeutung von *Kausal-*

*attributionen* leistete Seligman wesentliche Beiträge zur Lernforschung. Neben der Kontrollierbarkeit beschäftigte sich Seligman mit der *Vorhersagbarkeit* von Ereignissen und Verhalten und trug damit zum Verständnis der Entwicklung psychischer Störungen bei.

### 6.2.1 Kontrollierbarkeit und erlernte Hilflosigkeit

*Kontrollierbarkeit.* Nach Seligman (2016) kann Kontrollierbarkeit *objektiv* gegeben sein oder *subjektiv* wahrgenommen werden. Beide Formen müssen nicht übereinstimmen: Eine Person kann einerseits objektiv Kontrollmöglichkeiten über die Umweltbedingungen besitzen, ohne dies zu realisieren. Zum Beispiel könnte eine Frau das gespannte Verhältnis zu ihren Eltern vielleicht durch ein klärendes Gespräch verbessern; sie hält dies jedoch für aussichtslos und versucht es nicht einmal. Auf der anderen Seite glauben Menschen manchmal, die Kontrolle über Ereignisse zu besitzen, obwohl sie objektiv keinen Einfluss auf das Geschehen ausüben können. Beispielsweise kann ein Rennfahrer glauben, dass er beim Autorennen Erfolg haben wird, wenn er einen kleinen Glücksbringer im Wagen mitnimmt. Diese Beispiele aus dem Alltag zeigen, dass menschliches Verhalten stärker durch subjektive Vorstellungen über die Kontrollierbarkeit von Ereignissen als durch die tatsächlichen Gegebenheiten gesteuert wird.

**Merke**

Für die Steuerung von Verhalten sind die subjektiven Einschätzungen der Kontrollierbarkeit wichtiger als die objektiven Verhältnisse.

Die Auftretenswahrscheinlichkeit von Verhalten wird nach Seligman nicht durch den Erhalt von Verstärkern beeinflusst, sondern durch die Überzeugung einer Person, Kontrolle über den Erhalt der Verstärker zu besitzen. Diese Annahme steht im Gegensatz zum Postulat des klassischen Behaviorismus, dass Verstärker die Auftretenshäufigkeit von Verhalten bestimmen.

*Erlernte Hilflosigkeit.* Nach wiederholten Erfahrungen der Unkontrollierbarkeit – etwa wenn Probleme nicht gelöst werden können oder eigene Bemühungen nicht zum Ziel führen – erlebt man sich selbst als macht- und hilflos. Bei unkontrollierbaren Ereignissen existiert keine Kontingenz zwischen Verhalten und Konsequenzen, das heißt, man hat keinen Einfluss auf das Eintreten oder Ausbleiben der Ereignisse. Personen entwickeln durch wiederholte Erfahrungen mit solchen Situationen Anzeichen von Resignation, Passivität und Initiativlosigkeit. Dieser psychische Zustand wird

**Unkontrollierbarkeit**

als *erlernte Hilflosigkeit* bezeichnet. Seligman untersuchte das Konzept der erlernten Hilflosigkeit zunächst an Hunden. In späteren Studien, in denen laute Geräusche als aversive Reize verwendet wurden, bestätigten sich diese Ergebnisse auch bei Menschen (Miller & Norman, 1979).

**Erlernte Hilflosigkeit**

**Definition**

Mit dem Begriff der *erlernten Hilflosigkeit* bezeichnet man einen psychischen Zustand, der durch wiederholte Erfahrungen mit unkontrollierbaren Situationen entsteht und sich in motivationalen, emotionalen und kognitiven Defiziten äußert.

Im Zustand erlernter Hilflosigkeit sind Menschen weniger motiviert, etwas an ihrer Situation zu verändern *(motivationales Defizit)*, der Affekt ist negativ oder verflacht *(emotionales Defizit)* und Möglichkeiten zur Veränderung der Situation werden weniger wahrgenommen bzw. entwickelt *(kognitives Defizit)*. Diese Merkmale der erlernten Hilflosigkeit ähneln stark den Symptomen der Depression. Seligman (2016) nimmt daher an, dass Unkontrollierbarkeitserfahrungen beim Menschen die Entwicklung depressiver Störungen begünstigen. Für die Therapie der Depression folgt daraus, dass betroffene Personen lernen müssen, wie sie selbst die Kontrolle über wichtige Konsequenzen erlangen können.

**Depression**

## 6.2.2 Die Bedeutung von Kausalattributionen

**Kausalattributionen**

*Kausalattributionen.* Die subjektive Einschätzung der Kontrollierbarkeit ist nicht nur für die Vorhersage von Konsequenzen (z.B. Erwartung, eine Situation beeinflussen zu können), sondern auch für die Erklärung vergangener Ereignisse wichtig. Beispielsweise kann ein Misserfolg im Nachhinein durch ungünstige äußere Umstände (geringe Kontrollierbarkeit) oder durch mangelhafte Planung (hohe Kontrollierbarkeit) erklärt werden. Diese Form der subjektiven Zuschreibung von Ursachen wird als *Kausalattribution* bezeichnet (vgl. Kap. 2.3).

**Definition**

*Kausalattributionen* sind subjektive Erklärungen für die Ursachen von Ereignissen.

Der Vorteil von Kausalattributionen besteht darin, dass mit ihrer Hilfe die Gesamtmenge möglicher Erklärungen für einen Sachverhalt auf eine überschaubare Anzahl reduziert werden kann. Allerdings ist mit ihnen auch der Nachteil verbunden, dass unter Umständen falsche Erklärungen aufrechterhalten werden und das Verhalten ungünstig beeinflussen. Seligman und Kollegen integrierten das Konzept der Kausalattributionen in die Theorie der erlernten Hilflosigkeit und erweiterten damit ihren Anwendungsbereich.

**Beispiel**

Ein alleinstehender junger Mann ist mit seiner Situation unzufrieden und würde gerne eine Partnerin finden. Er glaubt jedoch, nicht attraktiv genug zu sein, um einer Frau zu gefallen. Seine Erklärung für vergangene Ereignisse lautet also: „Ich habe bisher keine Partnerin gefunden, weil ich auf Frauen nicht attraktiv wirke." Diese Attribution auf eine kaum beeinflussbare Eigenschaft führt zu einem Gefühl der Hilflosigkeit. Da der Mann überzeugt ist, die vermeintlichen Voraussetzungen nicht zu erfüllen, probiert er auch keine Handlungen aus, die an seiner Lage etwas ändern könnten (z.B. sich mit einer Kollegin verabreden; in einer Zeitung inserieren). Folglich erfährt der Mann auch nicht, dass er eigentlich attraktiv genug ist, um eine Partnerin zu gewinnen.

*Dimensionen.* Kausalattributionen lassen sich – abgesehen von dem wichtigen Aspekt der Kontrollierbarkeit – nach verschiedenen weiteren Dimensionen ordnen. Weiner (1986, 2009) unterschied die Dimensionen:

**Dimensionen von Kausalattributionen: Lokation, Kontrolle, Stabilität**

- *Lokation* (Ursachen werden als innerhalb oder außerhalb der Person liegend wahrgenommen),
- *Kontrolle* (Ursachen werden als kontrollierbar oder unkontrollierbar wahrgenommen) und
- *Stabilität* (Ursachen werden als stabil oder variabel) wahrgenommen.

**Beispiel**

Ein Schüler mit einer guten Note in der Klassenarbeit kann beispielsweise glauben, dass die Ursachen dafür in seiner eigenen Tüchtigkeit liegen (innerhalb der eigenen Person) oder dass die Note äußere Ursachen hatte. Er kann weiterhin annehmen, dass er das Ergebnis selbst beeinflussen konnte (z.B. durch fleißiges Lernen) oder dass er keinen Einfluss darauf hatte, zum Beispiel weil zufällige Umstände die gute Note bewirkt haben. Schließlich kann der Schüler die Ursache für stabil halten (z.B. wenn er seine eigene Begabung für die Ursache hält) oder für variabel (z.B. wenn er glaubt, dass die eigene Anstrengung zum Erfolg geführt hat; vgl. Tab. 12).

**Tabelle 12:** Dimensionen der Attribution nach Weiner (1986, 2009). Beispiel: Mögliche Erklärungen für eine gute Note in Englisch

| | Kontrollierbar | | Unkontrollierbar | |
|---|---|---|---|---|
| | Stabil | Variabel | Stabil | Variabel |
| Internal | S. hat sich immer angestrengt | S. hat sich ausnahmsweise angestrengt | Intelligenz/Sprachbegabung | Gesundheit/gute Tagesform |
| External | S. hat dauerhaft Sympathie der Lehrkraft gewonnen | S. hat die Lehrkraft zeitweise in gute Laune versetzt | Leichtigkeit der Aufgaben | Zufall/die Lehrkraft hat sich geirrt |

*Anmerkungen*: S = Schüler

Abramson, Seligman und Teasdale (1978) verwendeten darüber hinaus die Dimension der *Spezifität*, welche sich darauf bezieht, ob Ursachen eher als spezifisch oder global angesehen werden. Ein Schüler, der eine gute Note in Englisch intern und stabil auf seine eigene „Begabung" attribuiert hat, kann beispielsweise denken, dass ihm Fremdsprachen besonders liegen (*spezifische* Ursache) oder dass er insgesamt überdurchschnittlich intelligent ist (*globale* Ursache).

**Spezifische und globale Ursachen**

## 6.2.3 Einfluss der Kontrollierbarkeit und der Kausalattributionen auf das Lernen

Für die Lernpsychologie sind die Konzepte der Kontrollierbarkeit, der Kausalattributionen und der erlernten Hilflosigkeit von großer Bedeutung. Diese generalisierten Erklärungstendenzen und Erwartungen sind nicht angeboren, sondern werden im Verlauf der Sozialisation gelernt. Sie sind *Gegenstand und Resultat des sozialen Lernens.* Nach Perrez (1989) können Kontrollüberzeugungen und Kausalattributionen auf vier Wegen erworben werden:

**Erwerb von Kontrollüberzeugungen und Kausalattributionen**

- ab dem Säuglingsalter durch Erfahrungen mit der Umwelt (z. B. Erfolge und Misserfolge bei der Manipulation von Gegenständen),
- durch die Beobachtung und das Lernen aus den Erfahrungen anderer (z. B. von Spielkameraden),
- durch symbolische Vermittlung in Geschichten, Filmen, Märchen und

- durch die Annahmen und Erklärungen dritter Personen (z. B. Zuschreibungen von Eltern oder Lehrkräften).

**Kontrollüberzeugungen und Kausalattributionen als Einflussfaktoren des Lernens**

Einmal entstanden und gefestigt, beeinflussen Kontrollüberzeugungen und Kausalattributionen zukünftige Lernprozesse. Sie werden zu *Einflussfaktoren des Lernens*. Verstärker sind nach der Auffassung der sozialen Lerntheoretiker nur dann wirksam, wenn ihre Erreichbarkeit subjektiv als kontrollierbar angesehen wird. Unkontrollierbarkeit, Hilflosigkeit und ungünstige Attributionen hemmen zukünftige Lernprozesse, während sich internale Kontrollüberzeugungen und günstige Attributionen positiv auswirken können. Sowohl bei Erfolgen wie auch bei Misserfolgen beeinflussen internal-variable Attributionsmuster zukünftiges Lernen günstig, weil eigene Bemühungen als Ursache der erzielten Leistung angesehen werden und sich die Erwartung bildet, dass zukünftige eigene Anstrengungen ebenfalls zum Erfolg führen werden. Internal-stabile und externale Attributionsmuster wirken sich dagegen neutral bis ungünstig auf die zukünftige Lernmotivation aus, weil eigene aktive Bemühungen nicht als bedeutsam für das Lernergebnis angesehen werden (vgl. Tab. 13). Insbesondere stabile Attributionsmuster bei Misserfolgen („mangelnde Begabung“, „Pechvogel“) hemmen zukünftige Lernanstrengungen, da der Lernende glaubt, an seiner unzureichenden Leistung niemals etwas ändern zu können (Ziegler & Schober, 2001).

**Günstige und ungünstige Attributionsmuster**

**Tabelle 13:** Attributionsmuster bei Erfolg und Misserfolg und ihre Auswirkungen auf zukünftige Lernanstrengungen

| | Attributionsmuster | Beispiel für Erklärungen | Wirkung auf die Lernmotivation |
|---|---|---|---|
| Erfolg | internal, variabel | eigene Anstrengung | positiv |
| | internal, stabil | Begabung | neutral bis negativ |
| | external, stabil | „Glückspilz“ | neutral bis negativ |
| | external, variabel | einmaliger Zufall | neutral |
| Misserfolg | internal, variabel | mangelnde Anstrengung | positiv |
| | internal, stabil | mangelnde Begabung | negativ |
| | external, stabil | „Pechvogel“ | negativ |
| | external, variabel | einmaliger Zufall | neutral |

*Praktische Bedeutung.* Durch gezielte Rückmeldungen über die Ursachen von Leistungsergebnissen (z. B. durch die Lehrkräfte) können die Attributionen der Lernenden und damit auch die Lernmotivation beeinflusst werden. Bei Erfolgen sollten daher vor allem internal-variable und bei Misserfolgen internale oder externale variable Rückmeldungen gegeben werden, um günstige Attributionsmuster aufzubauen und der Entwicklung von erlernter Hilflosigkeit vorzubeugen (Ziegler & Schober, 2001). Ein Lernender im Zustand der erlernten Hilflosigkeit ist nicht nur weniger motiviert, sich anzustrengen, sondern durch die damit einhergehenden kognitiven Defizite tatsächlich weniger gut dazu in der Lage. Folglich bleiben Lernerfolge aus, und das Hilflosigkeitserleben verstärkt sich. Aus diesem negativen Teufelskreis können sich Menschen alleine nur sehr schwer befreien.

**Beeinflussung von Attributionsmustern**

**Teufelskreis der erlernten Hilflosigkeit**

In der Psychotherapie ergibt sich die Notwendigkeit klar formulierter Verhaltensregeln und Verhaltensverträge (Petermann & Petermann, 2015b), um den negativen Teufelskreis zu verändern. Ebenso werden Methoden wie Reattributionstrainings, Modelllernen, Selbstinstruktionen und Verstärkung eingesetzt, um Hilflosigkeitserfahrungen zu beeinflussen und um Wirksamkeitsüberzeugungen und günstige Attributionsmuster aufzubauen (Petermann & Petermann, 2015a; Ziegler & Schober, 2001).

## 6.2.4 Vorhersagbarkeit

Seligman (2016) konzipierte analog zur Kontrollierbarkeit das Konzept der *Vorhersagbarkeit*. Vorhersagbarkeit bezieht sich nicht auf die Beeinflussung von Konsequenzen, sondern auf die Möglichkeit, zukünftige Ereignisse sicher vorherzusagen – unabhängig davon, ob diese Ereignisse kontrollierbar oder unkontrollierbar sind. Bei Vorhersagbarkeit und Unvorhersagbarkeit handelt es sich nicht um einander ausschließende Eigenschaften, sondern um zwei Pole eines Kontinuums; ein Ereignis kann also mehr oder weniger vorhersagbar sein.

**Das Konzept der Vorhersagbarkeit**

Aus der Perspektive der Lernpsychologie ist der Aspekt der Vorhersagbarkeit wichtig, weil Menschen danach streben, zukünftige Situationen vorherzusagen (Seligman, 2016). Die Vorhersage zukünftiger Ereignisse gestattet es, sich auf das Eintreten dieser Ereignisse vorzubereiten und sich zu anderen Zeitpunkten zu entspannen. Auch wenn das Geschehen selbst nicht beeinflusst werden kann, entsteht auf diese Weise ein Gefühl der Kontrolle über die Konsequenzen des Ereignisses. Insofern besteht zwischen Vorhersagbarkeit und Kontrollierbarkeit ein Zusammenhang.

**Vorhersagbarkeit und Kontrollierbarkeit**

Das Bedürfnis nach Vorhersagbarkeit bezieht sich insbesondere auf unangenehme Situationen (z. B. Klassenarbeit; Operation). Wenn Menschen die

Unvorhersagbarkeit führt zu Angst

Erfahrung machen, dass unangenehme Situationen ohne Vorwarnung eintreten können, so führt dies zu einem ständigen Zustand der Anspannung und Angst. Die Person kann nicht erkennen, ob und wann die gefürchtete Situation eintreten wird, und kann sich demzufolge weder vorbereiten noch entspannen. Die Entwicklung von Angststörungen kann die Folge sein (Seligman, 2016).

Bedeutung von Sicherheitssignalen

Menschen suchen daher aktiv nach Signalen, die ihnen Hinweise darauf geben, ob ein unangenehmes Ereignis bevorsteht oder nicht *(Sicherheitssignale)*. Das Erlernen von Sicherheitssignalen ermöglicht ein Gefühl von Geschütztsein und Orientierung. Ein alltägliches Sicherheitssignal bildet das grüne Licht einer Ampel, die ein gefahrloses Überqueren der Straße signalisiert. Auch die Ankündigung der Lehrkraft, dass die Klassenarbeit an einem bestimmten Tag geschrieben wird, ist ein zuverlässiges Sicherheitssignal: Die Schüler und Schülerinnen werden an dem angekündigten Tag zwar aufgeregt sein, an allen anderen Tagen aber können sie entspannt zur Schule gehen. Gerade in sozialen Kontexten sind Sicherheitssignale von großer Bedeutung, um das Verhalten anderer Menschen vorhersagen zu können und sich auf sie verlassen zu können.

**Beispiel**

Die Eltern eines 4-jährigen Mädchens möchten einen Abend im Theater verbringen und haben deshalb die Nachbarin als Babysitter engagiert. In der Hoffnung, ihrem Kind (und sich selbst) einen tränenreichen Abschied ersparen zu können, verlassen sie das Haus erst, als ihre Tochter schläft und ohne sie über ihre Abwesenheit informiert zu haben. Nach einer Stunde erwacht das Mädchen zufällig und geht ins Wohnzimmer, wo es nicht wie erwartet die Eltern, sondern nur die Nachbarin vorfindet. Das Kind reagiert mit Erschrecken und Weinen und lässt sich kaum beruhigen. In den folgenden Wochen weigert sich das Mädchen zur Verwunderung seiner Eltern, ins Bett zu gehen, sodass es häufig Streit gibt. Ist das Mädchen erst im Bett, kann es lange nicht einschlafen. Es schreckt häufig aus dem Schlaf auf und kommt mitten in der Nacht ins Schlafzimmer der Eltern, um zu kontrollieren, ob sie anwesend sind. Erst als die Eltern mit ihrer Tochter eine klare Regelung treffen und ihr genau ankündigen, an welchen Abenden sie zu Hause sein und wann sie ausgehen werden, bessern sich diese Probleme allmählich. Dem Mädchen fällt es zwar immer noch schwer einzuschlafen, wenn die Eltern ausgehen, aber an den anderen Abenden schläft sie nun wieder gut.

Das Beispiel des Mädchens zeigt, dass Sicherheitssignale notwendig sind, um das Verhalten anderer Menschen vorhersagen und sich auf sie verlassen zu können. Klare Absprachen und explizite Vereinbarungen stellen wirksame soziale Sicherheitssignale dar, an denen Menschen ihr Verhalten orientieren können. Sicherheitssignale wirken jedoch nur, wenn sie Ereignisse zuverlässig anzeigen. Insbesondere im Umgang mit Kindern ist es daher ausgesprochen wichtig, dass Absprachen und Ankündigungen konsequent eingehalten werden.

**Absprachen als soziale Sicherheitssignale**

## 6.3 Banduras Theorie des sozial-kognitiven Lernens

*Albert Bandura* (*1925) nahm an, dass menschliches Verhalten auf drei verschiedene Arten gelernt werden kann:

**Drei Arten des Lernens**

- durch direkte Erfahrungen (klassische und operante Konditionierung),
- durch symbolische Erfahrungen (Lernen durch Instruktion) und
- durch stellvertretende Erfahrungen (Lernen durch Beobachtung).

Unter Berücksichtigung aller drei Faktoren konzipierte Bandura (1979) eine integrierte Theorie des sozialen Lernens. Darin wurde insbesondere die Rolle des Lernens durch Beobachtung hervorgehoben. Bandura nahm an, dass der größte Teil des sozialen Lernens beim Menschen durch Beobachtung und Imitation erfolgt.

**Lernen durch Beobachtung im Zentrum**

**Erläuterung: Bedeutung des frühkindlichen Lernens aus Beobachten und Nachahmen**

Das Lernen durch Beobachten und Nachahmen gehört zu den frühesten Lernleistungen von Säuglingen und Kleinkindern. Meltzoff und Moore (1989) zufolge können bereits Neugeborene einfache mimische Gesichtsausdrücke Erwachsener (z. B. O-förmiger Mund, Herausstrecken der Zunge) nachahmen; sechs Wochen alte Säuglinge zeigen dieses Verhalten auch mit einer zeitlichen Verzögerung (sogenannte *verzögerte Imitation)* von einem Tag. Wenngleich die Fähigkeit neugeborener Kinder zum Nachahmen von anderen Forschern infrage gestellt wurde (Oostenbroek, Slaughter, Nielsen & Suddendorf, 2013), wird die Neugeborenimitation in der Entwicklungspsychologie allgemein als eine Vorstufe des Beobachtungslernens verstanden, aus der sich später komplexere Formen des sozial-kognitiven Lernens entwickeln (Meltzoff & Moore, 1999). Jenseits der Neugeborenenzeit gilt das Lernen durch Beobachten und Nachnahmen als ein effizienter Lernmechanismus, über den Kleinkinder umfangreiches Wissen und neue Fertigkeiten im Umgang mit ihrer physikalischen und sozialen Umwelt aneignen können (Damm, Petermann & Petermann, 2011). Die Untersuchung der Imitation älterer Säuglinge stellt eine allgemein anerkannte Methode dar, um explizite Gedächtnisleistungen im Säuglingsalter zu erforschen (Knopf, Goertz & Kolling, 2011). So kann aus Studien zu verzögerten Nachahmungsleistungen geschlossen werden, wie lange Säuglinge gelernte Informationen speichern können.

Bandura erweiterte seine Theorie später um das Konzept der Selbstwirksamkeit (vgl. Kap. 6.4).

### 6.3.1 Grundannahmen und Grundbegriffe

Ähnlich wie Rotter nahm Bandura (1969, 1979) an, dass soziale Situationen für menschliches Lernen eine zentrale Rolle spielen. Weiterhin beruht Banduras Theorie im Prinzip ebenso wie Rotters Ansatz auf einem Erwartungs-Wert-Modell. Die Besonderheiten bestehen darin, dass nach Bandura (1979):

**Besonderheiten bei Banduras Theorie**

- Verhalten allein durch die Beobachtung von *Modellen* gelernt werden kann,
- zwischen *Verhaltensrepertoire* und *Verhaltensperformanz* unterschieden wird (vgl. Kasten 7),
- der *Motivation* eine entscheidende Rolle eingeräumt wird,
- neben äußeren Verstärkern die Möglichkeit der *antizipierten Selbstbekräftigung* berücksichtigt wird und
- zusätzlich zur *Erfolgserwartung* (diese entspricht der Ergebniserwartung aus Rotters Erwartungs-Wert-Modell) die *Wirksamkeitserwartung* einbezogen wird (vgl. Kasten 7).

**Kasten 7:** Zentrale Begriffe von Bandura (1979)

**Begriffe aus der sozial-kognitiven Lerntheorie von Bandura**

- *Modelle:* Bandura zufolge können neue Verhaltensweisen allein durch die Beobachtung eines Modells gelernt werden, das ein bestimmtes Verhalten ausführt. Unter einem Modell versteht man jede nur mögliche Darstellung eines Verhaltensmusters. Dies bedeutet, dass nicht nur andere Menschen *(reale Modelle)*, sondern auch Figuren aus Märchen und Geschichten, Zeichentrickfiguren oder Tiere, abstrakte Verhaltensanweisungen, Richtlinien, Gesetze oder Kochrezepte Modelle darstellen können *(symbolische Modelle)*. Durch Modelllernen wird das Verhaltensrepertoire erweitert. Kompliziertere motorische Fertigkeiten (z. B. handwerkliche Tätigkeiten) benötigen zum Erwerb zusätzlich Rückmeldungen über den Erfolg. Ob das gelernte Verhalten auch gezeigt wird, hängt jedoch von weiteren Faktoren ab.

- *Verhaltensrepertoire:* Das Verhaltensrepertoire umfasst alle Verhaltensweisen, über die eine Person prinzipiell verfügt, und zwar unabhängig davon, wie häufig oder in welcher Situation dieses Verhalten tatsächlich gezeigt wird. Es handelt sich um die Gesamtheit der motorischen Fertigkeiten und potenziellen Reaktionsweisen eines Lebewesens. Das Verhaltensrepertoire ist nicht direkt beobachtbar, sondern kann nur anhand der gezeigten Verhaltensweisen erschlossen werden.
- *Verhaltensperformanz:* Unter Verhaltensperformanz versteht man das Verhalten, das tatsächlich ausgeführt wird und beobachtet werden kann. Die Verhaltensperformanz hängt einerseits vom Verhaltensrepertoire, andererseits von der Motivation ab.
- *Motivation:* Bandura zufolge reicht die Speicherung eines Verhaltens im Verhaltensrepertoire einer Person allein nicht aus, damit das Verhalten auch gezeigt wird. Eine Person muss motiviert sein, ein Verhalten auszuführen; das heißt, es muss ein Beweggrund zum Handeln vorliegen. Die Motivation wird von der Erwartung bestimmt, durch das Verhalten eine Belohnung zu bekommen. Diese Erwartungen werden durch Erfahrungen gelernt.
- *Antizipierte Selbstbekräftigung:* Bei Menschen spielen nicht nur externale Verstärker eine Rolle, sondern auch Selbstverstärkung und -bestrafung sind möglich. Neben materiellen Verstärkern (man gönnt sich zum Beispiel ein gutes Essen oder einen Kinobesuch – oder man zwingt sich zum Verzicht) kann auch Selbstbekräftigung erfolgen (z. B. Lob oder Selbstkritik).
- *Erfolgserwartung:* Die Erfolgserwartung besteht in der Erwartung, dass ein konkretes Verhalten zu einer bestimmten erwünschten Konsequenz führen wird. Ihre Höhe ist abhängig von der Stärke des Zusammenhangs zwischen Verhalten und Ergebnis (Kontingenz). Sie wird gemeinsam mit dem neuen Verhalten gelernt.
- *Wirksamkeitserwartung:* Wirksamkeitserwartungen beziehen sich auf die Erwartung einer Person, ein Verhalten erfolgreich durchführen zu können. Diese Erwartungen werden einerseits durch die Kompetenzen bestimmt, die sich eine Person selbst zuschreibt, andererseits durch die subjektiven Erklärungen für Erfolge und Misserfolge in der Vergangenheit. Der Aspekt der Wirksamkeitserwartung weist eine inhaltliche Nähe zu Seligmans und Weiners Attributionskonzepten auf.

## 6.3.2 Beobachtungslernen und stellvertretende Verstärkung

Die Vorstellung, dass Lebewesen allein durch Beobachtung neues Verhalten lernen können, scheint der Auffassung des Behaviorismus zu widersprechen. Behavioristischen Prinzipien zufolge muss Verhalten verstärkt werden, damit es erworben wird bzw. damit sich seine Auftretenswahrscheinlichkeit erhöht. Bandura (1971) ging davon aus, dass diese Erklärung menschlichen Verhaltens zwar richtig, aber unvollständig ist und durch kognitive Konzepte ergänzt werden muss. Durch das Konzept der *stellvertretenden Verstärkung* können Lernen durch operantes Konditionieren und Lernen durch Beobachtung gut miteinander vereinbart werden. Bandura und Kollegen belegten dies in einem bekannten Experiment (vgl. Kasten 8).

**Stellvertretende Verstärkung**

**Definition**

*Stellvertretende Verstärkung* bedeutet, dass die Verstärkung eines Modells einen Beobachter zur Nachahmung des Verhaltens motiviert.

**Kasten 8:** Das Bobo-Doll-Experiment zum Erwerb aggressiven Verhaltens (Bandura, Ross & Ross, 1963)

**Das Bobo-Doll-Experiment**

1. Zwei Gruppen von Kindern wurde ein Videofilm gezeigt, in dem ein erwachsenes Modell eine große Clownspuppe („Bobo-Doll") aggressiv behandelte, sie schlug und anschrie. In der einen Bedingung wurde der Erwachsene anschließend für sein Verhalten gelobt (verstärkt), in der anderen ausgescholten (bestraft).
2. Anschließend durften die Kinder in einem Spielzimmer mit der Puppe aus dem Film spielen, wobei die Häufigkeit ihrer aggressiven Verhaltensweisen der Puppe gegenüber gezählt wurde. Die Kinder aus der „Verstärkungsbedingung" zeigten in diesem Zeitraum signifikant häufiger aggressives Verhalten als die Kinder der „Bestrafungsgruppe".
3. Im nächsten Schritt stellte der Versuchsleiter allen Kindern eine Belohnung für jede aggressive Verhaltensweise in Aussicht, die ihnen einfiel. Nun demonstrierten die Kinder beider Gruppen gleichermaßen aggressives Verhalten gegenüber der Puppe und beide Gruppen imitierten Verhaltensweisen aus dem Film.

Aus diesem einflussreichen Experiment lassen sich mehrere Schlüsse ziehen:

Folgerungen aus dem Bobo-Doll-Experiment

- Kinder können neue Verhaltensweisen auch allein durch die *Beobachtung* eines Modells erlernen.
- Das Modell muss nicht körperlich anwesend sein; eine *filmische Darstellung* ist ausreichend.
- Eine Verstärkung des Modells ist nicht notwendig, damit das Verhalten *gelernt* wird. Die Konsequenzen des Modellverhaltens bestimmen jedoch, ob das gelernte Verhalten auch *ausgeführt* wird.
- Das gelernte Verhalten muss nicht sofort im Anschluss an die Lernphase gezeigt werden. Eine *zeitliche Verzögerung* zwischen Lernen und Ausführung des Verhaltens ist möglich.
- Die Ausführung des gelernten Verhaltens kann durch die Gabe von *Belohnungen* hervorgerufen werden.

Folgt man dieser Auffassung von Beobachtungslernen, so hängt nicht der Lernprozess selbst, wohl aber die Ausführung des Gelernten von der Verstärkung ab, die erwartungsgemäß mit der Imitation des Verhaltens verbunden ist. Damit lässt sich Beobachtungslernen durchaus in den Rahmen des operanten Konditionierens einordnen, wobei jedoch kognitive Variablen (Erwartungen) mit einbezogen werden müssen.

### 6.3.3 Voraussetzungen und Ablauf des Beobachtungslernens

Phasen und Prozesse des Beobachtungslernens

Nach Bandura (1979) vollzieht sich sozial-kognitives Lernen auf der Basis von Beobachtungen in zwei Phasen (Aneignungsphase und Ausführungsphase) mit vier aufeinander aufbauenden Prozessen. Dazu gehören die Zuwendung von Aufmerksamkeit, die Einspeicherung der Beobachtungen ins Gedächtnis, das Einüben des neuen Verhaltens und die Motivierung, vor allem durch Verstärkungsprozesse. Die Prozesse der Aufmerksamkeitszuwendung und Einspeicherung ins Gedächtnis bilden die Aneignungsphase; Einübungs- und Motivierungsprozesse bilden gemeinsam die Ausführungsphase des Lernens (vgl. Abb. 10).

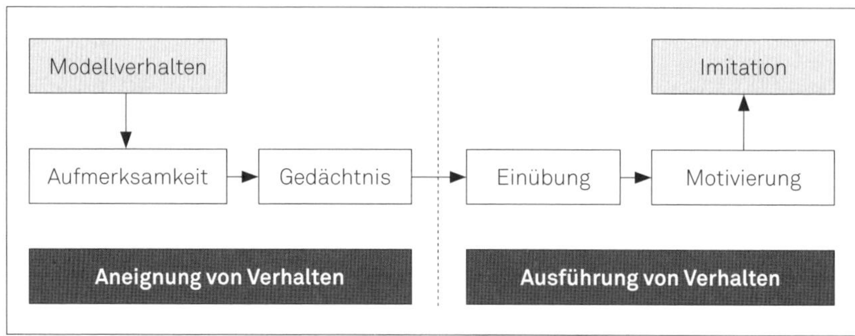


**Abbildung 10:** Phasen und Prozesse des sozial-kognitiven Lernens nach Bandura (1979)

Jeder der vier Prozesse beruht auf bestimmten Voraussetzungen. Diese sollen im Weiteren näher erläutert und schrittweise anhand eines Beispiels aus der Praxis veranschaulicht werden.

**Beispiel**

Mithilfe einer Videoserie soll den Schülern und Schülerinnen einer 10. Klasse der Realschule vermittelt werden, welche Fragen bei der Berufswahl berücksichtigt werden müssen, auf welche Weise man sich über verschiedene Berufsfelder informieren kann und was bei der Bewerbung um einen Ausbildungsplatz zu berücksichtigen ist. Die Schüler und Schülerinnen sollen außerdem lernen, Initiative zu entwickeln, verschiedene Informationsquellen zu nutzen, ein rationales und realitätsangemessenes Entscheidungsverhalten zu entwickeln und Verantwortung für ihre Entscheidungen zu übernehmen.

**Aufmerksamkeit**

*Zuwendung von Aufmerksamkeit.* Sozial-kognitives Lernen kann nur dann stattfinden, wenn man dem Geschehen ein Minimum an Aufmerksamkeit widmet. In diesem Zusammenhang sind Merkmale des Modells von besonders großer Bedeutung (Bandura, 1979). Reale oder symbolische Modelle eignen sich gleichermaßen. Bandura unterscheidet *Kompetenzmodelle*, die die bestmögliche Lösung oder perfektes Verhalten in einer Situation zeigen, von *Bewältigungsmodellen*. Ein Bewältigungsmodell verfügt zu Beginn noch nicht über die „richtige“ Lösung. Stattdessen führt es verschiedene Versuche der Problembewältigung vor und erlaubt dem Beobachter, den schrittweisen Prozess bis zur Lösung oder zur korrekten Ausführung des Verhaltens nachzuvollziehen. Diese Modelle sind häufig wirksamer als Kompetenzmodelle. Um die Aufmerksamkeit eines Beobachters zu gewinnen, sollte ein Modell folgende Voraussetzungen erfüllen (vgl. Kasten 9).

**Kompetenz- und Bewältigungsmodelle**

**Kasten 9:** Voraussetzungen für die Wirksamkeit des Modells beim Lernen durch Beobachtung

Voraussetzungen beim Modelllernen

**Voraussetzungen für ein erfolgreiches Modelllernen**

- *Ähnlichkeit:* Das Modell darf sich in seinen Eigenschaften und Fähigkeiten nicht zu stark vom Beobachter unterscheiden.
- *Sozialer Status:* Der soziale Status des Modells sollte nicht niedriger sein als der des Beobachters, er sollte aber auch nicht zu hoch sein.
- *Emotionale Beziehung:* Positive Beziehungen zwischen Beobachter und Modell fördern das Lernen durch Beobachtung.
- *Persönliche Betroffenheit:* Das Modell muss persönliche Betroffenheit auslösen und dadurch zur Nachahmung anregen.
- *Glaubhaftigkeit:* Das Modell muss glaubhaft und überzeugend wirken.
- *Differenziertes Verhalten:* Das Modell muss das Verhalten differenziert demonstrieren, sodass der Beobachter die Abläufe in allen Einzelheiten erfassen kann.
- *Bewältigungsmodell*: Das Modell darf sich nicht zu perfekt verhalten.

**Beispiel**

In den Videofilmen zum Thema Berufswahl treten ein 18-jähriges Mädchen und ein 16-jähriger Junge in sportlicher Kleidung als Modelle auf (Ähnlichkeit; sozialer Status; Aufbau einer emotionalen Beziehung). In der Serie wird gezeigt, wie sich das Mädchen und der Junge durch Gespräche mit Eltern und Lehrkräften, durch Recherche in Bibliotheken und im Internet und durch einen Besuch im Berufsberatungszentrum der Frage der Berufswahl annähern (differenzierte Demonstration von Verhalten). Die Modelle verhalten sich dabei überwiegend kompetent, aber auch kleinere Schwierigkeiten werden dargestellt. Zum Beispiel finden die Jugendlichen im Internet unzählige, teilweise einander widersprechende Informationen zu ihrem Traumberuf und müssen zunächst Strategien entwickeln, um diese Informationen zu sortieren und zu bewerten (Bewältigungsmodelle). Die Modelle sprechen über ihre persönlichen Gedanken und Emotionen im Verlauf der Berufsfindung und Bewerbung, zum Beispiel über ihre Hoffnungen auf beruflichen Erfolg, über ihre Frustration nach der Ablehnung einer Bewerbung und über ihre Gefühle von Stolz, als sie endlich einen Ausbildungsplatz finden (Glaubwürdigkeit, persönliche Betroffenheit).

Neben Merkmalen des Modells bestimmen auch Eigenschaften des Beobachters und der Situation, ob die Aufmerksamkeit des Beobachters geweckt und aufrechterhalten werden kann (vgl. Kasten 10).

**Kasten 10:** Voraussetzungen des Beobachters und der Situation für ein erfolgreiches Modelllernen

Voraussetzungen des Beobachters

### Voraussetzungen des Beobachters

- *Aktivierung:* Es muss ein Minimum an Aktivierung (Wachheit) vorliegen.
- *Wahrnehmung:* Es müssen ausreichende Wahrnehmungs- und Diskriminationsfähigkeiten vorhanden sein.
- *Interesse:* Es muss ein Minimum an Interesse an dem gezeigten Verhalten vorhanden sein.
- *Bedeutsamkeit:* Das gezeigte Verhalten muss für den Beobachter persönlich bedeutsam sein.
- *Einstellung:* Es darf keine ausschließlich negative Einstellung dem gezeigten Verhalten gegenüber vorliegen.
- *Vorerfahrungen:* Frühere Lern- und Verstärkungserfahrungen können den Lernprozess fördern oder beeinträchtigen.

Situative Voraussetzungen

### Voraussetzungen der Situation

- *Klarheit:* Die Situation muss sich durch Klarheit und Eindeutigkeit auszeichnen.
- *Komplexität:* Die Situation darf weder zu einfach noch zu komplex sein.
- *Widerspruchsfreiheit:* Handlungsabläufe müssen widerspruchsfrei sein.
- *Schwierigkeitsgrad:* Das gezeigte Verhalten darf keinen zu hohen Schwierigkeitsgrad aufweisen.
- *Zeitliche Abgrenzung:* Beginn und Ende der Situation müssen eindeutig erkennbar sein.

### Erläuterungen

Beim Einsatz von Videofilmen zur Unterstützung der Berufswahl werden die Voraussetzungen bei den Beobachtern und der Situation berücksichtigt. Die Schüler und Schülerinnen der 10. Klasse stehen kurz vor dem Schulabschluss und sind daher für das Thema Berufswahl sensibilisiert (Interesse, persönliche Bedeutsamkeit). Den richtigen Beruf zu finden, wird allgemein als wichtig und positiv bewertet (Einstellungen). Die Schüler und Schülerinnen sollten nicht durch Aktivitäten wie etwa eine vorangegangene Klassenarbeit erschöpft sein, wenn sie die Filme sehen (Wachheit), und das Geschehen auf dem Bildschirm muss gut sichtbar und hörbar sein (Wahrnehmung). Schüler und Schülerinnen, die bereits positive Erfahrungen mit Videomodellen gemacht haben, werden besonders stark von der Maßnahme profitieren (Vorerfahrungen).

In der Serie wird die Ausgangssituation der beiden Jugendlichen detailliert dargestellt, darunter ihre Ziele, Interessen und Begabungen (Klarheit, Eindeutigkeit). Die Problematik der Berufswahl wird realistisch dargestellt, doch wird zugleich betont, dass diese Aufgabe erfolgreich bewältigt werden kann (Komplexität). Es gibt im Verlauf der Serie keine plötzlichen Wendungen, extreme Zufälle oder andere schlecht nachvollziehbare Geschehnisse (Widerspruchsfreiheit). Die Modelle zeigen überwiegend vertraute Verhaltensweisen wie Fragen, Lesen oder Recherchieren im Internet, die von den Beobachtern ohne Weiteres imitiert werden können (Schwierigkeitsgrad). Die einzelnen Teile der Serie sind in Raum und Zeit klar strukturiert (Erkennbarkeit von Beginn und Ende).

Gedächtnisprozesse

*Speicherung im Gedächtnis.* Nur wenn das gezeigte Verhalten aufmerksam beobachtet worden ist, können im zweiten Schritt Informationsverarbeitungs- und Gedächtnisprozesse einsetzen. Die Informationen müssen symbolisch kodiert und in bestehende kognitive Strukturen integriert werden. Durch Kodierungsvorgänge entstehen verbale und bildhafte mentale Repräsentationen, die eine Speicherung der beobachteten Inhalte ermöglichen. Wiederholungen (in offener oder verdeckter Form) tragen dazu bei, die durch Beobachtung gelernten Verhaltensweisen dauerhaft im Gedächtnis zu speichern.

**Erläuterungen**

Damit sich die bei den Modellen beobachteten Verhaltensweisen und Einstellungen aus dem Bereich „Berufswahl" verfestigen können, wird das Modellverhalten im Verlauf der mehrteiligen Serie in verschiedenen Kontexten und Situationen immer wieder aufgegriffen und variiert (Wiederholung). Die Schüler und Schülerinnen wiederholen die beobachteten Inhalte und Strategien offen, indem sie beispielsweise in der Gruppe über die Filme diskutieren. Verdeckte Wiederholung erfolgt, wenn intensiv über die Inhalte der Serie nachgedacht und mögliche Konsequenzen miteinander verglichen werden.

Einüben

*Einüben des neuen Verhaltens.* Im nächsten Schritt müssen die durch Beobachtung gelernten Verhaltensweisen eingeübt werden. Dies geschieht durch wiederholte motorische Reproduktionen des beobachteten Verhaltens, die jedoch noch keinen Ernstcharakter aufweisen. Ein besonders erfolgreiches Mittel besteht in der Durchführung von gelenkten Rollenspielen, bei denen Situationen, Handlungsabläufe oder Dialoge konkret vorgegeben werden (Petermann & Petermann, 2012, 2015b, 2017). Weitere Voraussetzungen für den Prozess der Einübung sind grundlegende körperliche, emotionale und kognitive Fähigkeiten sowie die Verfügbarkeit von Teilreaktionen (z. B. die Fähigkeit, ein Gespräch zu führen oder einen Brief zu verfassen). Wichtig ist bei diesem Prozess, dass die Lernenden eine differenzierte Rückmeldung über die Richtigkeit ihres Verhaltens erhalten.

**Merke**

Durch Beobachtung gelerntes Verhalten muss mithilfe von praktischen Übungen und Rückmeldungen trainiert werden.

**Beispiel**

Die Schüler und Schülerinnen der 10. Klasse greifen Aspekte der Videoserie zur Berufswahl im Unterricht praktisch auf, indem sie beispielsweise eine Collage zu ihren beruflichen Zielen anfertigen, sich einen Plan für ihr persönliches Vorgehen bei der Berufswahl aufstellen, ein fiktives Bewerbungsschreiben verfassen oder im Rollenspiel ihr Verhalten in der Bewerbungssituation erproben (Einüben ohne Ernstcharakter). Dabei gibt die Lehrkraft den Schülern und Schülerinnen Rückmeldung über ihren Erfolg.

**Motivierung**

*Motivierung.* Nachdem das Verhalten erfolgreich eingeübt wurde, ist der eigentliche Lernvorgang beendet. Dies bedeutet jedoch nicht, dass gelerntes Verhalten auch gezeigt wird. Die praktische Umsetzung des Gelernten erfordert ein Minimum an Motivation. Diese hängt davon ab, welche Konsequenzen das beobachtete Verhalten hat. Wird das Modell für sein Verhalten verstärkt *(stellvertretende Verstärkung)*, so steigt die Motivation des Beobachters, das Verhalten ebenfalls durchzuführen. Wird das Modell hingegen bestraft, verringert sich die Motivation, es sei denn, der Beobachter erwartet für sich andere situative Bedingungen. Eine Voraussetzung für die Durchführung des Verhaltens aufgrund von stellvertretender Verstärkung ist, dass die zu erwartende Konsequenz auch als Verstärkung empfunden wird. Es muss also ein individuelles Bedürfnis nach dieser Form von Verstärkung vorliegen.

Neben stellvertretender Verstärkung können eine emotionale Bindung an die Modellperson oder eine Identifikation mit dem Modell zur Nachahmung des Modellverhaltens motivieren. Dieser Mechanismus ist insbesondere dann bedeutsam, wenn eine enge persönliche Beziehung Modell und Beobachter verbindet (z. B. bei Elternteil und Kind) oder wenn das Modell einen besonders hohen Status besitzt (z. B. prominente Person). Die Möglichkeit, durch die Nachahmung von Verhalten die emotionale Bindung an die Modellperson zu bekräftigen oder Gemeinsamkeiten mit dem bewunderten Modell herzustellen, kann als eine Form von immaterieller Verstärkung angesehen werden. Allgemeine Vorerfahrungen (Verstärkung, Bestrafung) mit der Imitation von beobachteten Verhalten beeinflussen die zukünftige Bereitschaft einer Person, durch Beobachtung zu lernen.

**Merke**

Prozesse der stellvertretenden Verstärkung und Identifikation, individuelle Bedürfnisse des Beobachters und Vorerfahrungen mit Modelllernen beeinflussen in der Ausführungsphase, ob und wie häufig gelerntes Verhalten gezeigt wird.

**Beispiel**

Die Modelle in der Videoserie zur Berufswahl werden als freundliche und kompetente junge Menschen charakterisiert und wirken auf Schüler und Schülerinnen desselben Alters sympathisch (emotionale Beziehung und Identifikation). Zusätzlich werden die Modelle für ihre Bemühungen belohnt: Nach einer Phase des Recherchierens und Abwägens entwickeln sie einen konkreten Berufswunsch und nach einigem Suchen erhalten sie den gewünschten Ausbildungsplatz (stellvertretende Verstärkung). Die Schüler und Schülerinnen, die mit der 10. Klasse die Schule abschließen, müssen sich bald für einen beruflichen Weg entscheiden und werden daher mit großer Wahrscheinlichkeit motiviert sein, die gelernten Verhaltensweisen und Strategien in der nächsten Zeit praktisch umzusetzen (Bedürfnis). Die Schüler und Schülerinnen hingegen, die nach der mittleren Reife auf das Gymnasium überwechseln, haben zunächst andere Ziele und Motive. Sie werden das Gelernte nicht sofort, möglicherweise erst einige Jahre später in Handlungen umsetzen. Einige Schüler und Schülerinnen, die mit der Orientierung an Modellen bereits negative Erfahrungen gemacht haben (z.B. dass es unrealistisch ist, in kurzer Zeit Popstar zu werden wie manche Jugendliche im Fernsehen) werden unter Umständen überhaupt nicht bereit sein, die gelernten Strategien in der Realität auszuprobieren (Bedeutung von Vorerfahrungen).

## 6.3.4 Effekte des Beobachtungslernens

Beobachtungslernen ist gegenüber dem Lernen durch direkte Erfahrungen und operante Konditionierung mit bestimmten Vorteilen verbunden:

**Vorteile des Beobachtungslernens**

- Der Lernprozess vollzieht sich deutlich schneller als eine Verhaltensmodifikation durch Verstärkung. Bereits ein Lerndurchgang kann genügen,

um Verhalten durch Beobachtung zu erwerben. Erfolge werden schneller erreicht und der Betroffene kann im gleichen Zeitraum größere Lernfortschritte erzielen.
- Beobachtungslernen ermöglicht es, unangenehme oder sogar gefährliche Erfahrungen (Misserfolge, Bestrafung, Verletzung) zu vermeiden, die beim Lernen durch Versuch und Irrtum nicht ausbleiben.
- Diese Lernform gestattet es, auch sehr komplexe Verhaltensweisen und Handlungsfolgen relativ schnell zu erwerben (z. B. Sprechenlernen, Zubereitung von Lebensmitteln, Bedienung von Geräten).
- Symbolische Modelle gestatten das Lernen mithilfe von Medien (Bücher, Fernsehen, Computer), wodurch sich die Lernmöglichkeiten des Menschen enorm erweitern.

**Drei Effekte des Beobachtungslernens**

*Was wird durch Beobachtungslernen eigentlich gelernt?* Nach Bandura und Walters (1963) und Bandura (1969) lassen sich drei Effekte des Beobachtungslernens unterscheiden: Modelllernen im engeren Sinne, hemmende und enthemmende Effekte und auslösender Effekt.

**Modelllernen: Erwerb neuer Verhaltensweisen**

*Modelllernen.* Diesen Sachverhalt konnten Bandura et al. (1963) in ihren berühmten Bobo-Doll-Experimenten (vgl. Kasten 8, s. S. 152 in diesem Buch) aufzeigen.

**Hemmende und enthemmende Effekte**

*Hemmende und enthemmende Effekte.* Bei dieser Auswirkung von Beobachtungslernen geht es nicht darum, dass ein Verhalten neu erlernt wird, sondern um die Unterdrückung oder Enthemmung von bereits verfügbaren, aber sozial unerwünschten Verhaltensweisen. Enthemmende bzw. hemmende Effekte entstehen dadurch, dass das Modell für das Verhalten verstärkt oder aber bestraft wird. Wenn eine Person beispielsweise im Fernsehen erfährt, dass Spitzenverdiener ungestraft Steuern hinterziehen, könnte dies die latent vorhandene Neigung des Bürgers zum Hinterziehen von Steuern aktivieren und das Verhalten „Steuerbetrug" enthemmen. Sieht die Person auf der anderen Seite, wie ein Steuersünder überführt und zu einer empfindlichen Strafe verurteilt wird, so könnte dadurch die Tendenz, Steuern zu hinterziehen, unterdrückt werden. Die enthemmende Wirkung von Beobachtungslernen ließ sich – wiederum am Beispiel aggressiven Verhaltens – in Experimenten nachweisen. Dabei neigten Personen nach dem Ansehen eines Films mit aggressiven Inhalten stärker dazu, bei einer fingierten Gedächtnisaufgabe die „Schüler" hart zu bestrafen, als wenn sie einen nicht aggressiven Film gesehen hatten (Walters & Llewellyn, 1963). Die hemmende Wirkung von Beobachtungslernen lässt sich hingegen weniger gut nachweisen (Lefrancois, 2015).

**Auslösender Effekt**

*Der auslösende Effekt.* Von einem auslösenden Effekt spricht man, wenn die Beobachtung eines Modells zu einem Verhalten führt, das zwar nicht unbedingt neu ist, aber ohne den Einfluss des Modells nicht in dieser Situation oder nicht in dieser Intensität gezeigt worden wäre. Das beobachtete Verhalten dient dementsprechend als Hinweisreiz und erleichtert dem Beobachter, zum Beispiel, wie er sich in unvertrauten Situationen verhalten kann. Das Verhalten des Modells und das des Lernenden müssen dabei nicht identisch, sondern lediglich miteinander in Beziehung stehen. Betrachten wir das Beispiel eines Studenten, der eine Vorlesung vorzeitig verlässt. Spontan stehen weitere Studenten auf und gehen aus dem Hörsaal.

**Merke**

Lernen durch Beobachtung kann zum Erwerb neuer Verhaltensweisen durch Modelllernen führen, bereits erworbenes Verhalten hemmen oder enthemmen oder ein bereits vorhandenes Verhalten unmittelbar auslösen.

*Praktische Bedeutung.* Lernen durch Beobachtung bzw. anhand von Modellen vollzieht sich in vielen Bereichen unseres Alltags. Vor allem Eltern, aber auch pädagogische Fachkräfte und Lehrkräfte übernehmen eine wichtige Vorbildfunktion. Aber auch Medien (z. B. Werbung, Film, Musik und Literatur) stellen wichtige Modelle dar. Über Beobachtungslernen durch werden dabei vielfältige neue Verhaltensweisen und Fertigkeiten (z. B. Sozialverhalten, sprachliche und kommunikative Fertigkeiten, Fertigkeiten im Umgang mit den eigenen Emotionen und den Emotionen anderer Personen) gelernt. Ebenso werden durch das Beobachtungslernen auch Werte, Einstellungen und Ziele vermittelt (vgl. Kap. 2.3.1). Gleichzeitig erwirbt man bei dieser Art des Lernens auch Wissen darüber, in welcher Situation welches Verhalten angemessen ist und zu welchen Konsequenzen ein Verhalten in einer bestimmten Situation führt. Dies gilt auch für solche Verhaltensweisen, die man bereits beherrscht.

Diese Möglichkeiten der Vorbildwirkung können im pädagogischen Kontext gezielt genutzt werden, um Lernprozesse oder die Lernmotivation des Lernenden zu beeinflussen (vgl. Kap. 2.3.1). Dies kann sowohl durch das Verhalten des Lehrenden selbst bzw. anderer Lernender als auch in Form von Figuren aus Geschichten oder Filmen (symbolische Modelle) realisiert werden.

Im Rahmen der Psychotherapie dient die gezielte Darbietung von Modellen vorwiegend dazu, erwünschtes Verhalten aufzubauen. So können mit diesem Vorgehen Kinder, Jugendliche und Erwachsene neue Verhaltensweisen und Fertigkeiten lernen (z. B. eine Entspannungstechnik) oder dazu angeregt werden, ein selten gezeigtes Verhalten zukünftig häufiger auszuführen.

Insbesondere komplexes Verhalten, wie etwa die Verwendung von Selbstinstruktionen oder Strategien bei der Lösung von Problemen und Konflikten, kann sehr gut durch Vorbilder und Rollenspiele vermittelt werden. Der Therapeut als Modell spricht die Selbstinstruktionen dem Patienten zunächst laut vor und demonstriert zugleich das erwünschte Verhalten. Der Patient lernt, sich die Instruktionen bei passender Gelegenheit zunächst laut und später nur noch in Gedanken vorzusagen. Motivation wird durch Bekräftigung des erwünschten Verhaltens erzeugt. Diese Methode ist bei einer Vielzahl von Störungsbildern angezeigt, zum Beispiel bei der Förderung von sozialen Kompetenzen im Rahmen der Behandlung aggressiver Störungen oder sozialer Unsicherheit (Petermann & Petermann, 2012, 2015a). Aggressive Kinder lernen zum Beispiel mit der Hilfe von Selbstinstruktionen in Konfliktsituationen unter anderem, weniger impulsiv zu reagieren, um Zeit für eine konstruktive Lösung zu gewinnen. Solche „bremsenden" Selbstinstruktionen können wie folgt lauten: „Ich zähle bis 10, bevor ich handle!" Sozial unsichere Kinder hingegen benötigen eher aktivierende und ermutigende Selbstinstruktionen, zum Beispiel: „Wenn ich etwas nicht weiß, habe ich den Mut nachzufragen!" Modelle können in der Therapie schließlich auch dazu eingesetzt werden, um Ängste und Phobien zu behandeln (Wannemüller, 2018). Kinder mit Phobien profitieren beispielsweise davon, wenn sie Modelle dabei beobachten, wie sie angstfrei und entspannt mit dem gefürchteten Objekt, etwa einem Tier, umgehen.

**Vermittlung von Techniken der Selbstinstruktion**

**Anwendung bei aggressivem und sozial unsicherem Verhalten**

## 6.4 Theorie der Selbstwirksamkeit

### 6.4.1 Ergebnis- und Wirksamkeitserwartungen

Nach Bandura werden Handlungsabsichten durch zwei Arten von Erwartungen beeinflusst: Ergebnis- und Wirksamkeitserwartungen. Diese explizite Trennung von Ergebnis- und Wirksamkeitserwartungen stellte die Grundlage für die Entwicklung der einflussreichen Theorie der Selbstwirksamkeit dar.

*Die Bedeutung von Erwartungen.* Im Rahmen seiner Arbeiten zur sozial-kognitiven Lerntheorie stellte Bandura (1979) fest, dass die Beobachtung von Modellverhalten zwar genügt, um die gezeigten Verhaltensweisen zu erlernen. Dies bedeutet jedoch nicht, dass das gelernte Verhalten auch ausgeführt wird, sodass beim sozial-kognitiven Lernen zwischen der *Aneignungs-* und der *Ausführungsphase* des Verhaltens unterschieden werden muss. Zur Ausführung des Verhaltens ist ein Mindestmaß an Motivation erforderlich, die wesentlich durch Verstärkung, aber auch durch individuelle Bedürfnisse nach den Verstärkern bestimmt wird. Verstärkung allein reicht nicht aus, um Motivation zu erzeugen. Zusätzlich müssen kognitive Voraussetzungen in Form von *Erwartungen* gegeben sein. Motivation zur Ausführung eines gelernten Verhaltens setzt die Erwartungen voraus (Bandura, 1979),

**Erwartungen beeinflussen die Motivation**

**Ergebniserwartung und Wirksamkeitserwartung**

- dass das Verhalten - sofern es richtig ausgeführt wird - auch tatsächlich zum gewünschten Erfolg führt (*Ergebniserwartung* oder *Konsequenzerwartung*) und
- dass die Person selbst die notwendigen Kompetenzen besitzt, um das Verhalten erfolgreich durchzuführen *(Wirksamkeitserwartung)*.

Ergebniserwartungen beziehen sich also auf die Konsequenzen eines Verhaltens, Wirksamkeitserwartungen dagegen auf die Frage, ob die eigenen Fähigkeiten zur Ausführung des Verhaltens ausreichen (vgl. Abb. 11).

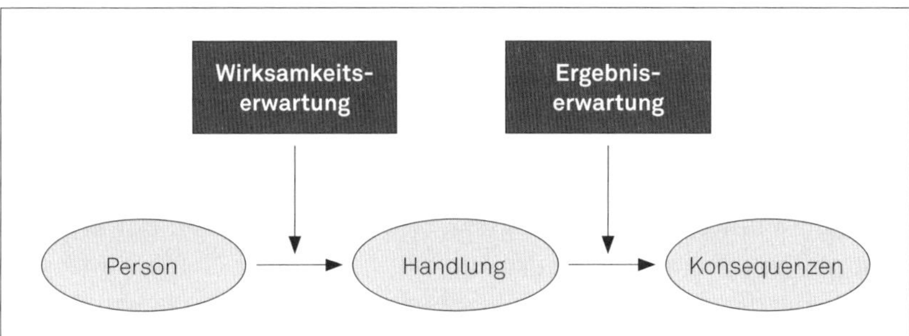


**Abbildung 11:** Wirksamkeitserwartung und Ergebniserwartung

**Beispiel**

Ein eher zurückhaltender Schüler sieht in einem Abenteuerfilm, wie ein gleichaltriger Junge aus Alaska das Fischen und Schießen lernt. Der Junge im Film erwirbt sich durch seine Fertigkeiten bei seinen Altersgenossen großen Respekt. Dies allein könnte für den zuschauenden Jungen einen großen Anreiz darstellen, ebenfalls das Fischen oder Schießen zu erlernen. Damit der jugendliche Beobachter das Verhalten tatsächlich nachahmt und zum Beispiel einen Jagd- oder Angelschein erwirbt, müsste er erwarten, dass diese Fertigkeiten nicht nur in Alaska, sondern auch in seiner Schulklasse zu Respekt und Anerkennung führen würden *(Ergebniserwartung)*. Auf der anderen Seite müsste der Schüler überzeugt sein, selbst die notwendigen Basisfähigkeiten wie körperliche Kondition und Geschicklichkeit zu besitzen *(Wirksamkeitserwartung)*.

**Zusammenwirken von Ergebnis- und Wirksamkeitserwartungen**

Ergebnis- und Wirksamkeitserwartungen können als unabhängige Einflussfaktoren auf das Handeln betrachtet werden. Daher können auch verschiedene Ausprägungen der beiden Erwartungsformen miteinander kombiniert werden (Flammer, 1990; vgl. Tab. 14).

**Tabelle 14:** Kombination von Ergebnis- und Wirksamkeitserwartungen und ihre möglichen Auswirkungen (nach Flammer, 1990, S. 87)

| Ergebniserwartung | Wirksamkeitserwartung | Wirkung auf die Person |
|---|---|---|
| hoch | hoch | Kontrolle |
| hoch | gering | Hilflosigkeit |
| gering | hoch | relative Hilflosigkeit |
| gering | gering | Hoffnungslosigkeit |

**Erläuterungen**

Die Begriffe aus Tabelle 14 sollen am Beispiel eines Jugendlichen erläutert werden, der sich um einen Ausbildungsplatz bemüht. Wenn der Jugendliche erwartet, dass Initiativbewerbungen zum Erfolg führen können und wenn er überzeugt ist, sich in einer solchen Bewerbung gut präsentieren zu können, so entsteht bei ihm das Gefühl von *Kontrolle* über die eigene Situation. Glaubt der Jugendliche dagegen, dass es ihm nicht gelingen wird, eine überzeugende Bewerbung zu schreiben, resultiert *Hilflosigkeit*. Von *relativer Hilflosigkeit* (Flammer, 1990) kann man sprechen, wenn äußere ungünstige Bedingungen dem Erfolg einer Handlung trotz hoher Wirksamkeitserwartung entgegenstehen. Der Jugendliche glaubt beispielsweise, dass er eine gute Bewerbung schreiben könnte, ihm dies jedoch aufgrund der ungünstigen Situation auf dem Arbeitsmarkt nichts nützen wird. Wenn beide Erwartungen gering sind, entsteht das Gefühl der *Hoffnungslosigkeit* (d.h. die Überzeugung, dass die eigene Lage weder durch eigene Anstrengung noch äußere Ereignisse verbessert werden kann).

## 6.4.2 Selbstwirksamkeit

Bandura (1977, 1997) prägte für das Konzept der Wirksamkeitserwartung den Begriff der *Selbstwirksamkeit (Self-efficacy)*.

**Definition**

Bei der *Selbstwirksamkeitserwartung* handelt es sich um die allgemeine Überzeugung, Verhalten oder Handlungen erfolgreich durchführen zu können.

*Dimensionen der Selbstwirksamkeit.* Die Selbstwirksamkeit einer Person kann hinsichtlich ihres Ausprägungsgrades, des Grades der Generalisierung und ihrer Stabilität beschrieben werden (Bandura, 1977). Wenn die Ausprägung der Selbstwirksamkeit gering ist, wird eine Person selbst bei hoher Motivation, ein Ziel zu erreichen, keine oder nur geringe Anstrengungen zeigen, weil sie die Erfolgswahrscheinlichkeit zu gering einschätzt. Personen mit sehr ausgeprägter Selbstwirksamkeit hingegen werden sich sogar an schwierigen Aufgaben versuchen. Mit dem Begriff der Generalisierung ist gemeint, ob sich die Selbstwirksamkeit auf einen begrenzten Bereich (z.B. nur die Schule oder ein Schulfach) oder auf verschiedene Situationen bezieht (z.B. auch bei Freizeitaktivitäten, zu Hause). Eine instabile Selbstwirksamkeit kann durch erwartungswidrige Erfahrungen (z.B. einen Misserfolg) beeinträchtigt werden, während eine stabile Selbstwirksamkeit auch durch mehrere solcher Erfahrungen nicht erschüttert wird. Das Konzept der Selbstwirksamkeit ist in zweierlei Hinsicht bedeutsam für das Lernen, denn Selbstwirksamkeit kann als Folge von Erfahrungen, aber auch als Voraussetzung für zukünftige Lernprozesse angesehen werden.

**Dimensionen der Selbstwirksamkeit: Ausprägungsgrad, Generalisierung, Stabilität**

*Selbstwirksamkeit als Lernergebnis.* Die Tatsache, dass eine hinreichend ausgeprägte Selbstwirksamkeit eine Voraussetzung für zukünftige Lernfortschritte ist, veranlasst zu der Frage, wie Selbstwirksamkeit entsteht, und ob und wie man sie fördern kann. Selbstwirksamkeit ist nicht angeboren, sondern entsteht in der aktiven Auseinandersetzung einer Person mit ihrer Umwelt. Bestimmte Erfahrungen fördern das Erleben von Selbstwirksamkeit. Dazu gehören Erfahrungen wie die Auseinandersetzung mit kontrollierbaren, überschaubaren Situationen, die Bewältigung von herausfordernden Aufgaben und differenzierte, angemessene Rückmeldungen über die Richtigkeit des eigenen Verhaltens. Förderliche Erfahrungen dieser Art können gezielt eingesetzt werden, um Selbstwirksamkeit zu steigern und zukünftige Lernvorgänge zu unterstützen. Die Entwicklung von Selbstwirksamkeit wird dagegen behindert, wenn Personen in ihren Bemühungen wiederholt frustriert werden, wenn wiederholt unkontrollierbare Situationen eintreten oder wenn überhaupt keine Anforderungen gestellt werden (vgl. Tab. 15).

**Selbstwirksamkeit als Lernergebnis**

**Förderung von Selbstwirksamkeit**

**Faktoren, die die Entwicklung von Selbstwirksamkeit behindern**

**Tabelle 15:** Einfluss von Erfahrungen auf die Entwicklung von Selbstwirksamkeit

| Erfahrungen, die die Entwicklung von Selbstwirksamkeit fördern | Erfahrungen, die die Entwicklung von Selbstwirksamkeit behindern |
|---|---|
| • Auseinandersetzung mit kontrollierbaren, überschaubaren Situationen<br>• Auseinandersetzung und Bewältigung von herausfordernden, aber lösbaren Aufgaben<br>• differenzierte, angemessene Rückmeldungen | • frustrierende Erfahrungen, z. B. unlösbare Aufgaben<br>• wiederholtes Erleben von unkontrollierbaren Situationen<br>• Fehlen von Anforderungen und Aufgaben<br>• keine oder undifferenzierte Rückmeldungen |

**Selbstwirksamkeit als Lernvoraussetzung**

*Selbstwirksamkeit als Lernvoraussetzung.* Wenn eine Person neues Wissen oder ein neues Verhaltensmuster durch Beobachtung erwerben soll, muss sie sich selbst zutrauen, die neuen Konzepte oder das neue Verhalten überhaupt lernen zu können. Die Person muss überzeugt sein, die nötigen kognitiven und/oder motorischen Fähigkeiten zu besitzen, um sich das neue Wissen oder Verhalten aneignen und durchführen zu können. Damit bildet die Selbstwirksamkeit eine wesentliche Lernvoraussetzung. Das Ausmaß der Selbstwirksamkeit bestimmt,

**Auswirkungen von Selbstwirksamkeit**

- ob ein Verhalten ausgeführt wird oder nicht,
- mit welcher Anstrengungsbereitschaft eine Handlung vollzogen wird,
- ob eine Situation bewältigt wird oder nicht und
- ob ein Verhalten von Erfolg oder Misserfolg begleitet wird (Petermann & Petermann, 2015b).

## Zusammenfassung

Soziale Lerntheorien integrieren behavioristische und kognitive Elemente und beziehen sich auf Lernvorgänge in sozialen Kontexten. Wichtige Vertreter sozialer Lerntheorien sind Julian B. Rotter, Martin E. P. Seligman und Albert Bandura. Ein wichtiger Lernmechanismus dieser Lerntheorien stellt das Verstärkungslernen dar, wobei allerdings stärker die Kontrolle über die Verstärkung berücksichtigt wird. Verstärkungslernen bedeutet allgemein, dass die Konsequenzen bestimmen, welches Verhalten in sozialen Situationen gezeigt wird. Ein weiterer bedeutsamer Lernmechanismus sozialer Lerntheorien ist das Lernen von Verhaltensweisen durch Beobachtung und Nachahmung, welcher in der Theorie des sozial-kognitiven Lernens von Bandura berücksichtigt wird.

Rotters soziale Lerntheorie betrachtet den Einfluss von Lernerfahrungen und Erwartungen auf menschliches Verhalten, wobei Lernen sich auf das Stärken oder Abschwächen von Erwartungen aufgrund vorausgegangener Erfahrungen bezieht. Rotters Theorie ermöglicht die Vorhersage von Verhalten. Nach seiner Auffassung führen Verstärkungen nur dann zu Lerneffekten, wenn die Verstärker als persönlich wertvoll erachtet werden (Bewertung) und wenn die Person davon überzeugt ist, durch ein bestimmtes Verhalten den Verstärker erhalten zu können (Erfolgserwartung). Bei Rotters Ansatz handelt es sich folglich um ein sogenanntes Erwartungs-Wert-Modell. Rotter entwickelte außerdem das Konzept der Kontrollüberzeugungen. Kontrollüberzeugungen stellen generalisierte Erwartungen über die Möglichkeit dar, zukünftige Ereignisse durch eigenes Handeln zu beeinflussen. Wird die Kontrollmöglichkeit in der eigenen Person lokalisiert, spricht man von internaler Kontrollüberzeugung; wird die Kontrolle anderen Personen oder dem Zufall zugeschrieben, spricht man von externaler Kontrollüberzeugung. Internale Kontrollüberzeugungen wirken sich auf das Lernen positiver aus als externale Kontrollüberzeugungen, da Lernende mit internaler Kontrollüberzeugung sich mehr anstrengen.

Auch im Ansatz von Seligman ist die Wahrnehmung der Kontrollierbarkeit von Ereignissen zentral für die Vorhersage von Verhalten. Kontrollierbarkeit kann objektiv gegeben sein oder subjektiv wahrgenommen werden, wobei die subjektiven Einschätzungen der Kontrollierbarkeit für die Steuerung von Verhalten bedeutender sind als die objektiven Verhältnisse. Die Auftretenswahrscheinlichkeit von Verhalten hängt demnach nicht von Verstärkern ab, sondern von der Überzeugung des Lernenden, selbst Kontrolle über den Erhalt der Verstärker zu besitzen. Mangelnde Kontrollmöglichkeiten über Ereignisse bewirken einen Zustand der Resignation und Passivität, der als erlerne Hilflosigkeit bezeichnet wird. Die subjektive Einschätzung der Kontrollierbarkeit ist auch für die Erklärung vergangener Ereignisse wichtig. Kausalattributionen sind subjektive Erklärungstendenzen, die selbst wieder neue Erwartungen hervorrufen können. Ungünstige Attributionsmuster (vor allem internal-stabile und externale Attributionsmuster) hemmen zukünftiges Lernen, günstige Attributionsmuster (internal-variable Erklärungen) können es hingegen fördern.

Neben den Konzepten der Kontrollierbarkeit und der Kausalattributionen ist der Aspekt der Vorhersagbarkeit von Bedeutung für soziale Lernprozesse. Der Begriff der Vorhersagbarkeit bezieht sich nicht auf die Beeinflussung von Konsequenzen, sondern auf die Möglichkeit, zukünftige

Ereignisse sicher vorherzusagen. Menschen lernen durch Erfahrung Sicherheitssignale, die als Hinweis genutzt werden, ob unangenehme Situationen eintreten werden oder nicht. In sozialen Situationen sind Sicherheitssignale wichtig, um das Verhalten anderer Menschen vorhersagen und das eigene Verhalten entsprechend anpassen zu können.

Bandura integrierte in seiner sozial-kognitiven Lerntheorie Aspekte des klassischen und operanten Konditionierens, des kognitiven Lernens und des Lernens durch Beobachtung, wobei letzteres besonders hervorgehoben wurde. Aus Experimenten, in denen Kinder das Modellverhalten Erwachsener beobachteten und später unter bestimmten Bedingungen imitierten, schlussfolgerten Bandura und Kollegen, dass eine Verstärkung des Modells (stellvertretende Verstärkung) nicht notwendig ist, damit ein Verhalten gelernt wird. Die Konsequenzen des Modellverhaltens bestimmen jedoch, ob das gelernte Verhalten auch ausgeführt wird. Beim sozial-kognitiven Lernen wird daher zwischen Verhaltensrepertoire und Verhaltensperformanz unterschieden und die Bedeutung der Motivation besonders berücksichtigt.

Sozial-kognitives Lernen beinhaltet die Schritte Aufmerksamkeitszuwendung, Einspeicherung ins Gedächtnis, Einüben und Motivierung durch Verstärkung. Beobachtungslernen bietet Vorteile im Vergleich zum Lernen durch direkte Erfahrungen. Es erfolgt schneller, eignet sich zum Erwerb von sehr komplexen Verhaltensweisen, unangenehme Konsequenzen werden vermieden und die Lernmöglichkeiten können durch Medien stark erweitert werden. Wichtige Effekte des Beobachtungslernens sind Modelllernen im engeren Sinne (Lernen neuer Verhaltensweisen), hemmender und enthemmender Effekt (bezogen auf bereits bekannte Verhaltensweisen) und auslösender Effekt (von Verhalten aus derselben Klasse von Verhaltensweisen).

Bandura stellte fest, dass die Ausführung von beobachtetem Verhalten nicht nur von der Motivierung durch Verstärkungsprozesse abhängt, sondern auch von der Erwartung einer Person, dass ein bestimmtes Verhalten zum Erfolg führt (Ergebniserwartung) und dass sie selbst in der Lage ist, dieses Verhalten durchzuführen (Wirksamkeitserwartung). Beide Erwartungstypen wirken sich auf die Handlungsabsichten einer Person aus. Bandura prägte das Konzept der Selbstwirksamkeit, das sich auf verallgemeinerte Wirksamkeitserwartungen bezieht. Die Selbstwirksamkeit einer Person kann anhand des Ausprägungsgrades, des Grades der Generalisierung und der Stabilität beschrieben werden. Selbstwirksamkeit steht in engem Zusammenhang mit Lernvorgängen. Auf der einen Seite entwickelt sie sich durch Lernprozesse in der Interaktion mit der

Umwelt. Erfahrungen wie die Bewältigung von herausfordernden Aufgaben fördern die Entwicklung von Selbstwirksamkeit, wiederholter Kontakt mit unkontrollierbaren Situationen und andere ungünstige Erfahrungen dagegen hemmen ihre Entwicklung. Auf der anderen Seite bildet Selbstwirksamkeit eine wichtige Voraussetzung für zukünftige Lernprozesse, denn der Lernende muss sich selbst zutrauen, neue Inhalte oder neue Fertigkeiten lernen zu können.

# 7 Implizites Lernen

**Beispiel**

Der 2-jährige Leon spricht seine ersten Worte. Neben „Mama" und „Papa" kann er bereits in diesem Alter Dinge benennen, die ihm wichtig sind. Seine Sprachentwicklung schreitet stets voran, bald spricht er in Zwei- und Dreiwortsätzen: „Ball haben" oder „Leon Apfel essen". Bis zum Schuleintritt beherrscht er seine Muttersprache in ihrer gesamten grammatikalischen Komplexität perfekt und verbessert mit wachsender Begeisterung seine kleine Schwester, wenn sie etwas falsch ausdrückt oder formuliert: „Nein, Sophie es heißt nicht *der Auto,* sondern *das Auto.* Wir gehen nicht *im* den Zoo, sondern *in* den Zoo." Fragt man Leon jedoch nach den grammatikalischen Regeln, die seiner Muttersprache zugrunde liegen, kann er diese nicht bewusst benennen. Selbst im Erwachsenenalter wird es Leon häufig schwerfallen, die zugrunde liegenden Regeln zu benennen. „Ich weiß, dass das Gesagte falsch ist, kann aber nicht genau sagen, warum. Ich höre es einfach."

Implizites Lernen erfolgt zweifelsohne über die gesamte Lebensspanne, ist aber, wie das obige Beispiel illustriert, besonders in den ersten sechs Lebensjahren von großer Bedeutung. Implizit, also unbewusst, werden in den Jahren von der Geburt bis zur Einschulung neben sprachlichen Kompetenzen auch motorische, kognitive und sozial-emotionale Fähigkeiten und Fertigkeiten erworben. Im pädagogischen Alltag ist daher das Wissen um implizite Lernvorgänge von großer Bedeutung, um diese Form des Lernens geschickt in den Erziehungsalltag von Krippe, Kindergarten und Schule einzubinden.

## 7.1 Was ist implizites Lernen?

**Implizites Lernen erfolgt unbewusst**

Implizites Lernen findet ohne Beteiligung des Bewusstseins statt. Meistens (aber nicht immer) erfolgt es beiläufig und ohne gezielte Lernabsicht. Auch die Ergebnisse des impliziten Lernprozesses sind dem Bewusstsein häufig nicht zugänglich. Das zentrale Kriterium für implizites Lernen besteht also in seiner unbewussten Qualität.

**Definition**

*Implizites Lernen* liegt dann vor, wenn eine Veränderung im Verhalten und Handeln einer Person auftritt und diese Veränderung im Kontext einer Erfahrung steht, die jedoch von der Person nicht bewusst wahrgenommen wurde. Die Erfahrung kann einmal oder mehrmals gemacht worden sein; sie muss nicht immer im gleichen Kontext erfolgen; sie kann sich auch auf ähnliche Situationen, Ereignisse oder Verhaltensweisen beziehen. Entscheidend ist für implizites Lernen, dass eine Person den Veränderungsprozess von altem zu neuem, also gelerntem Verhalten nicht beeinflussen kann. Der Zusammenhang einer Verhaltensänderung bleibt einer Person verborgen.

## 7.1.1 Begriffsklärung

Der Begriff „implizites Lernen“ muss von verschiedenen verwandten Konzepten, wie zum Beispiel „prozedurales Lernen“ und „inzidentelles Lernen“ abgegrenzt werden (Edelmann & Wittmann, 2012; Oerter, 2012).

**Prozedurales Lernen**

Prozedurales Lernen wird als eine Form von implizitem Lernen verstanden, die sich vorwiegend auf den Erwerb von Fertigkeiten (z. B. motorischen und kognitiven Fertigkeiten) bezieht.

**Inzidentelles Lernen**

Mit dem Begriff des *inzidentellen Lernens* werden Lernvorgänge bezeichnet, die unabsichtlich oder nebenbei geschehen, wie zum Beispiel beim beiläufigen Betrachten eines Werbeplakats oder beim ziellosen Durchblättern einer Zeitung (vgl. Kap. 1.1.3).

Das Gegenstück zum inzidentellen Lernen ist das absichtliche oder *intentionale Lernen*. Dazu gehören geplante und gezielte Lernvorgänge, wie die Vorbereitung auf eine Geschichts- oder Englischklausur. Implizites Lernen kann wie inzidentelles Lernen beiläufig erfolgen, wobei dies aber nicht immer der Fall sein muss. Personen können auch gezielt versuchen, Fertigkeiten wie Schwimmen oder Reiten zu erlernen. Das Üben erfolgt zwar absichtlich, dennoch wird der eigentliche Vorgang des Lernens dem Bewusstsein nicht zugänglich. Auch wenn die Fertigkeit schließlich beherrscht wird, können die Personen nicht ausreichend erklären, wie sie dabei vorgehen – sie „können“ es schließlich einfach.

Sowohl implizites als auch explizites Wissen können also auf intentionale wie auch auf inzidentelle Weise erworben werden (vgl. Tab. 16). Das entscheidende Kriterium für implizites Lernen besteht in dem fehlenden Zugang zum Bewusstsein, nicht in der Lernabsicht.

**Tabelle 16:** Erwerb von explizitem und implizitem Wissen durch intentionales und inzidentelles Lernen

| | Intentionales Lernen | Inzidentelles Lernen |
|---|---|---|
| Explizites Wissen | Gezielt erworbenes Wissen (z.B. Inhalte des Studienfachs) | Beiläufig erworbenes Wissen (z.B. Name des derzeitigen Außenministers) |
| Implizites Wissen | Gezielt erworbene Fertigkeiten (z.B. Brustschwimmen) | Beiläufig erworbene Fertigkeiten (z.B. Sprechenlernen bei Kindern) |

## 7.1.2 Besonderheiten des impliziten Lernens

Implizites Lernen und das darauf aufbauende implizite Wissen, zeichnen sich durch verschiedene Besonderheiten aus:

- der Lernprozess folgt eigenen Gesetzmäßigkeiten,
- die Gedächtnisinhalte sind dem Bewusstsein nicht zugänglich,
- das Verhalten wird unabhängig von der Absicht des Lernenden durch implizites Wissen gesteuert,
- die Gedächtnisleistung kann nur indirekt erfasst werden.

**Implizites Lernen folgt eigenen Gesetzmäßigkeiten**

*Eigene Gesetzmäßigkeiten.* Implizites Lernen folgt anderen Gesetzmäßigkeiten als explizites Lernen. Während beim expliziten Lernen eine vertiefte Auseinandersetzung mit den Lerninhalten zu einer Steigerung der Behaltensleistung führt, kann implizites Lernen nicht auf diese Weise beeinflusst werden, sondern wird durch häufige Wiederholungen verbessert. Ist implizites Wissen einmal erworben, bleibt es lange erhalten und ist nur schwer löschbar.

Implizites Lernen ist stark mit der Sinnesmodalität verknüpft, in der etwas gelernt wird. Werden Reize in der Lernphase visuell oder akustisch präsentiert, dann ist der Lernerfolg nur in derselben Sinndesmodalität feststellbar. Explizite Lerninhalte können hingegen auf andere Sinnesmodalitäten übertragen werden (z.B. kann ein Schüler den Blutkreislauf verbal oder in Form einer Schemazeichnung erklären). Weiterhin ist implizites Lernen in deutlich geringerem Maß als explizites Lernen vom Alter, der kognitiven Leistungsfähigkeit und der aktuellen Beanspruchung des Lernenden durch andere Aufgaben abhängig.

*Fehlende Zugänglichkeit zum Bewusstsein.* Implizites Wissen ist dem Bewusstsein nicht zugänglich. Beim impliziten Lernen verfügt der Lernende deshalb nicht über Wissen darüber, was und wie viel er bereits gelernt hat. Ihm fehlt metakognitives Wissen (Wissen über das eigene Wissen), um seinen Wissensstand und die Qualität seines Wissens zu beurteilen. Durch explizite Gedächtnistests ist es möglich, zum bewussten Nachdenken über das Gelernte anzuregen. Dadurch können nachträglich implizite Gedächtnisinhalte in explizite gewandelt werden, die dem Bewusstsein zugänglich sind.

**Implizites Wissen ist dem Bewusstsein nicht zugänglich**

*Einflüsse auf das Verhalten.* Implizites Wissen steuert das Verhalten (z. B. Entscheidungen bei Auswahlaufgaben) unabhängig von den Absichten oder Zielen des Lernenden. Der Lernende kann die Wirkung des impliziten Wissens nicht bewusst kontrollieren, so wie er sich etwa in einem expliziten Gedächtnistest „dumm stellen" könnte, indem er weniger sagt, als er weiß. Da der Lernende den Umfang seines impliziten Wissens nicht kennt, kann er dieses nicht unterdrücken.

**Implizites Wissen beeinflusst das Verhalten**

*Indirekte Erfassung der Lernleistung.* Die Ergebnisse impliziter Lernvorgänge können nicht direkt überprüft werden (z. B. durch Abfragen). Ob Lernen stattgefunden hat, lässt sich nur indirekt feststellen, wenn sich beispielsweise ein effizienterer Umgang mit Lerninhalten beobachten lässt. Bei Gedächtnistests, die eine Entscheidung zwischen verschiedenen Antwortmöglichkeiten erzwingen, kann sich der Lernfortschritt darin zeigen, dass die richtige Antwort überzufällig häufig gewählt wird. Den Personen selbst erscheint es jedoch so, als ob sie willkürlich raten würden.

**Indirekte Erfassung von Lernergebnissen**

**Merke**

Implizites Wissen unterscheidet sich qualitativ von dem Bewusstsein zugänglichem Wissen. Es handelt sich also nicht um die gleichen Inhalte, die lediglich mehr oder weniger bewusst im Gedächtnis repräsentiert sind, sondern um eine gänzlich andere Art von Wissen mit weniger kontrollierbaren Auswirkungen auf Verhalten und Handeln des Lernenden.

## 7.2 Implizites Regellernen

Eine wichtige Unterform des impliziten Lernens bezieht sich auf den Erwerb von Regelwissen (Terry, 2018). Diese spezielle Lernform wird im Folgenden als *implizites Regellernen* bezeichnet, um Verwechslungen mit dem übergeordneten Konzept des impliziten Lernens zu vermeiden. Implizites Regellernen erfolgt ohne bewusste Lernabsicht, ohne bewusste Aufmerk-

**Implizites Regellernen erfolgt ohne bewusste Lernabsicht**

samkeitssteuerung und ohne bewusste Wahrnehmung der Gesetzmäßigkeit eines Systems oder Regelwerks (Manza & Reber, 1997). Als Resultat des Lernvorgangs werden die gelernten Regeln erfolgreich angewendet, ohne dass sie verbalisiert werden können.

Der kleine Leon aus der Kapiteleinführung kann als prominentes Beispiel für implizites Regellernen im Alltag benannt werden. Wie Leon lernen Kinder aus allen Kulturen in einem sehr frühen Alter beiläufig die komplexen phonologischen, semantischen und grammatikalischen Regeln ihrer Muttersprache. Dieses Lernen erfolgt ohne bewusste Absicht, aber höchst effizient. Nach wenigen Jahren werden die unzähligen Regeln der Muttersprache mit ihren zahlreichen Ausnahmen sicher beherrscht, ohne dass sie jedoch explizit erklärt werden könnten.

Ein anderes Beispiel zum impliziten Lernen komplexer Regeln und Systeme stellt das „Fremdeln" bei Säuglingen dar. Im Alter von etwa acht Monaten lernen Babys bekannte von unbekannten Gesichtern zu unterscheiden und reagieren dann auf letztere oftmals mit großer Angst oder Schreckreaktion. Obwohl sich alle menschlichen Gesichter zunächst in ihren Grundeigenschaften (zwei Augen, Nase, Mund) gleichen, lernt das Kind die Komplexität der Gesichtserkennung, indem es unterschiedlichste Regeln und Systematiken unbewusst erkennt, kombiniert (Augenform, Größe der Nase, Mimikfalten usw.) und daraus schlussfolgert, ob es sich um eine bekannte oder fremde Person handelt (Oerter, 2012).

Doch wie kann implizites Lernen in den pädagogischen Alltag integriert werden? Das folgende Beispiel verdeutlicht, wie unbewusstes Lernen durch Projektarbeit gefördert werden kann.

**Beispiel: Implizites Lernen im Kindergartenalltag durch Projektarbeit**

Neben den Eltern kommt pädagogischen Fachkräften, die viele Stunden am Tag mit den Kindern verbringen, beim Erwerb verschiedener entwicklungsbezogener Kompetenzen eine bedeutende Rolle zu. Durch Projekte wie das Spielprojekt „Piraten" können nicht nur explizit, sondern insbesondere auch implizit sprachliche, motorische, sozial-emotionale und kognitive Kompetenzen erhöht werden (Partecke, 2004). Die Kinder versetzen sich während des Projekts in die Rolle abenteuerlustiger Piraten, die gemeinsam verschiedene Aufgaben bewältigen: den Bau eines Schiffs, die Fahrt zur See oder die Schatzsuche auf einer Insel. In diese attraktive Rahmenhandlung lassen sich Lerngelegenheiten auf vielfältige Weise situativ einbetten. Pädagogische Fachkräfte können bei der Planung des Projekts auf einen umfassenden Methoden-Baukasten zurückgreifen, der unter anderem Bewegungsspiele, Bauspiele, Lieder und Sprachspiele, Rollenspiele und Exkursionen beinhaltet. Beim Sprachspiel „Seemannsgarn“ beispielsweise geht es darum, Geschichten zu erfinden und zu erzählen. Durch Sprach- und Singspiele werden implizit die sprachlichen Kompetenzen gefördert; der Bau des Schiffes wie auch verschiedene Bewegungslieder verbessern die motorischen Fähigkeiten. Das gemeinsame Handeln in der Gruppe stärkt das kindliche Verständnis für soziale Gesetzmäßigkeiten, Rollen und Konventionen, ohne dass explizit darüber gesprochen wird. Vielmehr erinnern sich die Kinder innerhalb des Spiels untereinander an ihre Rolle und die damit verbundenen Regeln: „Du bist doch mein Piratenkamerad. Und Kameraden hauen sich nicht!“ (Oerter, 2012).

*Ist implizites Lernen immer unbewusst?* Die Frage, ob implizites Regellernen immer unbewusst abläuft, ist nicht abschließend geklärt. Manchmal scheint sich explizites Wissen über die Regelstruktur eines Systems im Nachhinein herauszubilden, wenn bereits implizite Lernprozesse stattgefunden haben und das implizite Wissen erfolgreich angewendet wird. Vielleicht handelt es sich bei bewusstem Wissen über implizit gelernte Inhalte also nur um einen „Nebeneffekt“ des impliziten Lernens.

**Sind Inhalte wirklich unbewusst oder nur sprachlich schwer kommunizierbar?**

Aus der Schwierigkeit, implizit erworbene Kenntnisse verbal auszudrücken, folgt nicht zwingend, dass sie dem Lernenden nicht bewusst zugänglich sind. Möglicherweise lassen sich diese Inhalte nur schwer mit Worten ausdrücken, so wie es auch schwierig ist, vertraute Gerüche oder die Merkmale von bekannten Gesichtern sprachlich exakt zu beschreiben.

**Bewusstes Wissen kann implizites Lernen behindern**

Auf der anderen Seite existieren Hinweise darauf, dass explizites Wissen über implizit zu erlernende Regeln kaum dazu beiträgt, die Leistung in Aufgaben zu erhöhen. Manche Studien zum Erwerb künstlicher Grammatik belegen, dass bewusstes Wissen über die Existenz von Regeln den Erwerb dieser Regeln sogar behindert (Reber, 1993). Dies ist vermutlich damit zu erklären, dass die aktive Suche nach Regeln

- kognitive Kapazitäten in Anspruch nimmt, die ansonsten dem impliziten Wissenserwerb zur Verfügung stehen würden, oder
- zur Konstruktion falscher Regeln führt, was die Leistung ebenfalls beeinträchtigt.

## 7.3 Prozedurales Lernen

Prozedurales Lernen stellt eine wichtige Form des impliziten Lernens dar. Es bezieht sich auf alle Veränderungen im Bewegungsrepertoire einer Person, insbesondere aber auf den Erwerb kognitiver oder motorischer Fertigkeiten durch Wiederholung und Übung. Dabei handelt es sich um einen stufenartigen Prozess, bei dem zu Beginn bewusste (*deklarative* oder *explizite*) Vorgänge im Vordergrund stehen, die im Verlauf durch unbewusste (*prozedurale* oder *implizite*) Mechanismen ersetzt werden.

**Merke**

Beim prozeduralen Lernen werden kognitive oder motorische Fertigkeiten durch Übung schrittweise erworben, indem bewusste Prozesse allmählich durch unbewusste Prozesse ersetzt werden.

### 7.3.1 Erlernen motorischer Fertigkeiten

**Beispiel**

Der 70-jährige Herr Müller leidet seit einigen Jahren an der Parkinson-Krankheit. In den letzten Monaten zeigten sich wiederholt Probleme mit dem Gleichgewicht, weshalb Herr Müller bereits mehrfach stürzte. Sein behandelnder Arzt empfahl deshalb eine ergotherapeutische Behandlung, um seine motorischen Defizite zu verbessern und die Fertigkeit, das Gleichgewicht beim Gehen halten zu können, neu zu erlernen. Durch ein differenziertes Feedback von seiner Ergotherapeutin gelang es Herrn Müller, seine Gleichgewichtsfähigkeit deutlich zu verbessern bzw. die verlorenen Kompetenzen neu zu „erlernen".

**Motorisches Lernen erfolgt über die gesamte Lebensspanne**

Motorisches Lernen begleitet uns über die gesamte Lebensspanne. Während wir uns grundlegende motorische Fertigkeiten wie Sitzen oder Gehen bereits im Säuglingsalter aneignen, werden komplexere motorische Bewegungsabläufe (z. B. neue Sportarten oder handwerkliche Tätigkeiten) im Verlauf der gesamten Lebensspanne erlernt oder nach einer Krankheit „wieder" erlernt, wie das obige Beispiel zeigt. Doch wie genau funktioniert motorisches Lernen und welche Lernstrategien helfen im praktischen Alltag dabei, motorisches Lernen zu fördern bzw. zu verbessern?

**Motorisches Lernen ist häufig unbewusst**

*Wie funktioniert motorisches Lernen?* Bewegungen und Bewegungsfolgen sind dem Bewusstsein und der verbalen Beschreibung meistens nicht zugänglich. Kinder lernen sitzen, essen und laufen nahezu beiläufig. Erwachsene können schwimmen, singen, schreiben und Fahrrad fahren, aber kaum erklären, *wie* sie dies tun. Auf der anderen Seite stellen die bewusste Absicht zu lernen sowie die Wirkungen von Selbstkontrolle und Zielsetzungen, die man beispielsweise bei vielen Sportarten feststellt, Aspekte des deklarativen Lernens dar.

In der Psychologie wird der Erwerb motorischer Fertigkeiten dem prozeduralen oder impliziten Lernen zugeordnet und auf unterschiedlichste Weise definiert. So beschreibt Adams (1987) motorisches Lernen beispielsweise als die Fähigkeit, Bewegungen präzise und flexibel den aktuellen Erfordernissen anzupassen, indem Intensität, Richtung und Dauer der Bewegungen gemäß den Anforderungen der Umwelt variiert werden. Schmidt und Lee (2011) sowie Shumway-Cook und Woollacott (2001) unterstreichen, dass motorisches Lernen aus einem komplexen Prozess hervorgeht, der sich in variierendem Umfang aus den Elementen Perzeption, Kognition und Aktion zusammensetzt und sowohl Merkmale des deklarativen als auch prozeduralen Lernens integriert (Terry, 2018).

**Komponenten motorischer Fertigkeiten**

Adams (1971) formulierte als erster ein theoretisches Konzept, um die Frage nach dem „Wie funktioniert motorisches Lernen?“ zu beantworten. Er stellte sich motorisches Lernen als einen geschlossenen Regelkreis vor, der durch ein sensorisches Feedback gesteuert wird. Insbesondere im Anfangsstadium bietet Feedback dem Lernenden wichtige Informationen, um Fehler in seiner Bewegungsausführung zu identifizieren und zu korrigieren. Der geschlossene Regelkreis wird dabei im Wesentlichen durch zwei Gedächtnisstadien geprägt:

**Theorie des geschlossenen Regelkreises**

- die Gedächtnisspur, die eine zur Situation passende Bewegung auswählt und initiiert sowie
- die Wahrnehmungsspur, die als internes Werkzeug der Fehlersuche dient und die die aktuell ausgeführte Bewegung mit den abgespeicherten Erinnerungen zur korrekten Ausführung der motorischen Handlung vergleicht. Motorisches Lernen wird positiv durch wiederholtes Ausführen von Bewegungen beeinflusst.

Adams Theorie wurde jedoch widerlegt. Die empirische Forschung zeigte, dass motorisches Lernen auch ohne sensorisches Feedback und Wiederholungen stattfinden kann (Zwicker & Harris, 2009). Schmidt (1975) modifizierte deshalb die Gedanken von Adams und entwickelte darauf aufbauend seine *Schema-Theorie*. Seiner Vorstellung nach entwickeln Personen aus früheren Bewegungserfahrungen ein „Generalisiertes motorisches Bewegungsprogramm“ (GMB). Ein „Abruf-Schema“ aktiviert das GMB und generiert aus vorherigen Erfahrungen einen motorischen Plan für die aktuelle Bewegungssituation. Daraus resultiert wiederum aufgrund der neuen motorischen Erfahrungen eine Modifikation des GMB.

**Schema-Theorie**

Die aktuelle Sichtweise, wie motorisches Lernen stattfindet, ist geprägt von den Überlegungen Bernsteins (1967), dessen Ideen in den 1980er Jahren im Zuge des Widerrufs der Ansicht, dass das zentrale Nervensystems ausschließlich hierarchisch organisiert sei, wieder in den Fokus rückten. Diese Theorie der dynamischen Systeme setzt den Fokus weniger auf das zen-

**Theorie der dynamischen Systeme**

trale Nervensystem, sondern vertritt die Ansicht, dass Bewegungen aus einem Zusammenspiel von drei Systemen resultieren:

- der Person, die die Bewegungen ausführt,
- der Umwelt, in der die Bewegungen stattfinden sowie
- der auszuführenden Aufgabe.

Alle drei Systeme unterhalten wiederum weitere Subsysteme, die permanent miteinander in Verbindung stehen, um optimale, an die jeweilige Situation angepasste, Bewegungen zu generieren. Durch Interaktionen mit der Umwelt sowie die jeweiligen Anforderungen der Aufgabe wird die bisherige Anordnung von Bewegungsmustern ständig aktualisiert.

**Einflussfaktoren motorischen Lernens**

Die Theorien von Adams, Schmidt und Bernstein bildeten eine entscheidende Grundlage für weitere Forschung im Bereich des motorischen Lernens, aus der eine Vielzahl von Methoden abgeleitet wurden, die sowohl im klinischen als auch im alltäglichen Setting Anwendung finden, um motorisches Lernen positiv zu beeinflussen. Zu den bedeutendsten Einflussfaktoren zählen die Berücksichtigung der *Phasen von motorischem Lernen*, die Zuordnung einer motorischen Fertigkeit zu einem bestimmten *Aufgabentyp*, ausreichend *praktische Erprobung* sowie ein *angemessenes Feedback*.

**Phasen motorischen Lernens**

*Phasen des motorischen Lernens*. Nach Fitt und Posner (1967) ist motorisches Lernen durch drei Stadien geprägt:

- dem kognitiven Stadium,
- dem assoziativen Stadium und
- dem autonomen Stadium.

Im *kognitiven Stadium* ist die motorische Leistung fehlerhaft. Die Fehler sind häufig noch grob, die ausgeführten Bewegungen sind ungenau, verlangsamt und inkonsistent. Der Lernende versucht zunächst, die Aufgabe zu verstehen und sich gedanklich oder auch durch Selbstgespräche selbst zu instruieren. So hegt ein Kind beim Erlernen des Radfahrens beispielsweise Gedanken wie:

- „Füße fest auf die Pedale stellen."
- „Die Augen immer nach vorne richten."
- „Treten wie beim Dreirad."
- „Den Lenker dahin richten, wo ich hinfahren will."

In der folgenden Phase des *assoziativen Lernens* werden die Bewegungen deutlich erfolgreicher ausgeführt. Die motorischen Leistungen sind erheblich genauer und schneller. Mittels Feedback können kleinere Ungenauigkeiten jetzt gezielt ausgeglichen werden. Rückmeldungen werden nun schrittweise zurückgenommen, sind weniger detailliert und erfolgen nicht mehr unmittelbar („Ich achte darauf, beim Fahren nicht zu fallen."). Übung ist in diesem Stadium essenziell, um die Bewegungsmuster zu verfestigen.

In der abschließenden *autonomen Phase* sind die Bewegungen koordiniert und automatisiert. Die Person ist nun in der Lage, ihre Aufmerksamkeit auf andere Dinge zu richten. Beispielsweise entdeckt sie während des Radfahrens eine bekannte Person und ruft dieser Person einen Gruß zu.

**Aufgabentyp**

*Aufgabentyp.* Schmidt und Lee (2011) klassifizierten verschiedene Typen von Aufgaben, die beeinflussen, wie einzelne motorische Fertigkeiten gelernt werden. So lassen sich beispielsweise einzelne, serielle und fortlaufende Fertigkeiten voneinander unterscheiden. Charakteristische Eigenschaft einer einzelnen Aufgabe ist das Vorhandensein eines definierten Start- und Endpunkts einer motorischen Handlung (z. B. einen Ball werfen). Bei seriellen Handlungen handelt es sich um einzelne Tätigkeiten, die aufeinanderfolgend miteinander verknüpft werden (z. B. sich Anziehen). Kontinuierliche Aufgaben besitzen keinen klar definierten Start- und Endpunkt und können beliebig fortgesetzt werden (z. B. laufen). Zusätzlich können Bewegungen auch bezüglich der Umwelt, in der sie ausgeführt werden, klassifiziert werden. Sind die Umgebungsbedingungen unvorhersehbar und veränderlich, handelt es sich um *offene Fertigkeiten* (z. B. Fußball spielen); die Bewegungen sind nicht planbar und der motorische Plan muss in „Echtzeit" an die jeweiligen Umweltbedingungen angepasst werden. Im Gegensatz dazu stehen Bedingungen, die stabil und vorhersehbar sind. Die auszuführende motorische Handlung ist planbar und kann in eigener Zeiteinteilung umgesetzt werden (geschlossene Fertigkeiten).

**offene Fertigkeiten**

**geschlossene Fertigkeiten**

**Übung**

*Übung.* Übung ist die wichtigste Grundlage motorischen Lernens. Nur durch häufige Übung verbessern sich motorische Fertigkeiten. Insbesondere die Geschwindigkeit motorischer Abläufe nimmt mit der Anzahl der Wiederholungen zu. Dieser Zuwachs ist nicht linear: Nach anfänglich schnellem Lernzuwachs werden zunehmend mehr Wiederholungen nötig, um noch einen weiteren Lernfortschritt zu erzielen.

**Verteilung der Übungseinheiten**

Neben der Häufigkeit der Wiederholungen spielt auch die *Verteilung* der Übungseinheiten eine wesentliche Rolle. Ebenso wie beim Lernen von verbalem Material erweist sich verteiltes Lernen gegenüber massiertem Lernen als vorteilhaft. Längere Zeiträume zwischen den Übungen scheinen den Lernerfolg zu vergrößern, möglicherweise deshalb, weil sie den Lernenden die Möglichkeit zur Erholung bieten.

Studien zeigen zusätzlich, dass auch die Übungsreihenfolge den motorischen Lernfortschritt deutlich beeinflusst. Das Einüben neuer motorischer Fertigkeiten in zufälliger Reihenfolge ist dem „geblockten" Lernen überlegen. Möchte beispielsweise ein Schlaganfallpatient drei verschiedene motorische Fertigkeiten wieder erlernen, ist es sinnvoller diese drei Aktivitäten in einem zufälligen Wechsel zu erproben als jeweils nur eine Aufgabe zur Zeit einzuüben und erst dann zur nächsten Tätigkeit überzugehen, wenn die erste Aufgabe erfolgreich erlernt wurde.

**Merke**

Beim motorischen Lernen wirken sich viele kurze Übungseinheiten auf den Lernfortschritt günstiger aus als wenige lange Übungseinheiten.

Bedeutung von Feedback

*Feedback.* Wiederholungen alleine reichen nicht aus, um motorische Fertigkeiten zu erwerben. Dies gilt in besonderem Maße für anspruchsvollere, komplexere Tätigkeiten (z.B. Steuerung eines Fahrzeugs). Rückmeldungen über den Erfolg der Durchführung *(Feedback)* sind notwendig, damit während der nächsten Versuche Korrekturen vorgenommen werden können. Zahlreiche Studien zeigten, dass häufige, zeitnahe und detaillierte Rückmeldungen den Lernfortschritt beim Erwerb motorischer Fertigkeiten erhöhen (Adams, 1987).

Nachteile von zu häufigen Rückmeldungen

Zu häufige Rückmeldungen sind problematisch, da sie den Lernenden davon abhalten, seine Leistung selbst zu beurteilen. Die Gewöhnung an Rückmeldungen kann auch die Fähigkeit beeinträchtigen, die neu erworbenen Fertigkeiten auf unterschiedliche Situationen zu übertragen, in denen es keine Rückmeldungen gibt. Eine Studie belegte, dass analog zum idealen Vorgehen beim operanten Konditionieren folgender Plan zu empfehlen ist:

- Zu Beginn eines Lernprozesses sollten häufige und konsistente Rückmeldungen gegeben werden, um das Verhalten schnell aufzubauen.
- Anschließend sollte zu einem intermittierenden Plan übergegangen werden, der die Selbstständigkeit bei der Beurteilung der eigenen Leistung und die Transferfähigkeit fördert (Wulf, 2007).

Unmittelbare und verzögerte Rückmeldungen

Vergleichbare Folgerungen lassen sich aus Studien ziehen, in denen die Wirksamkeit von *unmittelbaren* Rückmeldungen mit *verzögerten* Rückmeldungen verglichen wurde. Es zeigte sich, dass eine Verzögerung der Rückmeldung um einige Sekunden zu besseren Lerneffekten und einer dauerhaft überlegenen Leistung führte (Zwicker & Harris, 2009). Die Ursache für diesen Effekt ist darin zu vermuten, dass die Lernenden während des Intervalls ihre motorische Leistung rekapitulieren und eigenständig bewerten können, bevor sie in ihrer Einschätzung durch externe Rückmeldungen beeinflusst werden.

**Beispiel**

Moderne Behandlungsansätze der Ergotherapie, wie z.B. der CO-OP-Ansatz (Cognitive Orientation to daily Occupational Performance; Polatajko & Mandich, 2008), integrieren viele der genannten motorischen

Lernstrategien, um alltägliche motorischen Handlungen mit Kindern einzuüben. Äußert ein Kind beispielweise den Wunsch, einen Purzelbaum schlagen zu können, analysieren Therapeut und Kind zunächst im kognitiven Stadium des motorischen Lernens gemeinsam, auf welche Details in der Erprobung eines Purzelbaums zu achten ist. Dazu werden Gedanken formuliert wie: „Kinn fest auf die Brust drücken." oder „Hände seitlich neben den Ohren aufsetzen." Anschließend erfolgt die praktische Erprobung. In dieser Phase des assoziativen Lernens erfolgt anfangs ein häufiges und gezieltes Feedback durch den Therapeuten. Das Kind gewinnt zunehmend an Sicherheit und entwickelt ein Gespür für die „richtige Bewegung". Das Feedback durch den Therapeuten wird schrittweise reduziert und das Kind ist in der Lage, eigenständig anhand der neu erlernten Bewegungsmuster sowie der zu Beginn der Therapie festgelegten kognitiven Strategien ein eigenes Feedback zu generieren und seine Bewegungen zu optimieren. In der abschließenden Phase des autonomen Lernens erfolgt die Ausführung des Purzelbaums fast unbewusst und das Kind ist nun zusätzlich in der Lage, diesen unter unterschiedlichen Bedingungen auszuführen (z. B. auf einer Turnmatte, im Gras, auf dem Bett).

## 7.3.2 Erwerb kognitiver Fertigkeiten

Kognitive Fertigkeiten sind immer dann gefordert, wenn in schulischen, beruflichen oder anderen Bereichen kognitive Aufgaben wie ein mathematisches Problem, die Reparatur eines technischen Geräts oder ein Kreuzworträtsel bewältigt werden müssen.

**Definition**

Unter *kognitiven Fertigkeiten* versteht man Mechanismen, mit deren Hilfe Menschen kognitive Aufgaben oder Probleme lösen.

**Gemeinsamkeiten mit motorischen Fertigkeiten**

Wie motorische Fertigkeiten verbessern sich auch kognitive Fertigkeiten durch häufige Übung und können schließlich automatisiert und ohne bewusste Kontrolle durchgeführt werden. Zur Lösung solcher Probleme können entweder *Standardprozeduren* oder *heuristische Strategien* verwendet werden. Beide Begriffe sollen im Folgenden näher erläutert werden.

**Standardprozeduren**

*Standardprozeduren.* Standardprozeduren sind Techniken, die durch Instruktion erworben und immer auf die gleiche, standardisierte Weise durchgeführt werden. Die Regeln zur Durchführung der schriftlichen Multiplikation und Division sind ein Beispiel für eine Standardprozedur. Wenn eine Person eine konkrete Aufgabe (z.B. die Multiplikationsaufgabe 569×334) bearbeiten will, so muss sie ähnlich wie Schmidt (1975) es in seiner Schema-Theorie zum motorischen Lernen beschrieb, ein bereits erworbenes Lösungsschema aktivieren (in diesem Fall das Schema „schriftliche Multiplikation") und anwenden. Dabei sind drei Schritte erforderlich:

- die Auswahl eines geeigneten Lösungsschemas, die davon abhängt, welche Informationen gegeben sind und welche Informationen gesucht werden;
- die Anpassung der Lösungsprozedur an das konkrete Problem und
- die Ausführung der einzelnen Operationen der Lösungsprozedur.

**Schrittweiser Erwerb von Standardprozeduren**

Es wird angenommen, dass Menschen solche Schemata durch Übung und Wiederholung erwerben, bis schließlich eine vollkommene Automatisierung des Verhaltens erreicht wird. Ackerman (1989) beispielsweise beschreibt den Verlauf der Aneignung kognitiver Fertigkeiten in denselben drei Stadien, die Fitt und Posner (1967) für das motorische Lernen beschreiben (vgl. Tab. 17).

**Tabelle 17:** Aneignung kognitiver Fertigkeiten nach Ackerman (1989)

| Phase | Prozesse |
|---|---|
| Kognitives Stadium | • Erwerb von Regeln und Zielen der Aufgabe sowie angemessenen Lösungsstrategien<br>• Vorherrschen von Prozessen, die bewusst gesteuert werden<br>• Resultat des Lernprozesses besteht in einer kognitiven Repräsentation der Aufgabe und des Lösungsweges |
| Assoziatives Stadium | • Automatisierung der gelernten Strategien durch häufige Wiederholungen<br>• Verbindung von Teilfertigkeiten zu einem generalisierten Lösungsschema, mit dem gleichartige Aufgaben zukünftig bearbeitet werden können |
| Autonomes Stadium | • Entwicklung von Routinen, die schneller und fehlerfreier ablaufen als bewusst gesteuerte Prozesse<br>• Automatisierung von Prozessen<br>• Fehlen bewusster Kontrolle |

**Flexibilität von Standardprozeduren**

Trotz der Automatisierung handelt es sich bei Standardprozeduren nicht um vollkommen starre Handlungsschemata, sondern um Lösungsstrategien, die an die Erfordernisse einer konkreten Aufgabe flexibel angepasst werden. Gänzlich neuartige Aufgaben können mithilfe von Standardprozeduren jedoch nicht gelöst werden.

Heuristische Strategien

*Heuristische Strategien.* Viele Probleme im Alltag sind so komplex, dass sie mit einfachen Standardprozeduren nicht lösbar sind (z. B. die Planung einer Urlaubsreise mit der ganzen Familie). Vielfach ist solch eine Aufgabe nur durch eine Aneinanderreihung unterschiedlicher Standardverfahren zu bewältigen. Es wird ein übergeordnetes Schema als Auswahlhilfe benötigt, um herauszufiltern, welche Standardprozedur bei welchem Schritt eingesetzt werden sollte. Aufgrund der Vielfalt möglicher Alltagsprobleme ist es jedoch nicht möglich, für jedes Problem ein übergreifendes Meta-Schema zu erwerben. Stattdessen werden in solchen Situationen sogenannte *heuristische Strategien* eingesetzt (Duncker, 1935/1974; Pólya, 1969). Dies sind sehr flexible Such- und Findemechanismen, mit deren Hilfe entschieden wird, welche Regel oder Lösungsstrategie in einer bestimmten Situation zu verwenden ist (Dörner, 1992). Es handelt sich dabei nicht um strenge Regeln, sondern um intuitive Methoden und Faustregeln zum Vorgehen bei der Problemlösung, z. B. Formulieren von Vermutungen, Herstellen von Zusammenhängen oder Entdecken von Parallelen zu bekannten Problemstellungen.

## 7.3.3 Vom deklarativen zum prozeduralen Lernen

Deklaratives und prozedurales Wissen

*Deklaratives und prozedurales Wissen.* Dem deklarativen Wissen (Faktenwissen) und prozeduralen Wissen (praktisch nutzbares Wissen in Form von Verarbeitungsroutinen) liegen unterschiedliche Lernmechanismen zugrunde. Deklaratives Wissen wird durch Prozesse der verbalen Enkodierung erworben (Begriffsbildung; vgl. Kap. 5.1). Prozedurales Wissen wird auf der Basis von umfassender Übung und korrigierenden Rückmeldungen aufgebaut.

Vermischung der Lernformen im Alltag

Im Alltag lassen sich beide Lernformen nicht immer scharf trennen, da sich bei fast allen komplexeren Lernvorgängen Prozesse des deklarativen und des prozeduralen Lernens vermischen.

**Beispiel**

Ein junger Mann bringt sich mithilfe von Kochbüchern selbst das Kochen bei. Er beginnt mit einem einfachen Kochbuch für Einsteiger und hält sich anfangs ganz genau an die Vorgaben in den Rezepten. Mit zunehmender Erfahrung wagt sich der Mann an immer kompliziertere und exotischere Gerichte heran. Nach einiger Zeit kombiniert der Hobbykoch eigenständig Rezeptvorschläge aus verschiedenen Büchern und probiert sogar eigene Kreationen aus. Schließlich benötigt er keine

Kochbücher mehr, um bekannte Speisen zuzubereiten. Er benutzt sie jedoch weiterhin, um Anregungen für neuartige und fremdländische Gerichte zu erhalten.

ACT-Modell

*Das ACT-Modell.* Das ACT-Modell („Adaptive Control of Thought") von Anderson (1982, 1983) stellt eine umfassende Kognitionstheorie dar, die verschiedene kognitionspsychologische Aspekte in einen einheitlichen Rahmen bettet. Das Modell beinhaltet auch eine Theorie zum Erwerb kognitiver und motorischer Fertigkeiten. Nach dem ACT-Modell wird die Aneignung als Übergang vom deklarativen zum prozeduralen Lernen beschrieben. Zu Beginn wird explizites Wissen über eine Aufgabe sowie über die Regeln und Vorgehensweisen zu ihrer Lösung erworben, wobei es sich um deklarative Lernprozesse handelt. Durch praktische Erprobung und Übung wird die Leistung bei der Aufgabenbewältigung gesteigert und die Tätigkeit bedarf einer geringeren kognitiven Kontrolle. In dieser Phase findet prozedurales Lernen statt. Nach umfassender Übung kann die Tätigkeit automatisiert ausgeübt werden. Prozedurales Lernen erfolgt im ACT-Modell in drei aufeinander aufbauenden Stufen (vgl. Abb. 12). Anderson und Kollegen entwickelten das ACT-Modell permanent weiter (z. B. Anderson & Lebiere, 1998). Da das ursprüngliche ACT-Modell jedoch die bekannteste Modellvorstellung zum Erwerb von Fertigkeiten beinhaltet, soll an dieser Stelle die erste Version vorgestellt werden. Diese wird häufig auch als ACT* (ACT star) bezeichnet.

Prozeduralisierung bedeutet Abnahme der Kontrolle durch bewusste Prozesse

Der Ausdruck „Adaptive Control of Thought" bezieht sich auf die Kontrolle von Handlungen durch bewusste gedankliche Prozesse, die parallel zu der zunehmenden Prozeduralisierung und Automatisierung der Handlungen immer mehr in den Hintergrund treten.

Es wird deutlich, dass das ACT-Modell starke Ähnlichkeit mit den Stadien des Erwerbs motorischer und kognitiver Fertigkeiten nach Fitt und Posner (1967) sowie Ackerman (1989) besitzt (vgl. Kap. 7.3.1).

In einem ersten Schritt wird Faktenwissen (deklaratives Wissen) aufgebaut. Der Wissenserwerb und die Problemlöseaktivitäten in dieser Phase erfordern Aufmerksamkeit und eine bewusste kognitive Verarbeitung. Das Arbeitsgedächtnis wird stark in Anspruch genommen. Durch wiederholtes Üben wird das deklarative Wissen allmählich in Handlungen *(Produktionen)* umgesetzt. Die Aufmerksamkeit fordernde, kontrollierte Verarbeitung auf Basis des deklarativen Wissens verlagert sich allmählich zu automatischen Prozessen auf Basis des prozeduralen Wissens. Regeln oder Handlungen, die häufiger gemeinsam angewendet oder durchgeführt werden, werden kombiniert. Das Handeln wird dadurch effizienter. Allmählich wird das Langzeitgedächtnis beteiligt und dadurch das Arbeitsgedächtnis entlastet. In einem letzten Schritt erfolgt die Feinanpassung der Fertigkeiten.

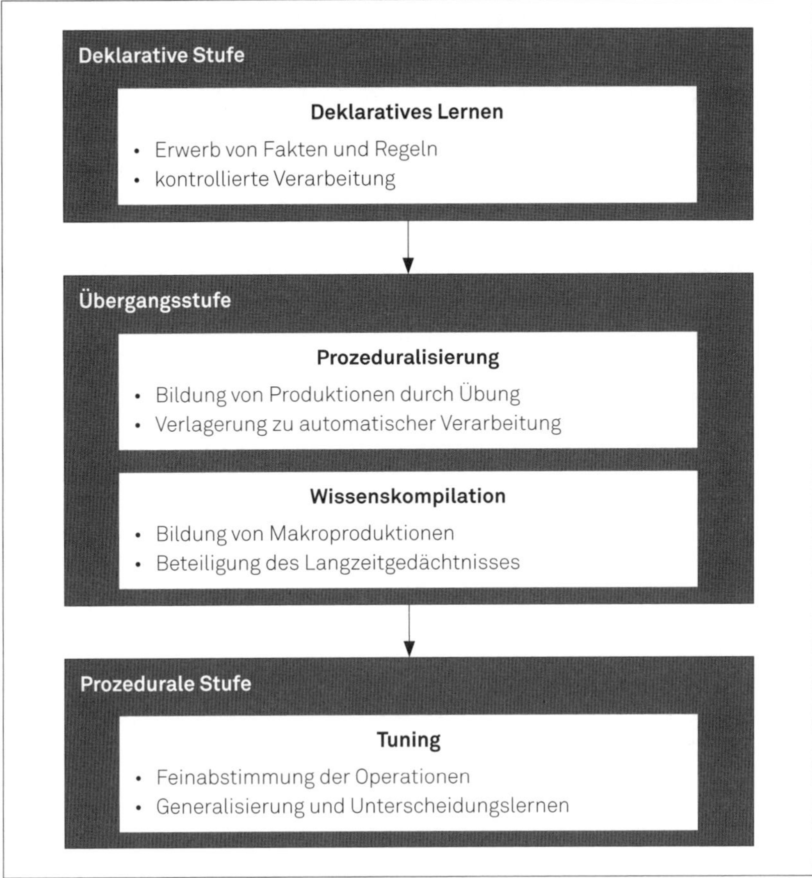


**Abbildung 12:** Übergang vom deklarativen zum prozeduralen Lernen nach dem ACT-Modell von Anderson (1982, 1983)

Durch Generalisierung werden die erworbenen Fertigkeiten auf andere Bereiche übertragen. Durch Unterscheidungslernen wird vermieden, dass eine Übertragung auf unangemessene Bereiche erfolgt. Dieses Ablaufschema soll am Beispiel des Autofahrens veranschaulicht werden.

**Beispiel**

Ein Fahrschüler erwirbt zunächst theoretisches Wissen über die Funktionen des Autos und über die Verkehrsregeln. Bei den ersten Fahrversuchen werden die notwendigen Handlungen bewusst gesteuert, unter anderem durch Selbstinstruktionen wie „Jetzt in den ersten Gang schalten!“ oder „Vor dem Abbiegen Blinker betätigen!“. Zunächst ist die gesamte Aufmerksamkeit des Fahrschülers von der Aufgabe des Fahrens in Anspruch genommen. Durch viel Übung – noch lange nach der bestandenen Fahrprüfung – wird das deklarative Wissen allmählich zum Können, die bewusste Steuerung des Handelns tritt zurück.

Bald wird das Auto aus der Parklücke bugsiert, ohne dass etwa darüber nachgedacht werden muss, wie der Rückwärtsgang eingelegt wird. Handlungen, die häufig gemeinsam durchgeführt werden wie etwa „Einlegen des Rückwärtsgangs" und „Steuern mithilfe des Rückspiegels" werden zu *Makroproduktionen* kombiniert. Die kontrollierte Verarbeitung nimmt immer mehr ab und der Fahrer wird allmählich fähig, seine Aufmerksamkeit neben der Fahraufgabe anderen Dingen zuzuwenden (z.B. Gespräch mit dem Beifahrer). Durch Erfahrung und Übung gelingt es dem Autofahrer, seine Fertigkeiten auf unterschiedliche Anforderungen auszuweiten (*Generalisierung*; z.B. durch Fahren mit unterschiedlichen Fahrzeugmodellen). Der Fahrer lernt darüber hinaus, unterschiedliche Situationen zu differenzieren und sein Fahrverhalten entsprechend anzupassen (*Diskrimination*; z.B. durch Fahren im Stadtverkehr, auf Landstraßen und auf der Autobahn oder durch Fahren bei unterschiedlichen Witterungsbedingungen).

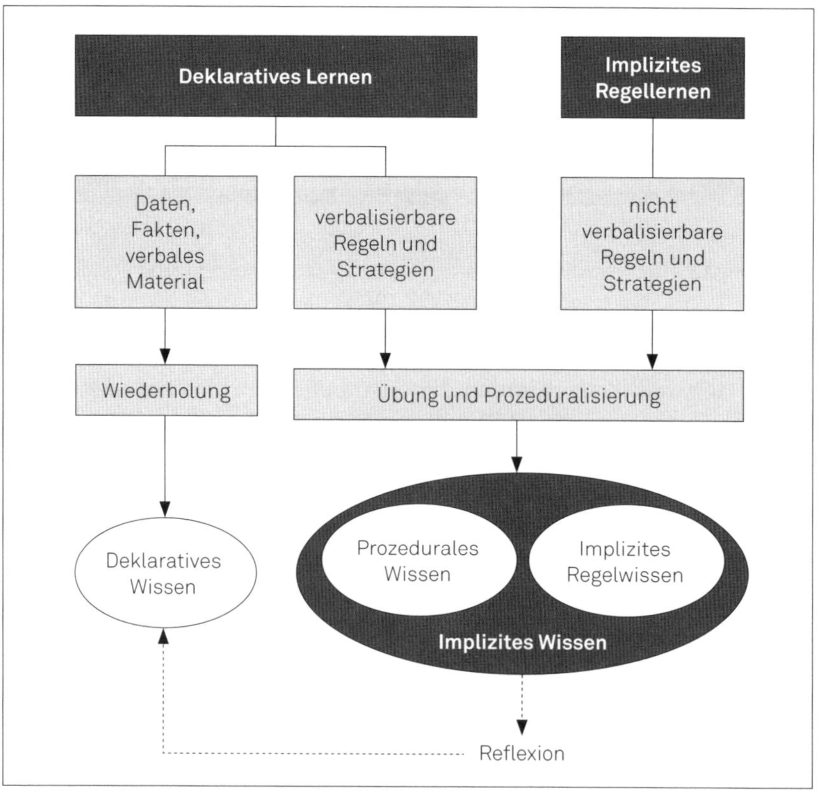


**Abbildung 13:** Lernprozesse und Lernergebnisse im Überblick

Explizites oder implizites Lernen?

*Explizites oder implizites Lernen?* Nach dem ACT-Modell geht dem Erwerb prozeduraler Fertigkeiten grundsätzlich eine Phase des expliziten Lernens voran. Studien haben allerdings gezeigt, dass dies nicht unbedingt der Fall sein muss. Die Forschung an Patienten mit Gedächtnisstörungen belegt, dass Handlungsregeln auch vollständig ohne bewusste Beteiligung gelernt werden (z. B. Hayes & Broadbent, 1988; Schacter, 2001).

Abbildung 13 veranschaulicht abschließend schematisch, wie die verschiedenen Lernformen zueinander in Beziehung stehen und welche Lernergebnisse aus ihnen resultieren.

## Zusammenfassung

Implizites Lernen verläuft im Vergleich mit thematisch verwandten Konzepten ohne Beteiligung des Bewusstseins. Diese Lernform folgt anderen Gesetzmäßigkeiten als explizites Lernen. Der Lernerfolg kann durch eine intensivere Auseinandersetzung mit dem Lernstoff nicht gesteigert werden, sondern nur durch häufige Wiederholungen. Implizites Lernen ist stark modalitätsabhängig, wird aber wenig durch das Alter, die kognitive Leistungsfähigkeit oder die aktuelle Beanspruchung des Lernenden beeinflusst. Implizites Lernen führt dazu, dass gelernte Regeln erfolgreich angewendet werden, ohne jedoch verbal beschrieben werden zu können. Da das Gelernte dem Bewusstsein nicht zugänglich ist, kann die Gedächtnisleistung nur auf indirekte Weise geprüft, aber nicht direkt erfragt werden. Implizites Wissen steuert das Verhalten unabhängig von der Absicht des Lernenden und kann deshalb weder vorgetäuscht noch willentlich unterdrückt werden. Es ist nur schwer löschbar.

Wichtige Formen des impliziten Lernens stellen neben dem Konditionieren (vgl. Kap. 4) unter anderem das implizite Regellernen und das prozedurale Lernen dar, welche im vorliegenden Kapitel behandelt wurden.

Implizites Regellernen bezieht sich auf den unbewussten Erwerb von Regelwissen oder Wissen über die regelhafte Struktur komplexer Systeme. Ein bedeutsames Beispiel aus der Entwicklungspsychologie ist der Spracherwerb bzw. der korrekte, aber nicht bewusste Umgang mit grammatikalischen Strukturen der Muttersprache. Es ist noch nicht eindeutig geklärt, ob implizites Regellernen immer vollständig unbewusst abläuft. Explizites Wissen über die Regelstruktur eines Systems scheint sich normalerweise erst im Nachhinein herauszubilden, wenn bereits implizite Lernprozesse stattgefunden haben und das implizite Wissen in Handlungen umgesetzt wird.

Prozedurales Lernen bezeichnet den Erwerb motorischer und kognitiver Fertigkeiten durch Übung. Motorische Fertigkeiten beinhalten perzeptive, motorische und kognitive Komponenten und werden durch motorisches Lernen erworben. Motorische Fertigkeiten werden in drei Stadien (kognitives Stadium, assoziatives Stadium und autonomes Stadium) erlernt und festigen sich durch Wiederholung und Übung. Nach einem schnellen Lernzuwachs zu Beginn werden zunehmend mehr Wiederholungen nötig, um noch einen weiteren Lernfortschritt zu erzielen. Zeitlich verteilte Übungseinheiten sind vorteilhafter als massierte Einheiten. Der Erwerb komplexer motorischer Fertigkeiten erfordert neben der Übung Rückmeldungen über den Erfolg, damit Korrekturen vorgenommen werden können. Rückmeldungen sollten jedoch nicht zu häufig erfolgen, damit eine eigenständige Bewertung durch die lernende Person erfolgen kann.

Kognitive Fertigkeiten sind Mechanismen, mit deren Hilfe Menschen kognitive Aufgaben oder Probleme lösen. Zu den kognitiven Fertigkeiten gehören *Standardprozeduren* und *Heurismen*. Standardprozeduren werden durch Instruktion erworben und immer auf die gleiche Weise durchgeführt. Sie eignen sich für häufig wiederkehrende Aufgaben. Nach Ackerman (1989) werden Standardprozeduren in einem dreistufigen Prozess erworben. Zunächst werden Lösungsstrategien deklarativ gelernt (kognitives Stadium) und dann durch Wiederholung prozeduralisiert (assoziatives Stadium). Im autonomen Stadium laufen die Prozesse schließlich automatisch ab. *Heurismen* sind dagegen flexible Such- und Findemechanismen, die in neuen oder komplexen Problemsituationen eingesetzt werden, um angemessene Lösungsprozeduren auszuwählen und zu kombinieren.

Im Alltag lassen sich prozedurales und deklaratives Lernen nicht immer scharf trennen, da sich diese Prozesse bei fast allen komplexeren Lernvorgängen vermischen. Manche Autoren nehmen an, dass prozedurales Lernen normalerweise auf deklaratives Lernen folgt. Das ACT-Modell von Anderson (1983) beschreibt diese Entwicklung vom deklarativen zum prozeduralen Lernen. In der deklarativen Phase wird Faktenwissen aufgebaut. Durch wiederholtes Üben erfolgt die Prozeduralisierung des Gelernten. Regeln oder Handlungen, die häufiger gemeinsam angewendet oder durchgeführt werden, werden in der Phase kombiniert. In einem letzten Schritt erfolgt die Feinanpassung der Fertigkeiten (Tuning). Das Modell kann auf den Erwerb kognitiver und motorischer Fertigkeiten angewendet werden.

# Literatur


Abramson, L. Y., Seligman, M. E. P. & Teasdale, J. O. (1978). Learned helplessness in humans: Critics and reformulation. *Journal of Abnormal Psychology, 87*, 49–74. http://doi.org/10.1037/0021-843X.87.1.49

Ackerman, P. L. (1989). Individual differences and skill acquisition. In P. L. Ackerman, R. J. Sternberg & R. Glaser (Eds.), *Learning and individual differences: Advances in theory and research* (pp. 165–217). New York: Freeman.

Adams, J. A. (1971). A closed-loop theory of motor learning. *Journal of Motor Behavior, 3,* 111–150. http://doi.org/10.1080/00222895.1971.10734898

Adams, J. A. (1987). Historical review and appraisal of research on the learning, retention, and transfer of human motor skills. *Psychological Bulletin, 101,* 41–74. http://doi.org/10.1037/0033-2909.101.1.41

Aebli, H. (2011). *Zwölf Grundformen des Lehrens. Eine allgemeine Didaktik auf psychologischer Grundlage; Medien und Inhalte didaktischer Kommunikation, der Lernzyklus* (14. Aufl.). Stuttgart: Klett-Cotta.

Alexander, J. M., Johnson, K. E. & Kelley, K. (2012). Longitudinal analysis of the relations between opportunities to learn about science and the development of interests related to science. *Science Education, 96,* 763–786. http://doi.org/10.1002/sce.21018

Allister, L., Lester, B. M., Carr, S. & Liu, J. (2001). The effects of maternal depression on fetal heart rate response to vibroacoustic stimulation. *Developmental Neuropsychology, 20,* 639–651. http://doi.org/10.1207/S15326942DN2003_6

Anderson, J. R. (1982). Acquisition of cognitive skill. *Psychological Review, 89,* 369–403. http://doi.org/10.1037/0033-295X.89.4.369

Anderson, J. R. (1983). *The architecture of cognition.* Cambridge: Harvard University Press.

Anderson, J. R. & Lebiere, C. (1998). *The atomic components of thought.* Mahwah, NJ: Erlbaum.

Arndt, P. A. & Sambanis, M. (2017). *Didaktik und Neurowissenschaften. Dialog zwischen Wissenschaft und Praxis.* Tübingen: Narr Francke Attempto.

Artelt, C. & Wirth, J. (2014). Kognition und Metakognition. In T. Seidel & A. Krapp (Hrsg.), *Pädagogische Psychologie* (6. Aufl., S. 167–192). Weinheim: Beltz.

Baddeley, A. D. (1986). *So denkt der Mensch: Unser Gedächtnis und wie es funktioniert.* München: Droemer Knaur.

Bandura, A. (1969). *Principles of behavior modification.* New York: Holt, Rhinehart & Winston.

Bandura, A. (1971). *Social learning theory.* New York: General Learning Press.

Bandura, A. (1977). Self-efficacy: Toward a unifying theory of behavioral change. *Psychological Review, 84,* 191–215. http://doi.org/10.1037/0033-295X.84.2.191

Bandura, A. (1979). *Sozial-kognitive Lerntheorie.* Stuttgart: Klett-Cotta.

Bandura, A. (1997). *Self-efficacy: The exercise of control.* New York: Freeman.

Bandura, A., Ross, D. & Ross, S.A. (1963). Imitation of film mediated aggressive models. *Journal of Abnormal and Social Psychology, 66,* 3–11. http://doi.org/10.1037/h0048687

Bandura, A. & Walters, R. (1963). *Social learning and personality development.* New York: Holt, Rhinehart & Winston.

Baumert, J. (2000). Lebenslanges Lernen und internationale Dauerbeobachtung der Ergebnisse von institutionalisierten Bildungsprozessen. In F. Achtenhagen & W. Lempert (Hrsg.), *Lebenslanges Lernen im Beruf. Seine Grundlegung im Kindes- und Jugendalter (Bd. 5): Erziehungstheorie und Bildungsforschung* (S. 121–127). Opladen: Leske & Budrich. http://doi.org/10.1007/978-3-322-80864-6_8

Berlyne, D.E. (1960). *Conflict, arousal, and curiosity.* New York: McGraw-Hill. http://doi.org/10.1037/11164-000

Bernstein, N.A. (1967). *The coordination and regulation of movement.* Oxford: Pergamon Press.

Bodenmann, G., Perrez, M. & Schär, M. (2016). *Klassische Lerntheorien. Grundlagen und Anwendungen in Erziehung und Psychotherapie* (3. Aufl.). Bern: Hogrefe.

Bower, G.H. & Hilgard, E.R. (1983). *Theorien des Lernens* (Bd. 1). Stuttgart: Klett-Cotta.

Brand, M. & Markowitsch, H.J. (2006). Was weiß die Hirnforschung über Lernen? *Zeitschrift für Erziehungswissenschaft, 9,* 21–42.

Bruner, J.S. (1961). The act of discovery. *Harvard Educational Review, 31,* 21–32.

Buchner, A. (2012). Funktionen und Modelle des Gedächtnisses. In H.-O. Karnath & P. Thier (Hrsg.), *Kognitive Neurowissenschaften* (3. Aufl., S. 541–552). Berlin: Springer.

Carlson, N.R. (2004). *Physiologische Psychologie* (8. Aufl.). München: Pearson.

Craik, F.I.M. & Lockhart, R.S. (1972). Levels of processing: A framework for memory research. *Journal of Verbal Learning and Verbal Behavior, 11,* 671–684. http://doi.org/10.1016/S0022-5371(72)80001-X

Csikszentmihalyi, C. (2003). *Flow: das Geheimnis des Glücks* (11. Aufl.) Stuttgart: Klett-Cotta.

Csikszentmihalyi, C. (2005). *Das Flow-Erlebnis: Jenseits von Angst und Langeweile: Im Tun aufgehen* (9. Aufl.) Stuttgart: Klett-Cotta.

Damm, F., Petermann, F. & Petermann, U. (2011). Imitationsfähigkeit von Kleinkindern in den ersten beiden Lebensjahren. *Psychologische Rundschau, 62,* 93–100. http://doi.org/10.1026/0033-3042/a000072

Deci, E.L. & Ryan, R.M. (1985). *Intrinsic motivation and self-determination in human behavior.* New York: Plenum. http://doi.org/10.1007/978-1-4899-2271-7

De Jong-Meyer, R. (2018). Kognitive Verfahren nach Beck. In J. Margraf & S. Schneider (Hrsg.), *Lehrbuch der Verhaltenstherapie* (Bd. 1, 4. Aufl., S. 499–513). Berlin: Springer.

Djambazova-Popordanoska, S. (2016). Implication of emotion regulation on young children's emotional wellbeing and educational achievement. *Educational Review, 68,* 497–515. http://doi.org/10.1080/00131911.2016.1144559

Dodge, K.A. (1986). A social information processing model of social competence in children. In M. Perlmutter (Ed.), *Eighteenth Annual Minnesota symposium on child psychology* (pp. 77–125). Hillsdale: Erlbaum.

Doherty, N.N. & Hepper, P.G. (2000). Habituation in fetuses of diabetic mothers. *Early Human Development, 59,* 85–93. http://doi.org/10.1016/S0378-3782(00)00089-X

Domsch, H., Lohaus, A. & Thomas, H. (2009). Prediction of childhood cognitive abilities from a set of early indicators of information processing capabilities. *Infant Behavior and Development, 32,* 91–102. http://doi.org/10.1016/j.infbeh.2008.10.006

Dörner, D. (1992). *Problemlösen als Informationsverarbeitung* (3. Aufl.). Stuttgart: Kohlhammer.

Duncker, K. (1974). *Zur Psychologie des produktiven Denkens.* Berlin: Springer. (Original erschienen 1935) http://doi.org/10.1007/978-3-642-88750-5

Dweck, C.S. (2002). The development of ability conceptions. In A. Wigfield & J. Eccles (Eds.), *The development of achievement motivation* (pp. 57–88). New York: Academic Press.

Elbert, T. & Rockstroh, B. (2012). Kortikale Reorganisation. In H.-O. Karnath & P. Thier (Hrsg.), *Kognitive Neurowissenschaften* (3. Aufl., S. 719–731). Berlin: Springer.

Edelmann, W. & Wittmann, S. (2012). *Lernpsychologie* (7. Aufl.). Weinheim: Beltz.

Ennemoser, M. & Krajewski, K. (2015). Pädagogisch-psychologische Lernförderung im Kindergarten- und Einschulungsalter. In E. Wild & J. Möller (Hrsg.), *Pädagogische Psychologie* (2. Aufl., S. 371–399). Heidelberg: Springer.

Fitt, P.M. & Posner, M.I. (1967). *Human Performance.* Belmont: Brocks/Cole.

Flammer, A. (1990). *Erfahrungen der eigenen Wirksamkeit.* Bern: Huber.

Flor, H. (2016). Neurobiologische und psychobiologische Faktoren der Chronifizierung und Plastizität. In B. Kröner-Herwig, J. Frettlöh, R. Klinger & P. Nilges (Hrsg.), *Schmerzpsychotherapie. Grundlagen – Diagnostik – Krankheitsbilder – Behandlung* (7. Aufl., S. 89–104). Berlin: Springer.

Gagné, R.M. (1980). *Die Bedingungen des menschlichen Lernens* (5. Aufl.). Hannover: Schrödel.

Geppert, C. & Kilian, M. (2018). Emotionen als Grundlage für Motivation im Kontext des schulischen Lehrens und Lernens. In M. Huber & S. Krause (Hrsg.), *Bildung und Emotion* (S. 233–248). Wiesbaden: Springer.

Götz, T. & Nett, U.E. (2017). Selbstreguliertes Lernen. In T. Götz (Hrsg.), *Emotion, Motivation und selbstreguliertes Lernen* (2. Aufl., S. 143–173). Paderborn: Schöningh.

Greenough, W.T. & Black, J.E. (1992). Induction of brain structure by experience: Substrates for cognitive development. In M.R. Gunnar & C.A. Nelson (Eds.), *The Minnesota Symposia on Child Psychology* (Vol. 24, pp. 155–200). Hillsdale: Erlbaum.

Grimm, H. (2012). *Störungen der Sprachentwicklung* (3. Aufl.) Göttingen: Hogrefe.

Groves, P.M. & Thompson, R.F. (1979). Habituation: A dual-process theory. *Psychological Review, 77,* 419–450. http://doi.org/10.1037/h0029810

Güntürkün, O. (2019). *Biologische Psychologie* (2. Aufl.). Göttingen: Hogrefe.

Guthrie, E.R. (1935). *The psychology of learning.* New York: Harper & Row.

Haase, C.M. & Heckhausen, J. (2012). Motivation. In W. Schneider & U. Lindenberger (Hrsg.), *Entwicklungspsychologie* (7. Aufl., S. 477–496). Weinheim: Beltz.

Hajszan, M., Hartel, B., Hartmann, W. & Stoll, M. (2013). Inklusive Begabtenförderung. In M. Stamm & D. Edelmann (Hrsg.), *Handbuch frühkindliche Bildungsforschung* (S. 667–680). Wiesbaden: Springer.

Hamm, A., Wendt, J. & Volkmann, M. (2017). Extinktion: Neurowissenschaftliche Erkenntnisse zur Frage, wie Menschen sich ändern. *Verhaltenstherapie, 27,* 16–26. http://doi.org/10.1159/000455659

Hartinger, A. & Lohrmann, K. (2014). Entdeckendes Lernen. In W. Einsiedler, M. Götz, A. Hartinger, F. Heinzel, J. Kahlert & U. Sandfuchs (Hrsg.), *Handbuch Grundschulpädagogik und Grundschuldidaktik* (4. Aufl., S. 385–389). Bad Heilbrunn: Klinkhardt.

Hascher, T. & Brandenberger, C.C. (2018). Emotionen und Lernen im Unterricht. In M. Huber & S. Krause (Hrsg.), *Bildung und Emotion* (S. 289–310). Wiesbaden: Springer.

Hautzinger, M. & Pössel, P. (2017). *Kognitive Interventionen.* Göttingen: Hogrefe. http://doi.org/10.1026/02831-000

Hayes, N.A. & Broadbent, D.A. (1988). Two modes of learning for interactive tasks. *Cognition, 28,* 249–276. http://doi.org/10.1016/0010-0277(88)90015-7

Hebb, D.O. (1949). *The organization of behavior: A neuropsychological theory.* New York: Wiley.

Heckhausen, H. (1963). *Hoffnung und Furcht in der Leistungsmotivation.* Meisenheim: Hain.

Heckhausen, J. & Heckhausen, H. (2018). Motivation und Handeln: Einführung und Überblick. In J. Heckhausen & H. Heckhausen (Hrsg.), *Motivation und Handeln* (5. Aufl., S. 1–9). Berlin: Springer. http://doi.org/10.1007/978-3-662-53927-9

Hillner, K.P. (1978). *Psychology of learning: A conceptual analysis.* New York: Pergamon Press.

Holodynski, M. (2006). *Emotionen: Entwicklung und Regulation.* Berlin: Springer.

Holodynski, M. & Oerter, R. (2012). Emotion. In W. Schneider & U. Lindenberger (Hrsg.), *Entwicklungspsychologie* (7. Aufl., S. 497–520). Weinheim: Beltz.

Huizink, A.C. (2015). Prenatal maternal substance use and offspring outcomes: Overview of recent findings and possible interventions. *European Psychologist, 20,* 90–101. http://doi.org/10.1027/1016-9040/a000197

Huttenlocher, P.R. & Dabholkar, A.S. (1997). Regional differences in synaptogenesis in human cerebral cortex. *Journal of Comparative Neurology, 387,* 167–178. http://doi.org/10.1002/(SICI)1096-9861(19971020)387:2<167::AID-CNE1>3.0.CO;2-Z

Imhof, M. (2016). Lernen und Gedächtnis. In J. Kriz (Hrsg.), *Psychologie für Lehramtsstudierende* (4. Aufl., S. 41–73). Wiesbaden: Springer Fachmedien.

James, D.K. (2010). Fetal learning: A critical review. *Infant and Child Development, 19,* 45–54. http://doi.org/10.1002/icd.653

Jennings, P.A. & Greenberg, M.T. (2009). The prosocial classroom: teacher social and emotional competence in relation to student and classroom outcomes. *Review of Educational Research, 79,* 491–525. http://doi.org/10.3102/0034654308325693

Jones, M.C. (1924a). A laboratory study of fear: The case of Peter. *Pedagogical Seminary, 31,* 308–316.

Jones, M.C. (1924b). Conditioning and reconditioning – an experimental study in child behavior. *Proceedings and Addresses of the National Educational Association, 62,* 585–590.

Karremans, J.C. & Finkenauer, C. (2014). Affiliation, zwischenmenschliche Anziehung und enge Beziehungen. In K. Jonas, W. Stroebe & M. Hewstone (Hrsg.), *Sozialpsychologie: Eine Einführung* (6. Aufl., S. 401–438). Berlin: Springer.

Katz, D. (1969). *Gestaltpsychologie.* Basel: Schwabe.

Kavšek, M. (2013). The comparator model of infant visual habituation and dishabituation: Recent insights. *Developmental Psychobiology, 5,* 793–808. http://doi.org/10.1002/dev.21081

Kessler, E.-M., Lindenberger, U. & Staudinger, U.M. (2009). Stichwort: Entwicklung im Erwachsenenalter. Konsequenzen für Lernen und Bildung. *Zeitschrift für Erziehungswissenschaft, 12,* 361–381. http://doi.org/10.1007/s11618-009-0092-0

Klein, S.B. (2014). *Learning: Principles and applications* (7th ed.). New York: McGraw-Hill.

Köhler, W. (1921). *Intelligenzprüfungen an Menschenaffen.* Berlin: Springer. http://doi.org/10.1007/978-3-642-47574-0

Knopf, M., Goertz, C. & Kolling, T. (2011). Entwicklung des Gedächtnisses bei Säuglingen und Kleinkindern. *Psychologische Rundschau, 62,* 85–92. http://doi.org/10.1026/0033-3042/a000070

Konrad, K., Firk, C. & Uhlhaas, P.J. (2013). Brain development during adolescence: Neuroscientific insights into this developmental period. *Deutsches Ärzteblatt, 110,* 425–431. http://doi.org/10.3238/arztebl.2013.0425

Kossak, H.-C. (2016). Beratung und Behandlung von Prüfungsängsten. Praxishinweise. *Lernen und Lernstörungen, 5,* 79–93. http://doi.org/10.1024/2235-0977/a000129

Krapp, A. & Hascher, T. (2014). Theorien der Lern- und Leistungsmotivation. In L. Ahnert (Hrsg.), *Theorien der Entwicklungspsychologie* (S. 252–281). Heidelberg: Springer.

Krapp, A. & Prenzel, M. (2011). Research on interest in science: Theories, methods, and findings. *International Journal of Science Education, 33,* 27–50. http://doi.org/10.1080/09500693.2010.518645

Lang, F.R. & Rohr, M.K. (2012). Angewandte Gerontopsychologie. In W. Schneider & U. Lindenberger (Hrsg.), *Entwicklungspsychologie* (7. Aufl., S. 747–760). Weinheim: Beltz.

Lauth, G.W. & Mackowiak, K. (2009). Kognitive Verfahren. In S. Schneider & J. Margraf (Hrsg.), *Lehrbuch der Verhaltenstherapie* (Bd. 3, S. 221–232). Berlin: Springer.

Lefrancois, G.R. (2015). *Psychologie des Lernens* (5. Aufl.). Berlin: Springer.

Linderkamp, O., Janus, L., Linder, R. & Skorupa, D.B. (2009). Time table of normal foetal brain development. *International Journal of Prenatal and Perinatal Psychology and Medicine, 21,* 4–16.

Lipowsky, F. (2015). Unterricht. In E. Wild & J. Möller (Hrsg.), *Pädagogische Psychologie* (2. Aufl., S. 3–24). Heidelberg: Springer.

Locke, E.A. & Latham, G.P. (1990). *A theory of goal setting and task performance.* Englewood Cliffs, NJ: Prentice Hall.

Madison, L.S., Madison, J.K. & Adubato, S.A. (1986). Infant behavior and development in relation to fetal movement and habituation. *Child Development, 57,* 1475–1482. http://doi.org/10.2307/1130425

Maercker, A. & Weike, A. (2018). Systematische Desensibilisierung. In J. Margraf & S. Schneider (Hrsg.), *Lehrbuch der Verhaltenstherapie* (Bd. 1, 4. Aufl., S. 403–409). Berlin: Springer.

Maguire, E.A., Gadian, D.G., Johnsrude, I.S., Good, C.D., Ashburner, J., Frackowiak, R.S.J. & Frith, C.D. (2000). Navigation-related structural change in the hippocampi of taxi drivers. *Proceedings of the Natural Academy of Science, 97,* 4398–4403. http://doi.org/10.1073/pnas.070039597

Manza, L. & Reber, R.S. (1997). Representing artificial grammars: Transfer across stimulus forms and modalities. In D.C. Berry (Ed.), *How implicit is implicit learning?* (pp. 73–106). Oxford: Oxford University Press.

Mazur, J.E. (2004). *Lernen und Gedächtnis* (5. Aufl.). München: Pearson.

McDiarmid, T.A., Bernadosa, A.C. & Rankin, C.H. (2017). Habituation is altered in neuropsychiatric disorders – A comprehensive review with recommendations for experimental design and analysis. *Neuroscience and Biobehavioral Reviews, 80,* 286–305. http://doi.org/10.1016/j.neubiorev.2017.05.028

Meichenbaum, D. (1977). *Cognitive-behavior modification. An integrative approach.* New York: Plenum Press. http://doi.org/10.1007/978-1-4757-9739-8

Meichenbaum, D. (2012). *Intervention bei Stress. Anwendung und Wirkung des Stressimpfungstrainings* (3. Aufl.). Bern: Huber.

Meltzoff, A. N. & Moore, M. K. (1989). Imitation in newborn infants: Exploring the range of gestures imitated and underlying mechanisms. *Developmental Psychology, 25,* 954–962. http://doi.org/10.1037/0012-1649.25.6.954

Meltzoff, A. N. & Moore, M. K. (1999). Persons and representations: Why infant imitation is important for theories of human development. In J. Nadel & G. Butterworth (Eds.), *Imitation in infancy* (pp. 9–35). Cambridge: Cambridge University Press.

Michael, T., Lass-Hennemann, J. & Ehlers, A. (2018). Lernpsychologische Grundlagen der kognitiven Verhaltenstherapie. In J. Margraf & S. Schneider (Hrsg.), *Lehrbuch der Verhaltenstherapie* (Bd. 1, 4. Aufl.; S. 85–96). Berlin: Springer.

Mienert, M. & Pitscher, S. (2011). *Pädagogische Psychologie: Theorie und Praxis des lebenslangen Lernens.* Wiesbaden: Springer. http://doi.org/10.1007/978-3-531-92095-5

Miller, N. E. & Norman, W. H. (1979). Learned helplessness in humans: A review and attribution-theory model. *Psychological Bulletin, 86,* 93–118. http://doi.org/10.1037/0033-2909.86.1.93

Milner, B. (1965). Visually-guided maze-learning in man: Effects of bilateral hippocampal, bilateral frontal, unilateral cerebral lesion. *Neuropsychologia, 3,* 317–338. http://doi.org/10.1016/0028-3932(65)90005-9

Milner, B., Corkin, S. & Teuber, H. L. (1968). Further analysis of the hippocampal amnesic syndrome: 14 years follow up study of H. M. *Neuropsychologia, 6,* 215–234. http://doi.org/10.1016/0028-3932(68)90021-3

Muenssinger, J., Matuz, T., Schleger, F., Kiefer-Schmidt, I., Goelz, R., Wacker-Gussmann, H. et al. (2013). Auditory habituation in the fetus and neonate: An fMEG study. *Developmental Science, 16,* 287–295. http://doi.org/10.1111/desc.12025

Nye, R. D. (1992). *The legacy of B. F. Skinner. Concepts and perspectives, controversies and misunderstandings.* Belmont: Brooks/Cole.

Oerter, R. (2012). Lernen en passant: Wie und warum Kinder spielend lernen. *Diskurs Kindheits- und Jugendforschung, 4,* 389–403. http://nbn-resolving.de/urn:nbn:de:0168-ssoar-390184

Oostenbroek, J., Slaughter, V., Nielsen, M. & Suddendorf, T. (2013). Why the confusion around neonatal imitation? A review. *Journal of Reproductive and Infant Psychology, 31,* 328–341. http://doi.org/10.1080/02646838.2013.832180

Overmier, J. B. (2002). Sensitization, conditioning, and learning: Can they help us understand somatization and disability? *Scandinavian Journal of Psychology, 43,* 105–112.

Paivio, A. (1986). *Mental representations: A dual coding approach.* New York: Oxford University Press.

Pape, H.-C. (2018). Integrative Funktionen des Gehirns. In H.-C. Pape, A. Kurtz & S. Silbernagl (Hrsg.), *Physiologie* (8. Aufl., S. 884–923). Stuttgart: Thieme.

Parke, R. D. (1974). Rules, roles and resistance to deviation: Recent advances in punishment, discipline, and self-control. In A. Pick (Ed.), *Minnesota Symposia on child Psychology* (Vol. 8). Minneapolis: University of Minnesota Press.

Partecke, E. (2004). *Lernen in Spielprojekten. Praxishandbuch für die Bildung im Kindergarten.* Weinheim: Beltz.

Pauen, S. (2009). Entwicklungspsychologische Grundlagen. In J. Margraf & S. Schneider (Hrsg.), *Lehrbuch der Verhaltenstherapie* (Bd. 3, S. 3–22). Berlin: Springer.

Pawlow, I. P. (1972). *Die bedingten Reflexe.* München: Kindler.

Pekrun, R. (2006). The control-value theory of achievement emotions: Assumptions, corollaries, and implications for educational research and practice. *Educational Psychology Review, 18,* 315–341. http://doi.org/10.1007/s10648-006-9029-9

Perrez, M. (1989). Diagnostik von Kontingenzerfahrungen in der frühen Kindheit. In G. Krampen (Hrsg.), *Diagnostik von Attributionen und Kontrollüberzeugungen* (S. 172–185). Göttingen: Hogrefe.

Perry, R.E., Blair, C. & Sullivan, R.M. (2017). Neurobiology of infant attachment: Attachment despite adversity and parental programming of emotionality. *Current Opinion in Psychology, 17,* 1–6. http://doi.org/10.1016/j.copsyc.2017.04.022

Petermann, F., Gerken, N., Natzke, H. & Walter, H.-J. (2016). *Verhaltenstraining für Schulanfänger* (4. Aufl.). Göttingen: Hogrefe. http://doi.org/10.1026/02709-000

Petermann, F. & Petermann, U. (2012). *Training mit aggressiven Kindern* (13. Aufl.). Weinheim: Beltz.

Petermann, F. & Petermann, U. (2017). *Training mit Jugendlichen. Aufbau von Arbeits- und Sozialverhalten* (10. Aufl.). Göttingen: Hogrefe. http://doi.org/10.1026/02814-000

Petermann, F., Petermann, U. & Nitkowski, D. (2016). *Emotionstraining in der Schule. Ein Programm zur Förderung der emotionalen Kompetenz.* Göttingen: Hogrefe. http://doi.org/10.1026/02687-000

Petermann, F. & Wiedebusch, S. (2016). *Emotionale Kompetenz bei Kindern* (3. Aufl.). Göttingen: Hogrefe. http://doi.org/10.1026/02710-000

Petermann, U. (2016). *Die Kapitän-Nemo-Geschichten. Geschichten gegen Angst und Stress* (19. Aufl.). Göttingen: Hogrefe. http://doi.org/10.1026/02809-000

Petermann, U. & Essau, C.A. (2013). Spezifische Phobien. In F. Petermann (Hrsg.), *Lehrbuch der Klinischen Kinderpsychologie* (7. Aufl., S. 337–352). Göttingen: Hogrefe.

Petermann, U. & Petermann, F. (2015a). *Training mit sozial unsicheren Kindern* (11. Aufl.). Weinheim: Beltz.

Petermann, U. & Petermann, F. (2015b). Lernpsychologische Grundlagen kinderverhaltenstherapeutischer Methoden. In F. Petermann (Hrsg.), *Kinderverhaltenstherapie. Grundlagen und Anwendungen* (5. Aufl., S. 21–71). Baltmannweiler: Schneider Verlag Hohengehren.

Petermann, U., Petermann, F. & Damm, F. (2008). Entwicklungspsychopathologie der ersten Lebensjahre. *Zeitschrift für Psychiatrie, Psychologie und Psychotherapie, 56,* 243–253. http://doi.org/10.1024/1661-4747.56.4.243

Polatajko, H.J. & Mandich, A. (2008). *Ergotherapie bei Kindern mit Koordinationsstörungen.* Stuttgart: Thieme.

Pólya, G. (1969). *Mathematik und plausibles Schließen: Induktion und Analogie in der Mathematik* (Bd. 1, 2. Aufl.). Basel: Birkhäuser. http://doi.org/10.1007/978-3-0348-5805-2

Premack, D. (1959). Toward empirical behavior laws: 1. Positive reinforcement. *Psychological Review, 66,* 219–233. http://doi.org/10.1037/h0040891

Rankin, C.H., Abrams, T., Barry, R.J., Bhatnagar, S., Clayton, D.F., Colombo, J. et al. (2009). Habituation revisited: An updated and revised description of the behavioral characteristics of habituation. *Neurobiology of Learning and Memory, 92,* 135–138. http://doi.org/10.1016/j.nlm.2008.09.012

Reber, A.S. (1993). *Implicit learning and tacit knowledge: An essay of the cognitive unconscious.* New York: University Press.

Reinecker, H. (2015). Bestrafung. In M. Linden & M. Hautzinger (Hrsg.), *Verhaltenstherapiemanual* (8. Aufl., S. 79–82). Heidelberg: Springer.

Renkl, A. (2015). Wissenserwerb. In E. Wild & J. Möller (Hrsg.), *Pädagogische Psychologie* (2. Aufl., S. 3–24). Heidelberg: Springer.

Rheinberg, F. (1980). *Leistungsbewertung und Lernmotivation.* Göttingen: Hogrefe.

Rheinberg, F. (2008). Bezugsnormen und die Beurteilung von Lernleistung. In W. Schneider & M. Hasselhorn (Hrsg.), *Handbuch der Pädagogischen Psychologie* (S. 178–186). Göttingen: Hogrefe.

Rheinberg, F. & Krug, S. (2017). *Motivationsförderung im Schulalltag* (4. Aufl.). Göttingen: Hogrefe. http://doi.org/10.1026/01950-000

Rheinberg, F. & Vollmeyer, R. (2012). *Motivation* (8. Aufl.). Stuttgart: Kohlhammer.

Rosch, E. (1983). Prototype classification and logical classification: The two systems. In E. K. Scholnick (Ed.), *New trends in conceptual representation: Challenges to Piaget's theory?* (pp. 73–86). Hillsdale, NJ: Erlbaum.

Rotter, J. B. (1954). *Social learning and clinical psychology*. Englewood Cliffs, NJ: Prentice-Hall. http://doi.org/10.1037/10788-000

Rotter, J. B. (1966). General expectancies for internal versus external control of reinforcement. *Journal of Consulting and Clinical Psychology, 43,* 56–67.

Rotter, J. B., Chance, J. E. & Phares, E. J. (Eds.). (1972). *Applications of social learning theory of personality*. New York: Holt, Rinehart & Winston.

Salmon, K. & Reese, E. (2016). The benefits of reminiscing with young children. *Current Directions in Psychological Science, 25,* 233–238. http://doi.org/10.1177/0963721416655100

Schacter, D. L. (1987). Implicit memory. History and current status. *Journal of Experimental Psychology: Learning, Memory and Cognition, 13,* 501–518.

Schacter, D. L. (2001). *Wir sind Erinnerung. Gedächtnis und Persönlichkeit* (2. Aufl.). Reinbek: Rowohlt.

Schandry, R. (2016). *Biologische Psychologie* (4. Aufl.). Weinheim: Beltz.

Schiefele, U. (2014). Förderung von Interessen. In G. W. Lauth, M. Grünke & J. C. Brunstein (Hrsg.), *Interventionen bei Lernstörungen* (2. Aufl., S. 251–261). Göttingen: Hogrefe.

Schiefele, U. & Schaffner, E. (2015). Motivation. In E. Wild & J. Möller (Hrsg.), *Pädagogische Psychologie* (2. Aufl., S. 153–175). Heidelberg: Springer.

Schleußner, E. (2016). Fetale Programmierung. In H. Schneider, P. Husslein &. K.-T. M. Schneider (Hrsg.), *Die Geburtshilfe* (5. Aufl., S. 367–378). Heidelberg: Springer.

Schmidt, R. A. (1975). A schema theory of discrete motor skill learning. *Psychological Review, 82,* 225–260. http://doi.org/10.1037/h0076770

Schmidt, R. A. & Lee, T. D. (2011). *Motor control and learning – A behavioral Emphasis* (5th ed.). Champaign: Human Kinetics.

Schneider, W. & Berger, N. (2014). Gedächtnisentwicklung im Kindes- und Jugendalter. In L. Ahnert (Hrsg.), *Theorien in der Entwicklungspsychologie* (S. 202–233). Heidelberg: Springer.

Schölmerich, A. & Lengning, A. (2014). Neugier, Exploration und Bindungsentwicklung. In L. Ahnert (Hrsg.), *Frühe Bindung. Entstehung und Entwicklung* (3. Aufl., S. 198–210). München: Reinhardt.

Schöne, C. Dickhäuser, O., Spinath, B. & Stiensmeier-Pelster, J. (2004). Zielorientierung und Bezugsnormorientierung: Zum Zusammenhang zweier Konzepte. *Zeitschrift für Pädagogische Psychologie, 18,* 93–99. http://doi.org/10.1024/1010-0652.18.2.93

Schriber, R. A. & Guyer, A. E. (2016). Adolescent neurobiological susceptibility to social context. *Developmental Cognitive Neuroscience, 19,* 1–18. http://doi.org/10.1016/j.dcn.2015.12.009

Sears, R. R., Maccoby, E. P. & Lewin, H. (1957). *Patterns of child rearing*. Oxford: Row, Peterson & Co.

Seipp, B. & Schwarzer, C. (1991). Angst und Leistung – Eine Meta-Analyse empirischer Befunde. *Zeitschrift für Pädagogische Psychologie, 5,* 85–97.

Seligman, M.E.P. (2016). *Erlernte Hilflosigkeit* (5. Aufl.). Weinheim: Beltz.

Shumway-Cook, A. & Woollacott, M.H. (2001). *Motor control: Theory and practical applications* (2nd ed.). Philadelphia: Lippincott Williams & Wilkins.

Skinner, B.F. (1951). How to teach animals. *Scientific American, 185,* 26–29. http://doi.org/10.1038/scientificamerican1251-26

Skinner, B.F. (1969). *Contingencies of reinforcement: A theoretical analysis.* New-York: Appleton-Century.

Skinner, B.F. (1971). *Erziehung als Verhaltensformung.* München-Neubiberg: Keimer.

Skinner, B.F. (1973a). *Jenseits von Freiheit und Würde.* Reinbek: Rowohlt.

Skinner, B.F. (1973b). *Wissenschaft und menschliches Verhalten.* München: Kindler.

Skinner, B.F. (1980). *Futurum Zwei: „Walden two"; die Vision einer aggressionsfreien Gesellschaft.* Reinbek: Rowohlt. (Original erschienen 1948)

Sodian, B. (2014). Entwicklung begrifflichen Wissens: Kernwissenstheorien. In L. Ahnert (Hrsg.), *Theorien in der Entwicklungspsychologie* (S. 122–147). Heidelberg: Springer.

Sokolov, Y.N. (1963). Higher nervous functions: The orienting reflex. *Annual Review of Physiology, 25,* 545–580. http://doi.org/10.1146/annurev.ph.25.030163.002553

Spielberger, C.D. (1972). Anxiety as an emotional state. In C.D. Spielberger (Ed.), *Anxiety: Current trends in theory and research* (Vol. 1, pp. 23–49). New York: Academic Press.

Spinath, B. (2009). Zielorientierungen. In V. Brandtstätter & J.H. Otto (Hrsg.), *Handbuch der Allgemeinen Psychologie – Motivation und Emotion* (S. 64–71). Göttingen: Hogrefe.

Squire, L.R. (1987). *Memory and brain.* New York: Oxford University Press.

Stephanou, G. (2014). Feelings towards child-teacher relationships, and emotions about the teacher in kindergarten: Effects on learning motivation, competence beliefs and performance in mathematics and literacy. *European Early Childhood Education Research Journal, 22,* 457–477.

Stiensmeier-Pelster, J. & Heckhausen, H. (2018). Kausalattribution von Verhalten und Leistung. In J. Heckhausen & H. Heckhausen (Hrsg.), *Motivation und Handeln* (5. Aufl., S. 355–392). Berlin: Springer.

Terry, W.S. (2018). *Learning and memory. Basic principles, processes, and procedures* (5th ed.). Boston: Allyn & Bacon.

Thompson, R.A. (1994). Emotion regulation: A theme in search of definition. *Monographs of the Society for Research in Child Development, 59,* 25–52. http://doi.org/10.2307/1166137

Thompson, R.F. & Spencer, W.A. (1966). Habituation: A model phenomenon for the study of neuronal substrates of behavior. *Psychological Review, 73,* 16–43.

Thorndike, E.L. (1932). Reward and punishment in animal learning. *Comparative Psychology Monographs, 8,* 65.

Thorndike, E.L. (1970). *Psychologie der Erziehung* (3. Aufl.). Darmstadt: Wissenschaftliche Buchgesellschaft. (Original erschienen 1930)

Tulving, E. (1972). Episodic and semantic memory. In E. Tulving & W. Donaldson (Eds.), *Organization of memory* (pp. 381–403). New York: Academic Press.

Twardosz, S. (2012). Effects of experience on the brain: The role of Neuroscience in early development and education. *Early Development and Education, 23,* 96–119. http://doi.org/10.1080/10409289.2011.613735

Voltmer, K. & v. Salisch, M. (2017). Three meta-analysis of children's emotion knowledge and their school success. *Learning and Individual Differences, 59,* 107–118. http://doi.org/10.1016/j.lindif.2017.08.006

Walters, R.H. & Llewellyn, T.E. (1963). Enhancement of punitiveness by visual and audiovisual displays. *Canadian Journal of Psychology, 17,* 244–255.

Wannemüller, A. (2018). Spezifische Phobien. In J. Markgraf & S. Schneider (Hrsg.), *Lehrbuch der Verhaltenstherapie* (Bd. 2, 4. Aufl., S. 29–47). Berlin: Springer.

Watson, J.B. (1968). *Behaviorismus.* Köln: Kiepenheuer & Witsch. (Original erschienen 1930)

Weiner, B. (1986). *An attributional theory of motivation an emotion.* New York: Springer. http://doi.org/10.1007/978-1-4612-4948-1

Weiner, B. (2009). *Motivationspsychologie* (3. Aufl.). Weinheim: Beltz.

Wolpe, J. (1958). *Psychotherapy by reciprocal inhibition.* Stanford, CA: Stanford University Press.

Wolpe, J. (1977). *Praxis der Verhaltenstherapie.* Bern: Huber.

Wulf, G. (2007). Motorisches Lernen – Therapierelevante Forschungsergebnisse. *Ergoscience, 2,* 47–55. http://doi.org/10.1055/s-2007-963010

Ziegler, A. & Schober, B. (2001). *Theoretische Grundlagen und praktische Anwendung von Reattributionstrainings.* Regensburg: Roderer.

Zwicker, J.G. & Harris, S.R. (2009). A reflection on motor learning theory in pediatric occupational therapy practice. *Canadian Journal of Occupational Therapy, 76,* 29–37. http://doi.org/10.1177/000841740907600108

# Glossar

**ACT-Modell**
Adaptive Control of Thought; umfassende Kognitionstheorie, beinhaltet auch ein Modell zum Erwerb kognitiver und motorischer Fertigkeiten.

**Adaptation**
Nachlassen der Reaktion von Sinneszellen bei dauerhafter Präsentation desselben Reizes.

**Affiliationsbedürfnis**
Menschliches Grundbedürfnis nach Kontakt und Zugehörigkeit.

**Aggregation**
Phase in der Entwicklung des Nervensystems; Ordnung und Vernetzung der Nervenzellen.

**Amnesie**
Allgemeiner oder spezifischer Gedächtnisverlust; Formen: anterograde und retrograde A.

**Aneignungsphase**
Phase des → Lernens durch Beobachtung; umfasst Aufmerksamkeits- und Gedächtnisprozesse.

**Aneignungsrate**
Geschwindigkeit, mit der ein Organismus beim → operanten Konditionieren eine neue Reaktion lernt.

**Äquipotenzialität**
Annahme, dass jeder beliebige neutrale Reiz zu einem konditionierten Reiz werden kann (→ klassisches Konditionieren).

**Apoptose**
Strategischer Zelltod, dient der Selektion funktionstüchtiger Nervenzellen.

**Arbeitsgedächtnis**
Syn. → Kurzzeitgedächtnis; besteht aus den Komponenten phonologische Schleife, visuell-räumlicher Notizblock und zentrale Exekutive.

**Assoziatives Lernen**
Lernen von Zusammenhängen zwischen → Reizen oder zwischen Reizen und → Reaktionen.

**Attribute**
Unterscheidbare Eigenschaften von Objekten, ermöglichen → Kategorisierung; Unterscheidung von kritischen und nicht kritischen A.

**Ausblenden**
Syn. Fading; allmähliche Reduzierung der Häufigkeit von → Verstärkung.

**Ausführungsphase**
Phase des → Lernens durch Beobachtung; umfasst Übungs- und Motivierungsprozesse.

**Axon**
Syn. Neurit/Nervenfaser; lange Zellfortsätze von → Nervenzellen, dienen der → Erregungsleitung.

**Axonendknöpfchen**
Endstück des → Axons, Teil der → Synapse.

**Behaviorismus**
Einflussreiche Richtung der Lernpsychologie, begründet von John B. Watson; Ziel: ausschließliche Beschäftigung der Psychologie mit beobachtbaren Variablen. Wichtige Lernformen innerhalb des B. sind → klassisches Konditionieren und → operantes Konditionieren.

**Bestrafung**
Verminderung der Häufigkeit von Verhalten durch Konsequenzen; direkte B. bedeutet die Gabe eines unangenehmen Reizes, indirekte B. bedeutet die Entfernung eines angenehmen Reizes.

**Bewältigungsmodell**
Typus eines → Modells, welches den schrittweisen Prozess bis zur Lösung oder zur korrekten Ausführung eines Verhaltens vorführt (→ Kompetenzmodell).

**Bezugsnormorientierung**
Kriterien, an denen das eigene Handeln gemessen wird. Bei individueller B. wird die eigene Leistung an früheren Leistungen gemessen, bei der sozialen B. an der Leistung anderer Personen und bei der sachbezogenen B. an der Aufgabe selbst.

**Bindung**
Verhaltenssystem, durch das Entfernung zwischen einem kleinen Kind und seinen Bezugspersonen reguliert wird (z. B. Weinen, Nachlaufen). B. vermittelt Sicherheit und ist die Basis für Explorationsverhalten.

**Black Box**
Bildhafte Umschreibung für die Annahme des Behaviorismus, das über Prozesse im Inneren des Organismus keine Angaben gemacht werden können.

**Blickfolgereaktion**
Reaktion eines Säuglings auf neue Reize; Beobachtung der B. ist Methode in der Säuglingsforschung.

**Blooming**
Phase des besonders starken Wachstums von → Synapsen während der Entwicklung des → Nervensystems.

**Bobo-Doll-Experiment**
Experiment von Bandura zum → Lernen durch Beobachtung; Kinder lernten durch Beobachtung eines → Modells aggressives Verhalten gegenüber einer Puppe.

**Chaining**
Schrittweiser Aufbau einer Verhaltenskette durch → operantes Konditionieren.

**Chunking**
Technik zur Erweiterung der Speicherkapazität des → Kurzzeitgedächtnisses, indem Lerneinheiten zu übergeordneten Einheiten zusammengefasst werden.

**Dendriten**
Astartige Erweiterungen der Oberfläche von → Nervenzellen; dienen der Informationsaufnahme.

**Deprivation**
Entzug oder Vorenthaltung von Reizen, die der Befriedigung von Bedürfnissen dienen.

**Differentielle Suszeptibilität**
Personen unterscheiden sich in ihrer Empfindlichkeit gegenüber positiven und negativen Umweltbedingungen.

**Diskriminationslernen**
Lernen von Unterschieden zwischen Reizen und Reizkonstellationen und von Unterschieden zwischen Reaktionen. Reize können beim D. simultan (gleichzeitig) oder sukzessiv (nacheinander) angeboten werden.

**Dishabituation**
Vorübergehende Unterdrückung der → Habituation, indem ein neuer unbekannter Reiz dargeboten wird.

**Dreispeichermodell**
Bekanntes Gedächtnismodell; umfasst → sensorisches Gedächtnis, → Kurzzeitgedächtnis und → Langzeitgedächtnis.

**Duale-Prozess-Theorie**
Zwei unabhängige additive Prozesse, → Habituation und → Sensitivierung bestimmen die Reaktion auf mehrfach dargebotenen Reiz; wird auch als Zwei-Prozess-Theorie bezeichnet.

**Duale Verarbeitung**
→ Kognitive Repräsentation von Inhalten auf mehreren Wegen (z. B. verbal und bildlich); fördert den Lernerfolg.

**Einsicht**
Begriff aus der → Gestaltpsychologie; plötzlich eintretende Erkenntnis des Zusammenhangs zwischen den Elementen einer Problemsituation.

**Elaboration**
Tiefe der Verarbeitung von Lerninhalten; auch effektive → Lernstrategie durch Herstellen von Verbindungen zu vorhandenem Wissen.

**Engramm**
Gedächtnisspur in Form dauerhafter funktioneller (dynamische E.) oder struktureller (strukturelle E.) Veränderungen im Nervensystem.

**Enkodierung**
Eigentlich Vorgang der Verschlüsselung von Informationen; hier Prozess der Bildung einer verbalen oder bildlichen → Repräsentation von Lerninhalten im → Gedächtnis.

**Erfolgsmotivation**
Fähigkeit, Stolz über die eigenen Leistungen zu empfinden; Menschen mit hoher E. setzen sich höhere und realistischere Ziele und strengen sich mehr an als Menschen mit hoher → Misserfolgsmotivation.

**Ergebniserwartung**
→ Erwartung, dass ein Verhalten eine bestimmte Wirkung hat bzw. zum Erfolg führt.

**Ergotherapie**
Beschäftigungstherapie; dient unter anderem der Förderung der sensomotorischen, kognitiven und sozialen Entwicklung bei Kindern mit Entwicklungsstörungen.

**Erlernte Hilflosigkeit**
Zentrales Konzept aus Seligmans Lerntheorie; psychischer Zustand mit emotionalen, motivationalen und kognitiven Defiziten; entsteht durch wiederholte Erfahrung fehlender → Kontrollierbarkeit.

**Ermüdungsmethode**
Methode zur Änderung unerwünschter Gewohnheiten nach Edwin R. Guthrie; Organismus wird einem Reiz so lange ausgesetzt, bis sich durch Ermüdung die Reaktion auf den Reiz verändert.

**Erregungsleitung**
Weiterleitung der elektrischen Erregung im Nervensystem; E. erfolgt in Sprüngen entlang der → Ranvier-Schnürringe.

**Erregungsmodulation**
Gezielte Steigerung oder Abschwächung der Erregung an → Synapsen.

**Erregungsübertragung**
Informationsübertragung von einer → Nervenzelle zur anderen an der → Synapse auf chemischem oder elektrischem Weg. Bei der chemischen E. stellen → Transmitter die Verbindung zwischen Nervenzellen her.

**Erwartungen**
→ Kognitive Repräsentationen zukünftiger Ereignisse; E. können spezifisch oder generalisiert (verallgemeinert) sein; E. beeinflussen Verhalten.

**Erwartungs-Wert-Modell**
Modell, das die Auftretenswahrscheinlichkeit eines Verhaltens aus der Kombination von Erwartungen über → Verhaltenskonsequenzen und der subjektiven Bewertung dieser Konsequenzen vorhersagt.

**Explorationsverhalten**
Neugierverhalten; äußert sich in ungerichtetem Erkundungsverhalten (diversives E.) oder gezielter Untersuchung von Objekten (spezifisches E.).

**Fertigkeiten**
Aufgabenbezogene menschliche Tätigkeiten, die durch Übung erworben werden; z. B. motorische F. (fein- und grobmotorische Bewegungen), kognitive F. (z. B. Kopfrechnen, Problemlösen) und sprachliche F.

**Fixationsdauer**
Technik der Säuglingsforschung; Vergleich der Zeit, mit der ein Säugling bekannte und unbekannte Objekte visuell fixiert.

**Flow**
Positiver emotionaler Zustand beim konzentrierten Arbeiten; Gefühl des Aufgehens in einer herausfordernden Tätigkeit.

**Frühförderung**
Gezielte Anregung von Entwicklungsprozessen bei Kindern mit Entwicklungsrisiken in den ersten Lebensjahren (z. B. Sprachförderung).

**Gedächtnis**
System, das Informationen speichert, modifiziert und bei Bedarf wieder abruft. Nach der Speicherdauer unterscheidet man → sensorisches G., → Kurzzeit- und → Langzeitgedächtnis. Das deklarative oder explizite G. enthält verbalisierbares → Wissen, das nicht deklarative oder implizite G. unbewusstes Wissen. Im semantischen G. ist allgemeines Wissen gespeichert, im episodischen G. Erinnerungen an Ereignisse.

**Gegenkonditionierung**
Verhaltenstherapeutische Technik, die auf → klassischem Konditionieren beruht; dient dem Abbau von unerwünschten Emotionen.

**Generalisierung**
Verallgemeinerung von gelernten Zusammenhängen auf neue, ähnliche → Reize oder Reizkonstellationen.

**Gestalt, gute**
Konzept aus der → Gestaltpsychologie; Annahme, dass alles Wahrgenommene in der → kognitiven Repräsentation die bestmögliche Gestalt annimmt.

**Gestaltpsychologie**
Psychologische Schule, gegründet 1912 durch Max Wertheimer; hob die Bedeutung ganzheitlicher Wahrnehmungs- und Lernprozesse hervor (→ kognitives Lernen).

**Gewohnheiten**
Gelernte, relativ automatisierte Bewegungsabläufe.

**Gezieltes Strampeln**
Methode in der Säuglingsforschung zur Prüfung des Lernens und Behaltens von Zusammenhängen.

**Gliazelle**
Neben den → Nervenzellen zweiter Zelltyp im → Nervensystem; haben Stütz- und Ernährungsfunktion.

**Gütemaßstab**
Kriterium, an dem man die Qualität oder den Erfolg eigenen Handelns misst; wesentlich für die Definition von → Leistungsmotivation.

**Habituation**
Nachlassen der → Orientierungsreaktion auf einen Reiz, der für den Organismus keine Bedeutung hat.

**Habituationsmethode**
Methode aus der Säuglingsforschung, die auf der → Habituation beruht; prüft Unterscheidungs- und Merkfähigkeit.

**Hemmung**
Unterdrückung der → Erregungsleitung an der → Synapse.

**Hinweisreiz**
→ Reize, die darüber informieren, welche Konsequenzen ein Verhalten haben wird.

**Hippocampus**
Bogenförmige Gehirnstruktur an beiden Seiten des Schädels; wichtig für die Einspeicherung und den Abruf von verbalisierbarem → Wissen.

**Identifikation**
Gedankliche Gleichsetzung der eigenen Person mit einer anderen Person; wichtiger Mechanismus des → Modelllernens.

**Implizites Lernen**
Lernvorgänge, die ohne Beteiligung des Bewusstseins ablaufen.

**Implizites Wissen**
Wissen, das durch → implizites Lernen entsteht, dem Bewusstsein nicht zugänglich ist und sich nur im Verhalten äußert.

**Interessen**
Dauerhafte Vorliebe für die Beschäftigung mit einem bestimmten Thema, die mit positiven Bewertungen und/oder Gefühlen einhergeht; wichtig für die Entstehung von → Lernmotivation.

**Interferenz**
Verminderung der Lernleistung für neue Inhalte durch ähnliche, zuvor gelernte Inhalte (proaktive I.) oder Verlust bereits gelernter Inhalte durch ähnliche neue Inhalte (retroaktive I.)

**Kategorie**
Kategorien können als Regeln aufgefasst werden, die es ermöglichen, die Zugehörigkeit eines Objekts zu einer Klasse gleichartiger Objekte zu bestimmen.

**Kategorisierung**
Prozess der Zuordnung eines Objekts in eine Kategorie.

**Kausalattribution**
Subjektive Erklärung für das Zustandekommen eines Ereignisses, z. B. durch externale oder internale Ursachen.

**Klassisches Konditionieren**
Lernprozess, bei dem eine Assoziation zwischen Reizen gebildet wird. Ursprünglich löst nur der unkonditionierte, biologisch bedeutsame Reiz eine Reaktion aus. Durch wiederholte Paarung mit einem ursprünglich neutralen Reiz löst schließlich dieser (konditionierte) Reiz allein die Reaktion aus (konditionierte Reaktion).

**Kognition**
Sammelbegriff für alle Prozesse der Aufnahme, Verarbeitung, Speicherung und Nutzung von Informationen.

**Kognitive Psychologie**
Psychologische Richtung, die sich mit den Prozessen der Informationsverarbeitung, des Denkens und Gedächtnisses beschäftigt.

**Kognitives Lernen**
Aneignung von Begriffen, Wissensstrukturen und kognitiven → Fertigkeiten.

**Kognitive Wende**
Aufschwung der kognitionspsychologischen Forschung nach dem Zweiten Weltkrieg; allmähliche Abkehr von den Prinzipien des → Behaviorismus.

**Kompetenzmodell**
Typus eines → Modells, welches perfektes Verhalten vorführt (→ Bewältigungsmodell).

**Konsolidierung**
Festigung eines → Engramms durch Wiederholungen.

**Kontiguität**
Zeitliche Nähe zwischen zwei Reizen oder zwischen Verhalten und → Verhaltenskonsequenz; Voraussetzung für assoziatives Lernen.

**Kontingenz**
Zuverlässigkeit des Zusammenhangs zwischen Verhalten und → Verhaltenskonsequenz; Voraussetzung für assoziatives Lernen.

**Kontrollierbarkeit**
Möglichkeit, Ereignisse in der Umwelt durch Verhalten zu beeinflussen; bei fehlender K. entsteht → erlernte Hilflosigkeit.

**Kontrollüberzeugungen**
Subjektive Überzeugungen einer Person darüber, durch welche Einflüsse Ereignisse kontrolliert werden; K. können spezifisch oder generalisiert und internal oder external orientiert sein.

**Konzept**
Verallgemeinerte → mentale Repräsentation von Objekten; beruhen auf der Zugehörigkeit von Objekten zu → Kategorien, die durch → Attribute definiert werden.

**Kortikale Reorganisation**
Syn. kortikale → Plastizität; Veränderungen der Strukturierung, Form oder Lage ganzer Hirnregionen.

**Kulturtechniken**
In einer Kultur gebräuchliche → Fertigkeiten, die von allen Mitgliedern erworben werden müssen, z. B. Schreiben und Lesen.

**Künstliche Grammatik**
System aus Regeln zur Anordnung von Buchstaben oder anderen Symbolen; dient als Forschungsmethode zum → impliziten Lernen.

**Kurzzeitgedächtnis**
Repräsentiert die aktuellen Bewusstseinsinhalte, Speicherdauer und -kapazität sind begrenzt (→ Arbeitsgedächtnis).

**Langzeitgedächtnis**
Langzeitspeicher mit praktisch unbegrenzter Speicherkapazität und sehr langer Speicherdauer; umfasst deklarative (bewusste) und nicht deklarative (unbewusste) Anteile.

**Läsion**
Schädigung von Nervengewebe durch Verletzungen oder Erkrankungen.

**Leistungsmotivation**
Bestreben, seine Handlungen an einem Gütemaßstab auszurichten; beeinflusst die → Lernmotivation.

**Lernen**
Relativ dauerhafte Veränderungen in der Wissensstruktur oder im Verhalten eines Organismus, die durch Erfahrungen entstehen (→ nicht assoziatives Lernen, → assoziatives Lernen, → kognitives Lernen, → Lernen durch Beobachtung, → implizites Lernen).

**Lernen durch Beobachtung**
Komplexe Handlungsabläufe können durch Beobachtung einer fremden Person einfach gelernt werden. Das Verhalten der fremden Person wird in das eigene Verhaltensrepertoire übernommen, wenn beobachtet wird, dass dieses Verhalten für die fremde Person angenehme Konsequenzen hat und unterlassen, wenn diese für ihr Verhalten unangenehme Konsequenzen erfährt.

**Lernmotivation**
Bereitschaft, sich Wissen oder Fertigkeiten anzueignen; kann auf intrinsischen Faktoren (z. B. → Interessen) oder extrinsischen Faktoren (→ Verstärkung) beruhen.

**Lernstrategie**
Planmäßiges Vorgehen bei der gezielten Aneignung von Lernstoff; dazu gehören Wiederholung, → Kategorisierung und → Elaboration.

**Löschung**
Verringerung der Auftretenshäufigkeit von Verhalten durch den Entzug von → Verstärkung.

**Löschungsrate**
Geschwindigkeit, mit der ein gelerntes Verhalten gelöscht wird, sobald keine → Verstärkung mehr erfolgt.

**Makroproduktionen**
Prozess beim → prozeduralen Lernen; Kombination von Regeln oder Handlungen, die häufiger gemeinsam angewendet bzw. durchgeführt werden.

**Mehrspeichermodell**
Modell zum Aufbau des → Arbeitsgedächtnisses von Alan D. Baddeley.

**Membran**
Äußere Umhüllung der Zelle, dient vor allem bei → Nervenzellen auch der Kommunikation.

**Mentale Repräsentation**
Syn. kognitive Repräsentation; zentraler Begriff der → kognitiven Psychologie, bezieht sich auf alle Formen der kognitiven Darstellung von Objekten oder Begriffen.

**Metakognition**
Wissen und Denken über → Kognitionen; dazu gehört Wissen über das eigene Wissen und die Überwachung eigener kognitiver Prozesse.

**Methode der inkompatiblen Reize**
Methode zur Veränderung von Gewohnheiten nach Edwin R. Guthrie; dabei wird der auslösende → Reiz dargeboten, das unerwünschte Verhalten jedoch aktiv verhindert.

**Migration**
Phase der Entwicklung des → Nervensystems; Wanderung der → Nervenzellen an ihren endgültigen Standort.

**Misserfolgsmotivation**
Streben nach Vermeidung von Misserfolgen; führt zur Vermeidung von Leistungssituationen und behindert das Lernen.

**Modell**
Jede mögliche Darstellung eines Verhaltensmusters, z.B. durch andere Personen *(reale Modelle)* oder durch fiktive Persönlichkeiten (*symbolische Modelle*; → Modelllernen, → Lernen durch Beobachtung).

**Modelllernen**
Eine Konsequenz von → Lernen durch Beobachtung; neues Verhalten wird durch Beobachtung eines Modells gelernt.

**Motivation**
Psychische Prozesse, die Verhalten aktivieren, in eine bestimmte Richtung lenken und aufrechterhalten (→ Leistungsmotivation, → Lernmotivation).

**Motivierung**
Zeitlich begrenzte Steigerung der Motivation.

**Motorisches Lernen**
Lernen von Bewegungen.

**Myelin**
Isolierende Substanz, die die Nervenfasern umgibt und auf diese Weise eine beschleunigte → Erregungsleitung ermöglicht.

**Nervensystem**
Gesamtheit der → Nervenzellen und ihrer Verbindungen. Gehirn und Rückenmark bilden gemeinsam das zentrale N., die übrigen Anteile das periphere N.

**Nervenzelle**
Syn. Neuron; spezialisierte Zellen, die zur Kommunikation durch elektrische Signale befähigt sind; kleinste Bausteine des → Nervensystems.

**Neugier**
Streben nach neuen Erfahrungen, das sich in → Explorationsverhalten äußert.

**Nicht assoziatives Lernen**
Veränderung von → Reaktionen als Folge des wiederholten Kontakts mit einem Reiz (→ Habituation, → Sensitivierung)

**One-Shot-Lerntheorie**
Modell von Edwin R. Guthrie; dass der Lernprozess bereits beim ersten Auftreten einer → Reaktion abgeschlossen ist.

**Operantes Konditionieren**
Steuerung von Verhalten durch → Verhaltenskonsequenzen und → Hinweisreize.

**Orientierungsreaktion**
Komplexer → Reflex, der bei der unerwarteten Präsentation eines → Reizes gezeigt wird.

**Phonologische Schleife**
Teil des → Arbeitsgedächtnisses; verarbeitet akustische und verbale Informationen.

**Plastizität**
Fähigkeit des → Nervensystems, mit strukturellen und funktionalen Veränderungen auf Umwelteinflüsse der Umwelt zu reagieren.

**Positronen-Emissions-Tomografie (PET)**
Bildgebendes Verfahren zur Untersuchung der Aktivität unterschiedlicher Gehirnbereiche.

**Präferenzmethode**
Methode aus der Säuglingsforschung zur Erfassung der Merkfähigkeit; beruht auf der Präferenz der Säuglinge für Neues.

**Premack-Prinzip**
Verhaltensweisen mit einer hohen Auftretenswahrscheinlichkeit dienen als → Verstärker für Verhaltensweisen mit einer geringen Auftretenswahrscheinlichkeit.

**Preparedness**
Angeborene Bereitschaft zum Erlernen von Zusammenhängen zwischen bestimmten → Reizen und → Reaktionen (z. B. Angst vor Schlangen).

**Priming**
Durch die einmalige Präsentation eines Reizes wird die nachfolgende Verarbeitung desselben oder eines assoziierten Reizes erleichtert.

**Problemlösen**
Vorgang der Erzeugung einer → kognitiven Repräsentation eines Problems, des Planens von Handlungen, um das Problem zu lösen, der Durchführung der Problemlösung und der Überprüfung des Ergebnisses.

**Produktionen**
→ Kognitive Repräsentation von Handlungswissen in Form von Regeln (Wenn-Dann-Beziehungen).

**Proliferation**
Phase in der Entwicklung des → Nervensystems; Bildung einer großen Menge von Nervenzellen zu Beginn der Entwicklung.

**Prototyp**
Besonders repräsentativer Vertreter einer Kategorie, der charakteristische Merkmale besitzt.

**Prozedurales Lernen**
Form des → impliziten Lernens, die sich vorwiegend auf den Erwerb von → Fertigkeiten bezieht.

**Prozeduralisierung**
Prozess beim → prozeduralen Lernen; Bildung von Handlungswissen und zunehmende Automatisierung von Prozessen.

**Pruning**
Eliminierung überflüssiger → Synapsen während der Entwicklung des → Nervensystems

**Ranvier-Schnürring**
Einschnürung in der Umhüllung der → Axone, die eine schnelle, springende → Erregungsleitung ermöglichen.

**Reaktion**
Verhalten, das als Antwort auf Reize auftritt.

**Reaktionsdiskrimination**
1) Auswahl eines situationsangemessenen Verhaltens aus einer Reihe alternativer Verhaltensweisen, 2) Veränderung von Verhaltensparametern durch Lernprozesse.

**Reaktionsrate**
Häufigkeit, mit der ein Lebewesen ein gelerntes Verhalten pro Zeiteinheit durchführt.

**Reattributionstraining**
Training zur Veränderung ungünstiger → Kausalattributionen.

**Reflex**
Automatische und unwillkürliche → Reaktion auf bestimmte → Reize.

**Rehabilitation**
Therapeutische Maßnahmen zur Wiederherstellung kognitiver oder motorischer Funktionen nach Ausfällen durch Verletzungen oder Erkrankungen.

**Rehearsal**
Wiederholung, inneres Nachsprechen von Lerninhalten zur Verbesserung der Merkleistung.

**Reifung**
Altersabhängige, biologisch bedingte Entwicklung von Strukturen und Verhaltensweisen.

**Reiz**
Innere oder äußere Gegebenheiten oder Veränderungen, die auf einen Organismus einwirken und von diesem wahrgenommen werden können.

**Reizdiskrimination**
Unterscheidung zwischen Reizen und Reizkonstellationen, die Hinweise auf unterschiedliche Verhaltenskonsequenzen geben.

**Reizüberflutung**
Technik in der Verhaltenstherapie zur Behandlung von Angststörungen durch die massierte Konfrontation mit dem auslösenden → Reiz.

**Sättigung**
Nachlassen der Häufigkeit oder Intensität eines Verhaltens (z. B. Nahrungsaufnahme), wenn dieses in ausreichendem Maße oder über längere Zeit unter gleichen Bedingungen durchgeführt worden ist.

**Saugrate**
Methode aus der Säuglingsforschung; nutzt die Tatsache, dass Säuglinge beim Anblick eines neuen Reizes schneller an einem Schnuller saugen, zur Prüfung der Lern- und Merkfähigkeit.

**Schwellenmethode**
Methode zum Abbau unerwünschter Gewohnheiten nach Edwin R. Guthrie; dabei werden abgeschwächte Vorstufen des auslösenden → Reizes dargeboten und schrittweise intensiviert.

**Selbstbekräftigung**
Selbstverstärkung, z. B. durch Selbstlob oder die Durchführung angenehmer Aktivitäten; dient der Selbststeuerung von Verhalten.

**Selbstinstruktion**
Steuerung des eigenen Verhaltens durch an sich selbst gerichtete Anweisungen; Therapieverfahren nach Donald Meichenbaum.

**Selbstmanagement**
Fähigkeit, die eigenen Aktivitäten zielorientiert zu steuern und zu koordinieren.

**Selbstwirksamkeit**
Überzeugung einer Person, Verhalten oder Handlungen richtig durchführen zu können.

**Semantisches Netzwerk**
→ Kognitive Repräsentation von → Konzepten in Form netzartiger Verbindungen.

**Sensible Phase**
Begrenzte Zeitabschnitte, in denen ein Lebewesen zu biologisch bedeutsamen Lernprozessen bereit und in der Lage ist.

**Sensitivierung**
Verstärkung einer Reaktion auf einen Reiz als Folge der wiederholten Präsentation des Reizes.

**Sensorisches Gedächtnis**
Repräsentiert sensorische Eindrücke aus den verschiedenen Sinnesmodalitäten kurzfristig in einem reizspezifischen Format.

**Shaping**
Schrittweise Ausformung eines Verhaltens durch operante → Verstärkung.

**Sicherheitssignal**
→ Reiz, der darüber informiert, ob ein unangenehmes Ereignis eintreten oder ausbleiben wird; S. erhöhen damit die → Vorhersagbarkeit von Ereignissen.

**Skinner-Box**
Einrichtung zur Untersuchung von Lernprozessen bei Tieren; enthält Vorrichtung zur Ausgabe von Futterportionen auf Hebeldruck.

**Sokratischer Dialog**
Technik der Gesprächsführung, um die Reflexion und Überprüfung eigener Ansichten und Überzeugungen anzuregen.

**Speicherkapazität**
Menge an Informationen, die im Gedächtnis gespeichert werden kann.

**Spielpädagogik**
Ansatz der Sozialarbeit und Sozialpädagogik, der spielerische Elemente als Lehr- und Lernmethode einsetzt.

**Spielprojekt**
Thematisch orientiertes Projekt für Kinder im Vorschulalter, in dessen Rahmen verschiedene Lernziele auf spielerische Weise erreicht werden können.

**Spontanerholung**
Spontanes Wiederauftreten einer fast gelöschten Reaktion nach einer längeren Pause, allerdings mit geringerer Intensität.

**Spuren-Konditionierung**
Darbietung des konditionierten Reizes kurz vor dem unkonditionierten Reiz; effektivste Methode des → klassischen Konditionierens.

**Standardprozedur**
Technik, die durch Instruktion erworben und immer auf die gleiche, standardisierte Weise durchgeführt wird.

**Synapse**
Verbindung zwischen dem → Axon einer Nervenzelle und einer Nervenzelle (oder Muskel- oder Drüsenzelle); die Übertragung erfolgt chemisch oder elektrisch.

**Theory of Mind**
Fähigkeit, zu verstehen, dass andere Personen auch Gefühle, Bedürfnisse, Absichten, Erwartungen und Meinungen haben, und dadurch eine Vorhersage von Handlungen anderer Personen machen zu können.

**Transfer**
Übertragung und Anwendung von Lerninhalten auf neue Situationen.

**Transmitter**
Stoffe, die an den → Synapsen freigesetzt werden und der chemischen → Erregungsübertragung zwischen → Nervenzellen dienen.

**Tuning**
Prozess beim → prozeduralen Lernen; Feinabstimmung gelernter Fertigkeiten.

**Unkontrollierbarkeit**
Fehlen der Möglichkeit, das Eintreten von Ereignissen durch Verhalten zu beeinflussen; kann zu → erlernter Hilflosigkeit führen.

**Unterricht**
Strukturierte Veranstaltung im Rahmen der Schule, die der gezielten Vermittlung von Lerninhalten dient; kann eher lehrer- oder eher schülerzentriert sein.

**Unvorhersagbarkeit**
Fehlen der Möglichkeit, das Eintreten von unangenehmen Ereignissen vorherzusagen; führt zu Unsicherheit und Angst.

**Valenz**
Subjektive Bewertung von → Verhaltenskonsequenzen.

**Verhaltenskonsequenzen**
Ereignisse, die zuverlässig auf Verhaltensweisen folgen und die zukünftige Auftretenswahrscheinlichkeit des Verhaltens beeinflussen (→ Verstärkung, → Bestrafung).

**Verhaltensmodifikation**
Gezielte Veränderung von unerwünschtem Verhalten.

**Verhaltensperformanz**
Durchführung von Verhalten.

**Verhaltenspotenzial**
Wahrscheinlichkeit, dass in einer bestimmten Situation ein bestimmtes Verhalten aus der Gesamtheit alternativer Verhaltensweisen ausgeführt wird.

**Verhaltensrepertoire**
Gesamtheit von Verhaltensweisen, die einem Lebewesen oder einer Person zur Verfügung steht.

**Verstärker**
Positiv bewertete → Reize, die zur → Verstärkung von Verhalten eingesetzt werden; können materiell oder immateriell und primär, sekundär oder generalisiert sein.

**Verstärkung**
Erhöhung der Auftretenswahrscheinlichkeit von Verhalten durch die Gabe von angenehmen Reizen oder → Verstärkern (positive Verstärkung) oder die Entfernung unangenehmer Reize (negative Verstärkung).

**Verstärkungsplan**
Regeln über die Häufigkeit und Regelmäßigkeit der Verstärkung; dient der Überprüfung der Bedingungen, unter denen Verstärkung besonders wirksam ist; z. B. kontinuierliche oder intermittierende Verstärkung, Quoten- oder Intervallverstärkung.

**Visuell-räumlicher Notizblock**
Teil des → Arbeitsgedächtnisses; verarbeitet räumliche und visuelle Informationen.

**Vorhersagbarkeit**
Möglichkeit, das Eintreten vor allem unangenehmer Ereignisse mithilfe sogenannter → Sicherheitssignale vorherzusagen.

**Wirksamkeitserwartung**
Erwartung einer Person, ein Verhalten richtig durchführen zu können (→ Selbstwirksamkeit).

**Wissen**
Inhalte des → Langzeitgedächtnisses; gliedert sich in deklaratives oder explizites (bewusstes) und nicht deklaratives oder implizites (unbewusstes) Wissen.

**Wissenskompilation**
Phase im → prozeduralen Lernen; umfasst Bildung von → Makroproduktionen und zunehmende Beteiligung des → Langzeitgedächtnisses an der Verhaltenssteuerung.

**Wortexplosion**
Phase des schnellen Wortlernens im zweiten Lebensjahr.

**Zentrale Exekutive**
Teil des → Arbeitsgedächtnisses mit koordinierender und steuernder Funktion.

**Zielorientierung**
Wertvorstellungen in Bezug auf Lern- und Leistungsverhalten; Streben nach Wissenszuwachs wird als Lernzielorientierung bezeichnet, Streben nach Demonstration eigener Fähigkeiten als Leistungszielorientierung.

# Sachregister